MORAL Y ORDEN

MORAL Y ORDEN

Sentidos y prácticas en la transformación de los comportamientos públicos (Santa Fe, 1856-1890)

Paula Sedran

Paula Sedran,

Moral y orden: sentidos y prácticas en la transformación de los comportamientos públicos (Santa Fe, 1856-1890) / Paula Sedran. -1a ed.- Ciudad Autónoma de Buenos Aires: Teseo, 2018.
278 p.; 20 x 13 cm.
ISBN 978-987-723-166-3
1. Historia Argentina. 2. Historia Social. I. Título.
CDD 982

© Editorial Teseo, 2018
Buenos Aires, Argentina
Editorial Teseo
Hecho el depósito que previene la ley 11.723
Para sugerencias o comentarios acerca del contenido de esta obra, escríbanos a: **info@editorialteseo.com**
www.editorialteseo.com

ISBN: 9789877231663

Las opiniones y los contenidos incluidos en esta publicación son responsabilidad exclusiva del/los autor/es.

Compaginado desde TeseoPress (www.teseopress.com)

Índice

Una de las introducciones posibles al orden santafesino 9

1. "La cuestión del orden". Representaciones sobre el orden social en los discursos estatales 23

2. El otro y la cuestión del orden como herramientas en otras discusiones de la agenda social 79

3. Prácticas de control. Mecanismos, sujetos y coyunturas en la institucionalización de una norma social 143

4. La moral dentro y fuera de la Policía 209

Conclusiones 253

Bibliografía citada y fuentes primarias 259

Una de las introducciones posibles al orden santafesino

Amar la trama más que el desenlace…
Jorge Drexler

Quizás uno de los desafíos más vigentes para cualquiera de las y los historiadores del territorio argentino sea mantener abierta la pregunta por la coherencia —temporal y problemática—, siempre teniendo en la mira investigaciones que puedan ser críticas y fundamentalmente contribuir a un conocimiento socialmente relevante. Frente a esos fines, las miradas teleológicas o inerciadas que hoy perviven (veladas, fragmentarias muchas veces) no son buenas amigas pues encorsetan no solo fuentes sino fundamentalmente interpretaciones. Para el llamado Período de Organización Nacional ello implica, en un primer acercamiento, poner en cuarentena una periodización que subsume la explicación de procesos sociales diversísimos a la formación del Estado nación, y las tesis economicistas y políticas como claves explicativas organizadoras.

Frente a ello, habiendo recorrido un arco temporal de unos cincuenta años y una documentación muy diversa, lo primero que podemos decir es que la historia de Santa Fe espera ser escrita. Su pasado es aún un campo de vacancia, lo cual se agudiza cuando nos referimos al siglo XIX. Por ello volvimos sobre los documentos, con preguntas y miradas que trabajos de otras latitudes han provisto: de Argentina, pero también de Latinoamérica y de sociedades en una primera impresión más ajenas a la nuestra.

Tradicionalmente terreno de una historia política positivista (con fuerte peso del componente biográfico), el análisis historiográfico de la ciudad y de sus habitantes ocupa un lugar relegado frente a los estudios de otras disciplinas, como la geografía o la sociología que, sin embargo, se concentran en tiempos contemporáneos. Esta situación obedece más a la dinámica propia del quehacer de los historiadores y de la disposición de nuestro campo disciplinar e institucional que a una escasez de fuentes para el período, que no solo son abundantes, aunque irregulares, sino muy variadas. En todo caso, esta comprobación es fundamentalmente una arenga, porque si algo tenemos por cierto es que el caso santafesino tiene tanto de regularidad como de disonancia con otros estudiados para el período. Construir una historia de Santa Fe, necesariamente una empresa colectiva, es perentorio. De lo contrario, estaríamos condenando la ciudad y su región a ser interpretados como la réplica de procesos estudiados para otras regiones (felizmente, ya no solo Buenos Aires) o a ser terreno cautivo de una mirada parroquialista que no le hace justicia a la multiplicidad y complejidad de sus derroteros sociales y culturales.

Un segundo paso, sin el cual la validez del primero sería exigua, es dar ímpetu al diálogo con desarrollos logrados para otros espacios, puesto que, al comenzar con un lienzo vacío, las preguntas maduradas por los colegas prueban ser de un increíble valor.

Estos trabajos nos permitieron un diálogo más amplio, nacido del contraste entre los discursos y las prácticas (asentadas en discursos) que los documentos nos posibilitaron, y ello disparó algunos de los hallazgos más interesantes.

En función de ello, esta investigación sobre el reordenamiento de determinadas relaciones sociales en la ciudad, aquellas comprendidas en lo que los sujetos sociales mismos denominaron *cuestión del orden*, identificó y examinó mecanismos estatales de control de los comportamientos en estos espacios públicos, las formas aparentes de resistencia a ellos y las maneras en que unos y otros fueron definidos, representados. Fue precisamente ese paso previo, asentado en lo que puede considerarse un lugar seguro de la historiografía del siglo XIX y en el que los documentos propusieron disonancias fuertes con las premisas que traíamos con nosotros, que se hizo patente la necesidad de mirar primordialmente los procesos confluyentes de la práctica y la simbolización de la moral, en los comportamientos visibles, en los espacios públicos de la ciudad de Santa Fe entre los años 1856 y 1890.

Entonces, quisiéramos reponer en estas páginas introductorias cómo construimos un objeto fronterizo, incluso híbrido, ocupado del control de los comportamientos en los lugares públicos en la ciudad como parte de la transformación de las relaciones sociales hegemónicas en el período de organización nacional. Esto se trató en verdad del control de las elites y del Estado en formación sobre los comportamientos públicos de los sujetos pobres y trabajadores, de la simbolización que hicieron de estos y, también, de las estrategias a veces visibles, otras no tanto, de resistencia, divergencia y adaptación de los últimos. Sin embargo, esa delimitación fue también parte de la construcción del objeto, y no una dada *a priori*.

Aunque desde perspectivas no enteramente coincidentes este gran tema ha sido abordado en numerosas oportunidades para otras regiones de Argentina y Latinoamérica, se trata de lo que Sandra Gayol y Javier Kessler (2002) han dado en llamar el "objeto de deseo" de las élites decimonónicas, un tópico de discusión pública, de políticas y de prácticas estatales cada vez más sistematizadas: *la cuestión del orden*. Abordado por lo general desde el subcampo de la historia social del delito y la justicia, cuyos aportes más destacados mencionaremos por la deuda que esta investigación tiene con ellos, para el caso santafesino debimos reestructurar las dimensiones que ordenaron el análisis. Es decir, ni la ley ni las instituciones de castigo fueron categorías vertebradoras de la imposición de un nuevo orden en la ciudad, de acuerdo con lo que sugirieron las fuentes –en muchos casos, producidas por esas mismas instituciones–. En su lugar, el eje que vehiculizó la búsqueda de los mecanismos, los sujetos y la dinámica del nuevo orden tomó la forma de la pregunta por los *comportamientos*, la cual a su vez distinguimos analíticamente en sus dimensiones simbólica y práctica. Así, este libro analiza las representaciones sobre los comportamientos *desordenados* y cuáles sujetos fueron definidos como sus perpetradores naturales; cuáles fueron las prácticas de control que se impusieron y sistematizaron para corregirlos, y en qué lugares y momentos pueden identificarse estas prácticas, en la ciudad.

Inicialmente, los interrogantes delineados para esta investigación, notablemente influidos por la vacancia de trabajos que aborden este objeto en la ciudad y región de Santa Fe, pueden enumerarse como: a) qué conflictos se hallaban presentes cotidianamente en los espacios comunes de la ciudad, a1) qué comportamientos concretos fueron definidos como nocivos para el orden urbano, a2) a qué actores sociales eran adjudicados tales comportamientos; b) cuáles fueron las acciones y medidas concretas impulsadas para ordenar los comportamientos en los espacios comunes de la ciudad; c) qué respuestas tuvieron a estas aquellos actores sobre los cuales intentaron ser aplicadas; d) qué sentido les daban a estas acciones los diferentes sujetos que integraban la sociedad santafesina.

Como se verá, aunque la cuestión de las resistencias se deja deslizar en algunas interpretaciones que arriesgamos sobre fuentes determinadas (como los sumarios internos de la Policía), el objetivo de dar cuenta de una dinámica de las reacciones individuales o grupales a las prácticas de control probó ser, al menos hasta el momento, muy engañoso, con las fuentes que hemos podido consultar. Algo tuvo que ver con ello la imposibilidad de acceder a otros documentos policiales (de todas formas, quedan las preguntas que brotaron de estas fuentes como de un manantial, de la infinidad de guiños, versiones encontradas y formulaciones que se nos hicieron opacos).

Traíamos muchas de esas preguntas con nosotros, al sentarnos con los documentos, gracias a los aportes y los debates de un campo de estudios que se conforma a partir de subcampos ya consolidados, conforme escribimos estas líneas.

Una cuestión que acechó, desde el comienzo, la búsqueda y la lectura de aquellos trabajos que nos han resultado de mayor utilidad es la de cómo definir *el orden*. Pierre Bourdieu advierte que eso que nosotros *estudiamos* como orden social, que el Estado *llama* orden social, y que se *materializa* como *orden* social no es otra cosa que el "disimulo" de unos vínculos sociales asimétricos. Se trata de un "sitio de conflicto o competencia entre grupos dotados con intereses antagónicos". Es decir que, como punto de partida, estamos ante un nudo problemático que es más disciplinar que objetual; en otras palabras: ¿por qué, desde la historiografía y las ciencias sociales en general, se denomina como *orden* a una determinada disposición de las relaciones sociales asimétricas? ¿Por qué se reproduce, se busca explicar a partir de, una definición notoriamente a-conflictiva de un fenómeno social que es, eminentemente, conflicto?

Esta cuestión, material y simbólica a la vez, ha sido abordada por una historia social y cultural que, en sus subcampos dedicados al delito y al castigo[1] así como a "la ciudad," alimentaron generosamente nuestras indagaciones.

Del primer grupo, se destacan líneas de estudio que, en nuestro país, han iniciado historiadores como Lila Caimari y Ricardo Salvatore. Caimari se detuvo en la reconstrucción de los discursos sociales que circularon en Buenos Aires sobre el delito, las transgresiones, el orden, la violencia (2004; 2007; 2009). Estas preocupaciones son compartidas por los aportes de Ricardo Salvatore, quien se ocupó,

---

[1] No nos ocupamos de la historia social de la justicia (Barriera, 2010 y 2009; Palacio y Candioti, 2007). Si bien está ligada a la historia del delito y el castigo (Fradkin, 2007; Salvatore y Barreneche, 2013; Yangilevich, 2012), este subcampo se centra en una lógica propia.

originalmente, del período rosista y las formas en que el Estado impuso el orden social a la vez que se relacionó con sus bases sociales, los cuerpos militarizados. Ello fue muy importante para nosotros porque nos advirtió sobre las distintas lecturas posibles al momento de abordar los documentos internos de la policía, así como de la dimensión de negociación (Scott, 1995; Guha, 2002; Domosh, 1998) que podrían suponer algunas actitudes, a primera vista "opacas".[2]

De estos aportes, nos interesa destacar especialmente un señalamiento que comparten las y los autores, recostado en el lado más cultural de sus indagaciones. Nos referimos a la definición, en cada contexto y caso estudiado, de la conformación de un específico *terreno contestado* (Salvatore, 2010) en el cual los sentidos del orden, el delito y la violencia se dirimieron. Sin embargo, también conviene señalar que muchas veces el punto de partida institucional para analizar "en América Latina las cuestiones de seguridad ciudadana, orden social y penalización efectiva de los delitos (Salvatore y Barreneche, 2013: 9)" adquiere un lugar apriorístico. También que, para el caso bonaerense, amén de las obras citadas, la mayoría de la producción se concentró en el desarrollo de los saberes legales y científicos positivistas, en relación con las instituciones estatales del "giro del siglo" (García Ferrari, 2010; Galeano; 2009). No obstante, dentro de la miríada de trabajos que felizmente se ha producido sobre estas temáticas, se destacan tres espacios regionales fuera del caso bonaerense: la Patagonia (Rafart, 2008; Bohoslavsky, 2007); Cuyo (Molina, 2013; Bravo, Lozano y Pita, 2007) y La Pampa (Flores, 2007; Moroni, 2014).

Otra vertiente de estudios instaló, complejizando para la historiografía la relación unívoca delito-castigo-orden (Foucault, 2006), la cuestión de la construcción de límites

---

[2] En esta misma línea, aunque centrado primordialmente en la consulta de archivos criminales, se encuentra el sugerente *Modernity in the Flesh*, de Kristin Ruggiero (2004).

simbólicos en las sociedades de la modernidad. Se centró en las problemáticas de la identidad y de la construcción de otredades –en nuestro caso, la noción puesta en juego en el espacio de la Patagonia, de *otros internos* ha sido de gran provecho–. Estos trabajos problematizaron lo que en ocasiones se tomaba como un dato apriorístico: las instituciones como marcos "naturales" para pensar la cuestión del orden social. A este respecto, recogimos dos vertientes. De un lado, fueron sugerentes los trabajos más teóricos, provenientes o derivados de la sociología de la religión y de lo sagrado (Durkheim, 2002; Bataille, 2009; Girard, 1983). Nutridas con la perspectiva psicoanalítica, estas investigaciones conciben la sociedad como un orden simbólico establecido en un comienzo mítico, a partir de lo cual, sin temor al mote de funcionalistas, se preguntan por la *función social* o *valor positivo* de la violencia. Esto es, ¿qué papel juegan las prácticas violentas en la delimitación de quiénes están fuera y quiénes dentro del acuerdo social y, con ello, participan en la *producción* del orden social? No obstante, los principales exponentes de esta línea también se reconocen en la tradición del materialismo histórico, por lo que esta pregunta deriva, especialmente en los desarrollos de Bataille (2009), en las implicancias que la simbolización de la violencia, en tanto proceso de clasificación, de inclusión/exclusión, tiene en los procesos de estratificación social.

El segundo grupo de estudios a la que recurrimos comparte este interrogante: el análisis más concreto de los procesos de estigmatización social (y de inclusión/exclusión laboral, política, identitaria, de clase, entre otros) que la delimitación de lo moral e inmoral tuvo en el período de formación estatal en nuestro país (Briones, 1995; Delrio, 2005; Garcés, 1999). En el cruce de caminos de estos trabajos, hallamos un sendero más que fructífero sobre qué preguntas formular respecto al "orden"; resta dirimir en qué espacio hacerlo y, en ello, los aportes de la historia social y cultural urbana han sido invalorables.

La historia social urbana, cuya perspectiva se compila con claridad en dos obras (Kingman Garcés, 2009; Gorelik, 2003), abreva en las reflexiones de José Luis Romero sobre la vida urbana, sobre qué es "lo urbano." Más allá de los desarrollos propios de este subcampo, nos interesa resaltar que las operaciones teórico metodológicas que exhibe son muy importantes ya que, para conformarse como tal, debió tomar en consideración fenómenos tan diversos como la planificación urbana, la salubridad, la expresión política pública, los estilos arquitectónicos y urbanísticos, entre otros (Kingman Garcés, 2009). Ello supone enmarcar los cambios en los comportamientos, sus valoraciones y su práctica en la tensión entre la modernidad como el

> *ethos* cultural más general de la época, como los modos de vida y organización social que vienen generalizándose e institucionalizándose sin pausa desde su origen racional europeo en los siglos XV y XVI (...) y la modernización, como aquellos procesos duros que siguen transformando materialmente el mundo (Gorelik, 2003: 15).

La caracterización de este nuevo orden como *moderno* señala, por un lado, que el Orden, sin perder su sentido decimonónico de preservación del *statu quo* conservador, necesitó de nuevos mecanismos que lo arraiguen y lo sustenten (Tiscornia, 1999). Por otro lado, liga esos mecanismos a las características generales del período, en el que existieron *modernizaciones* que lo diferenciaron de la primera mitad del siglo, tales como la inserción argentina al mercado mundial, la conformación de un orden burgués y la organización de una estructura político-administrativa-militar del Estado (Bonaudo, 2006). Considerando especialmente el carácter transicional de la sociedad santafesina de esos años, nos situamos en la intersección de dos categorías que, en períodos posteriores, cristalizarán su significado (lo cual tendrá consecuencias notorias para la historiografía argentina): el Estado y la sociedad civil.

Sin embargo, se destaca que los pares de opuestos Estado-sociedad civil y hombre-institución resultaron poco viables. Por ello, los objetivos específicos abordan nudos de relación situados entre cada uno de los elementos de esos pares, con el fin de identificar las relaciones sociales concretas, sean de conflicto o convivencia, que, al ser instituidas y rutinizadas, generaron los cambios que se dieron en Santa Fe. En nuestro caso, el sostenimiento en el tiempo de determinadas prácticas suplió una inacabada hegemonía simbólica del Estado en formación (Bourdieu, 2010; Garavaglia, 1999 y 2003).

Vinculada a lo anterior se halló la necesidad de contar con una conceptualización del Estado que permitiese mirar procesos sociales que lo exceden o le son concomitantes. Nuestras fuentes son muy sugerentes a este respecto: no puede pensarse un Estado consolidado como actor autónomo, o en el constreñimiento normativo-institucional como explicación suficiente de las relaciones analizadas. A este respecto, la síntesis que realiza Melina Yangilevich (2012), al analizar la conflictividad específica entre el Poder Judicial y los sujetos judicializados, esclarece la propuesta que sobre el Estado hace una historia social crítica. Siguiendo a Juan Carlos Garavaglia, la autora retoma la definición del Estado como un *cúmulo de relaciones sociales de dominación institucionalizadas*. Esto permite hacer hincapié en relaciones concretas de poder, de asimetría, de conflicto, que se manifiestan en las pugnas para institucionalizar determinadas pautas de comportamiento.

Dicha conceptualización distingue entre el Estado como un actor autónomo, de las instituciones que lo forman como vehículos de dicha autonomía (Garavaglia, 2003: 137-8) y, así, se puede aprehender con mayor profundidad una "estatalidad a nivel local, forjada por y desde los actores sociales" (Palacio, 2005: 12). De esta manera, analizamos unas relaciones concretas y cotidianas que pueden situarse en la intersección entre la historia social del delito, de la justicia, de la salud y la enfermedad, entre otras. Ellas ponen de manifiesto que la oposición Estado-sociedad no es la única manera en que la conflictividad social se manifiesta y que esta dista de ser exclusivamente tendente a la consolidación de la dominación que, a este punto de la investigación, no aparece como un proceso progresivo.

Otra cuestión fue: ¿cómo nombrar a los sujetos sociales? Dada la vacancia de estudios que reconstruyan para el período la estructuración social santafesina, no contamos con bibliografía de referencia (empírica) para esta cuestión. Por ello, dado que trabajamos sobre ámbitos recortados sobre los que accionaron los intereses de los diferentes sujetos (las conductas en los espacios públicos –con lo cual el componente conflictivo será nodal—), partimos de un concepto de clase ampliamente definido que actúa de punto de referencia y cobija el uso de términos como clases populares, sectores populares, sujetos subalternos, para hablar acerca de fenómenos analizados dentro de la policía entre autoridades y tropa (Salvatore, 2010), entre otros.

Las cuestiones planteadas anteriormente están comprendidas en el campo de análisis propio de la historia social, dado que estudiamos principalmente prácticas, entendidas como "estrategias y modos de acción social observables recurrentemente (Fradkin, 1998: 54)", y dentro de él, en la historia regional –en tanto perspectiva analítica (Bonaudo, Reguera y Zeberio, 2008; Fernández, 2007)—. Definida como el "estudio de una trama social y su densidad", la perspectiva regional en historiografía es "un modelo explicativo dentro del campo específico de la historia social" (Bonaudo, 2008: 227-8) que permite adecuar la escala con la que se aborda una problemática, con lo cual el objeto y la región se definen relacionalmente (Fernández, 2008: 240). Sin embargo, una historia social situada regionalmente aspira a superar el límite de lo identitario como horizonte interpretativo (Fernández, 2008: 245).

En nuestro caso, ello se tradujo en un interés, antes que en la ciudad como objeto, en los "lugares" (Gieryn, 2002) de la ciudad en los que se visibilizaron determinados comportamientos y en poder atentar explicaciones situadas de ellos. Dado que analizamos relaciones que giran en torno al ordenamiento de la ciudad, la normativa y la consecuente delimitación de las acciones de actores e instituciones juegan un papel importante en la demarcación misma de la ciudad, esto es, del espacio comprendido en el estudio. Ahora bien, el accionar de la Policía no fue homogéneo en el ejido urbano, y no puede decirse que se definiera por y limitara lo pautado en la normativa. Por el contrario, existieron lugares clave dentro de la ciudad para el control de determinadas conductas, y éstas, tanto o más que la normativa, forjaron un mapa de prácticas. Ello nos ha permitido "observar el conflicto social, y las formas de acción [al] revisar la escala de observación de esos fenómenos y las unidades de análisis más convenientes para identificar sus fundamentos y los mecanismos que les permiten estructurarse" (Fernández, 2008: 244).

Los documentos consultados fueron producidos por los sectores privilegiados de la sociedad santafesina; quienes ocupaban cargos en la administración, escribían en la prensa periódica y tenían, en general, acceso a la escritura. Por tanto, al plantear entre nuestros objetivos específicos la construcción de una explicación de las relaciones conflictivas entre estos sujetos y aquellos que no *produjeron archivo*, esa *disposición en forma de ausencia* está entre las primeras precauciones a conservar. En este sentido, resalta la advertencia de que la "construcción misma de los archivos es parte de los procesos hegemónicos"; que "la documentación de archivo, en tanto discurso, representa el corpus de lo contable o decible (…)", lo cual resalta la necesidad de analizar sus "presencias" y "ausencias" ya que "las categorías hegemónicas deben ser permanentemente refinadas, estabilizadas, diseminadas e implantadas en diferentes prácticas porque los sujetos subalternos también las usan, las redefinen y las orientan desde sus proyectos" (Delrio, 2005: 27 y 28).

El corpus documental está compuesto por una variedad importante de discursos. Primeramente, podemos nombrar la distinción entre fuentes institucionales y no institucionales. La denominación de institucional u oficial implica en sí misma una problematización sobre la perspectiva desde la que se analizarán las fuentes. Dado que el período estudiado se considera como de construcción del Estado, la designación de institucional evoca un carácter burocrático, una impersonalidad y anonimato que no está presente en estos documentos. Sin embargo, esta denominación nos permitió agrupar de manera preliminar un cuerpo de escritos emanados en su mayoría de sujetos que, al momento de producirlos, detentaban cargos dentro de las diferentes agencias estatales locales y provinciales (jefatura de Policía, municipalidad, jefatura política).

Entre las fuentes estatales podemos nombrar la correspondencia de las diferentes instituciones al gobierno provincial, compilada en los tomos del archivo de gobierno. Allí encontramos un cúmulo importante de información referida a las actividades cotidianas de municipio, Policía, justicia de paz, departamento de higiene, defensor de pobres y menores y departamento topográfico. Asimismo, hay en este fondo entradas muy interesantes, tales como censos municipales y sumarios internos sustanciados por la Policía, así como intercambio de solicitudes y reclamos entre el gobierno y sus dependencias. También, utilizamos planos de la ciudad y otros productos cartográficos para ver no solo proyectos y transformaciones físicas sino también representacionales.

Sobre las fuentes *privadas* o no institucionales (prensa, crónicas, ensayos, correspondencia), pueden señalarse algunos elementos para una primera clasificación: el primero, relativo a quiénes fueron sus emisores (si pertenecían a la sociedad santafesina o se trataba de extranjeros, su extracción socioprofesional, su filiación política, su edad); el segundo, referido a las características propias del tipo de discurso analizado, tomando en consideración su construcción, estilo y el público al cual estaba dirigido. Crónicas, relatos, ensayos, constituyen un corpus de testimonios valiosos en lo referido a la descripción de la cotidianeidad santafesina. Y, además, cabe resaltar que la prensa periódica cobra una relevancia excepcional como discurso en sí y como contrapunto de cada una de las fuentes anteriormente citadas (Alonso, 2002).

El libro ofrece cuatro capítulos y un apartado que reúne algunas conclusiones. El capítulo uno aborda la construcción de representaciones y sentidos estatales, primordiales en la configuración de sentido de "la cuestión del orden". Principalmente, nos centramos en los discursos policiales y del Poder Ejecutivo provincial (y sus delegados) y en la normativa correccional, atendiendo a la particular configuración del poder político en la provincia, y el fuerte apoyo en sus bases militares que le permitió afirmarse a lo largo del período. Aquí, veremos delimitarse un "hacia adentro" y un "hacia afuera" (de la Policía) respecto de las representaciones de qué conductas y qué sujetos debían ser controlados por ser los más perjudiciales al orden. Asimismo, hasta qué punto estas imágenes y tópicos fueron de la mano con los picos de demanda de mano de obra armada por parte del Estado, aunque también, cómo el espacio de la ciudad mantuvo su particularidad respecto de las representaciones estatales del desorden y la violencia para la campaña.

En el segundo capítulo se analizan otros discursos, de integrantes de la sociedad civil, que participaron de la construcción de los sentidos que se volvieron dominantes. Al revisar la prensa así como discursos asociativos y literarios, pudimos complementar el enfoque anterior con uno en el cual se perfilaron dos características: de un lado, la unicidad (aunque sea parcial) de cada uno de ellos en la delimitación de temas, o en la visibilización en estos de determinadas coyunturas. Ello se plasmó, concretamente, en distintas representaciones sobre el "otro" social, que proliferaron en los discursos de las damas de beneficencia, en crónicas de viaje y en distintos periódicos locales y que no necesariamente coincidieron con las estatales. Por otra parte, esto permitió apreciar cómo estas representaciones del "otro" se ajustaron a las razones sociales, como a los objetivos concretos y filiaciones políticas, de quienes las difundieron.

La trama discursiva que se tejió con base en dichos discursos se contrasta en el tercer capítulo con las prácticas de control realizadas (y anotadas) por la Policía en los espacios públicos de la ciudad. Aquí consideramos primero la composición social así como la disponibilidad de recursos de la institución policial. Luego, indagamos en qué faltas fueron más controladas, de manera estable o variando de acuerdo con coyunturas precisas: ¿transgresiones de qué orden fueron las que más se controlaron?; ¿qué relación existió entre este énfasis específico y lo estipulado por la normativa?; ¿qué sujetos las cometieron y, especialmente, qué proporción de los transgresores pertenecieron a la tropa policial?

En el capítulo cuatro, nos detenemos sobre un punto que se volvió ineludible: la amplia preponderancia de la preocupación y del control de la ebriedad, a la que se caracterizó como un flagelo y como fuente primordial de la violencia social. En este capítulo, analizamos los vínculos que se tendieron entre esta y la noción más general del vicio que incluyó también al juego ilegal. En este sentido, existió una diferencia importante en la dinámica de una y de otro, en tanto la ebriedad fue protagonista constante de denuncias y control, mientras que el juego ilegal presentó un pico en la visibilización de la que fue objeto, hacia fines de siglo.

1

"La cuestión del orden"

Representaciones sobre el orden social en los discursos estatales

Comenzamos nuestro recorrido por el orden institucionalizado en la ciudad de Santa Fe por un costado que podría aparecer como el último lugar a revisar; como el punto de llegada de una búsqueda que es, aunque solo sobre un aspecto específico, la pregunta por cómo cambió la vida social en Santa Fe: su dimensión simbólica. Por qué no comenzar por las prácticas; por qué no analizar primero qué se hizo y a quiénes se controló. Sin embargo, como dijimos, el problema del orden es elusivo, tiene márgenes difusos y, si no se lo recorta claramente, bien podría acabar englobando toda la vida social. Eso equivale a decir que el orden es una noción abstracta que, de no ser cuidadosos, puede transformarse en una muletilla que termine por atraparnos en una formulación tautológica. Es decir: la necesidad de orden explica las prácticas de ordenamiento, pero ¿qué hace que para una sociedad ciertas transgresiones sean más urgentes, más graves, menos tolerables? ¿Cómo establecer por qué, en esa nueva organización de relaciones sociales asimétricas que se institucionalizaba, se controlaron determinados comportamientos y no otros?

En Santa Fe, un ejemplo interesante sobre una práctica conflictiva fue la ebriedad. Tolerada relativamente por largo tiempo como parte de un arco de costumbres asociadas a los hombres de las clases populares esta se transformó, conforme transcurría la segunda mitad del siglo, en una de las transgresiones más controladas y se la definió como la principal causa de violencia dentro de la ciudad. Sin embargo, el número de casos de episodios violentos ligados a ebriedad no llega ni a un diez por ciento de los arrestos únicamente por ebriedad. ¿Cómo explicar esto? Una de las tesis historiográficas más consolidadas inscribe la redefinición de las faltas y delitos en el proceso general de instauración de relaciones sociales de tipo capitalista y a las necesidades del mercado en formación de disciplinar a una mano de obra renuente a aceptar esas nuevas pautas. Por supuesto, esta transformación tuvo lugar en la región santafesina y sus huellas son palpables tanto en el espacio urbano (Falcón, 1999; Falcón, Megías, y Prieto; 1993) como en el rural (Bonaudo y Sonzogni, 2000; Schmit, 2008). No obstante, ¿alcanza esta comprobación general para, *a priori*, atribuir a ello todas las transformaciones acaecidas respecto del orden público en la capital de la provincia? ¿Cómo explicar el hiato entre la incidencia real en ella de la violencia ligada a la ebriedad y la marea creciente de alerta que este tema concitó? ¿Cómo conciliar con esta tesis general, sin más, la incidencia exigua que, salvo en coyunturas puntuales, tuvo el control de las faltas que transgredían directamente la dinámica laboral? En resumidas cuentas, ¿es suficiente la tesis de la estructuración de relaciones sociales capitalistas para explicar las coordenadas que siguió la implantación de un nuevo orden en la ciudad? ¿Existieron otras coordenadas que movilizaran o condicionaran estos cambios?

Nuestra hipótesis es que en este contexto de ausencia de hegemonía estatal sobre los sentidos sociales legítimos de los comportamientos y de una fuerte movilidad (social y demográfica) dada por el legado (vigente aún) de la guerra, las primeras oleadas inmigratorias y el demorado aunque certero despegue económico, la moral fue una variable que incidió de manera decisiva en la institucionalización de un nuevo orden. No como una pervivencia de usos de una sociedad *quieta*[3] de principios de siglo frente a otra, dinámica, de sus postrimerías. Antes bien, como un tópico que logró reunir sentidos compartidos y volverse constitutivo de las prácticas de control del Estado a la vez que de la construcción identitaria y de las estrategias de "sobrevivencia" de distintos sectores. En otras palabras, el imperativo moral (que como veremos se formuló en términos civilizatorios seculares) dio *contenido* al orden.

Sin menospreciar el peso que, desde ya, tuvo la regulación del trabajo y del ocio como tal (con un fin específicamente económico), nuestra pregunta se direcciona en otro sentido: ¿por qué de manera preeminente se formularon en clave moral —y moralizante— los discursos que participaron de la delimitación de la *cuestión del orden*?

Porque, amén de lo antedicho, una característica propia de Santa Fe en esos años –que, por otra parte, compartió con muchos otros espacios latinoamericanos— es que el Estado, como unidad social administrativa, política y militar, no estaba conformado plenamente; no se hallaba autonomizado en su funcionamiento ni en sus lógicas de producción de sentido, de los sectores social y políticamente dominantes de la sociedad. Por ello, el monopolio de la dominación simbólica se construía en un pivoteo constante entre una lógica institucional que peleaba por instalarse y hacerse estable, lo que podríamos llamar un *ethos* cultural de la elite (Losada, 2003), y el terreno de los intereses más concretos y materiales de quienes ocupaban los andamios centrales de esa obra en construcción. Por todo ello, como ha señalado Juan Carlos Garavaglia, para el siglo XIX argentino, la pregunta por la dominación necesariamente debe ser una que incluya al Estado en tanto *los hombres que hicieron el Estado* (Boudieu, 2015: 274) y a la dimensión simbólica

---

[3] La alusión a la quietud santafesina proviene principalmente de cronistas y de viajeros europeos (Mantegazza, Beck Bernal, McAnn, entre otros) pero ha permeado en dos discursos fundamentales sobre la historia decimonónica de la ciudad: en estudiosos y estadistas de fines del siglo XIX (Carrasco, 1889; Zeballos, 1888) y en la historiografía local tradicional.

como canal central del establecimiento de hegemonía, en un contexto en el que el Estado no estaba autonomizado de la sociedad, pero también, en el que la escasez de recursos materiales fue proverbial (Garavaglia, 2016).[4]

1.

> ¿No existe un vínculo esencial entre visibilidad y moralidad?
> Bourdieu, 2015: 76

En la pregunta formulada por Bourdieu se aloja uno de los mayores interrogantes que se nos presentaron, esto es, qué vínculo une a las formas discursivas con las formas prácticas de la dominación; si entre unas y otras solo hay una relación de reflejo o, por el contrario, existe una retroalimentación, algo en cada una de ellas que haga que la otra pueda persistir. La historia social construyó consensos sobre la noción de que lo simbólico actúa en la estructuración y pervivencia de las relaciones sociales de poder; ese es nuestro punto de partida al volcarnos al análisis de las representaciones que el Estado en formación creó y difundió, sobre el orden en la ciudad.

Dicho eso, en este primer apartado nos detenemos un instante en los pasillos internos de las líneas de pensamiento y de análisis que nos han posibilitado hacer cierto tipo de preguntas a las fuentes: de un lado, las que reflexionan sobre el orden y sobre la violencia en sí mismos, con sus implicancias como fenómenos sociales y antropológicos; por el otro, las que piensan las formas discursivas específicas que estas representaciones toman.

---

4   El autor plantea con detalle apabullante la tensión dada, en los años de la Confederación urquicista, entre la escasez de recursos materiales y la pugna política por qué destino darles (Garavaglia, 2016).

Estudios pioneros pusieron de manifiesto mecanismos de construcción de los grandes relatos decimonónicos, discursos luego canonizados, sobre la formación de la nación y la modernización de la sociedad (Terán, 2008; Pratt, 2001; Salessi, 1995; Ferro, 2015) que fueron la base de un sentido hegemónico —que impuso una forma de interpretar y concebir al orden—. Por ello, al detenernos en la dimensión discursiva de las modernizaciones vividas por la sociedad santafesina (aquella escrita, a cuyos fragmentos tenemos acceso) el primer impacto, al encontrarnos con esa gran variedad de ensayos, cartas, textos científicos, administrativos, literarios, poéticos, periodísticos que directa o indirectamente abordan el problema del orden, fue alentador.

Este universo de discursos constituyó un *terreno contestado* (Salvatore, 2010), una arena de disputa en la que se dirimió qué nociones de orden, de violencia, de modernización y de progreso primarían. En este sentido, la dimensión simbólica de la praxis de los actores (Caimari, 2007: 12) y, como parte suya, la conformación de representaciones y subjetividades, fue una parte constitutiva de la estructuración de un nuevo orden social y presentó la forma de luchas, de tensiones, de disputas, cuyas huellas —siempre parciales— pueden ser identificadas en los documentos. Desde esta perspectiva, que considera los discursos como prácticas sociales, la forma en que una sociedad jerarquiza, clasifica, representa, también nos habla sobre los mecanismos de producción y apropiación de los bienes sociales (materiales y simbólicos).

El presente capítulo considera las representaciones sobre el orden social y, dentro de ellas, analiza la forma en que los sujetos de la elite[5] que integraron el Estado significaron el orden. Para ello, estimamos qué tópicos, figuras

---

[5] Quienes ocupaban los puestos de poder (especialmente, de la Policía, en cuyos discursos nos detenemos con mayor detalle) producían discursos muy ligados a sus adscripciones sociales, políticas y culturales (Bonaudo y Sonzogni, 1992). En este caso, se trató de integrantes de las familias más tradicionales de la ciudad, lo cual, al menos hasta fines de la década de 1880, dis-

e imágenes primaron, así como qué roles y lugares se adjudicaron a los distintos sujetos sociales en ese ordenamiento simbólico. Al considerar que los documentos que analizamos son *prácticas discursivas*, nuestro análisis se centró en aquello que los documentos *visibilizan*, es decir, partió de la noción de que en ello, estaban contenidas estrategias, destinadas a producir efectos en la realidad social; en definitiva, la dimensión política de los discursos (Foucault, 2007).[6]

En tal sentido, debimos analizar nudos problemáticos de relación cristalizados en un conjunto de discursos, a los cuales llegamos considerando las representaciones que se construyeron alrededor de ciertos tópicos clave sobre el orden y que no son independientes, aunque sí relativamente autónomas, de los posicionamientos en el espacio social de los sujetos que las promovieron y sostuvieron (Bourdieu, 2013). La misma enunciación e interpretación de la sociedad como un *orden* (y no como un terreno de enfrentamientos inestables) habla sobre los mecanismos en que una determinada organización de recursos, fuerzas, roles y creencias tiene lugar.

En los documentos, la ausencia estelar es la de los sectores populares; no existen *sus* representaciones, sino la interpretación de ellas que realizaron quienes escribieron (Scott, 1995; Ginzburg, 1999; Guha, 2002; Chartier, 1992).[7]

---

tingue el caso santafesino del rosarino o porteño (Losada, 2005) y marca algunas líneas de contacto con el caso cordobés (López, 2013; Boixados, 2000; Ansaldi: 2000; Vidal, 1995 y 2013).

[6] En este sentido, analizar *prácticas discursivas* implica considerar los efectos de saber que los discursos producen "por obra de luchas, los enfrentamientos, los combates que se libran así como por las tácticas de poder que son los elementos de esa lucha (Foucault, 2006: 56 y 17)".

[7] Este listado de autores es divergente en dos aspectos clave. Por un lado, en la cuantía que cada uno de ellos efectivamente otorga a la autonomía relativa de la dimensión simbólica en su análisis y, por el otro, a cuán auspiciosas son sus expectativas de que la *mediación* discursiva de los documentos permita efectivamente llegar a las *voces* de los que no escribieron. Sin embargo, se trató de un recorrido bibliográfico y polémico sin el cual no hubiésemos podido abordar la diversidad a partir de la cual construimos nuestro corpus documental.

La enunciación de roles, de valores, de creencias, en una forma que asentó la idea lógica de que el orden precedía a las transgresiones y que, ante ellas, debía ser reinstalado, será una de las principales representaciones compartidas por los sujetos de la elite que, en cuestiones más puntuales, disintieron en sus concepciones y aspiraciones respecto del orden.

Los discursos que participaron de la definición de la *cuestión del orden* no pueden considerarse por fuera de los roles asumidos por los actores que los formularon y las pugnas específicas que protagonizaron. Sus definiciones de orden, de violencia y del *otro* estuvieron vinculadas profundamente a los objetivos, filiaciones, coyunturas económicas y políticas así como a un universo más amplio de valores y creencias. En tal sentido, las jerarquías simbólicas no se reducen a relaciones de sentido, sino que reproducen relaciones de dominación puesto que

> el mundo social es un universo de *presuposiciones*: los juegos y las bases que propone, las jerarquías y las preferencias que impone, en resumen el ensamble de condiciones de adhesión tácitas, es tomado por seguro por aquellos que pertenecen a él y que está cargado de valor en los ojos de aquellos que quieren ser de él (Bourdieu, 2013 s/p).

De lo antedicho, se desprende que en el mundo de las representaciones se dirimen conflictos *materiales*, anclados en relaciones antagónicas entre las diferentes clases que estructuran la sociedad. Por ello, su análisis permite reconocer tensiones y enfrentamientos concretos cuya resolución produjo un sentido hegemónico de qué debía ser y era el orden en la ciudad: ¿qué temas, elementos, tópicos, relaciones, integraban la idea de orden durante el período? ¿Qué prácticas en el espacio público eran valoradas positiva y negativamente? ¿Qué actores sociales fueron definidos como contrarios a ese orden? ¿Qué posibilidades y restricciones a las prácticas de estos suponía dicho orden?

En función de un análisis de este tipo, entendemos las representaciones sociales como formaciones de sentido "poliédricas" (Chartier, 1992) que, por serlo, permiten explorar dos de las características que han sobresalido en la lectura de los documentos. Por un lado, porque pueden entenderse como el conjunto de cadenas intelectuales y mentales determinantes en relación con el mundo social (Chartier, 1993: 3). En esta arista, los documentos son consistentes respecto de los temas, tópicos y las valoraciones hechas: prácticas como la ebriedad, el escándalo, el juego ilegal, la pendencia, la mendicidad, la deserción han sido, en ellos, visibilizadas más que otras y señaladas como las más perjudiciales. Cómo se las describe, la recurrencia con que aparecen, así como los lugares que tienen en los discursos a modo de "argumentos" (estrategias) en el debate de temas diversos, las vuelven centrales.

Por otro lado, las representaciones implican también la construcción de identidades sociales y, de forma concomitante, de *la* identidad social dominante, que "se muestra, abre, se recibe o se rechaza (...). La imagen es reelaborada por el grupo, la comunidad, la clase, las representaciones sociales (Chartier, 1993: 3)". En nuestro caso, se dibujó un *otro social* en el que un núcleo duro de características (hombre, pobre, criollo, móvil, inmoral, violento) se conjugó con otras, más variantes según los contextos y casos (policía, extranjero, ignorante, mujer), para dar forma a unos *otros internos* (Briones, 1995; Delrio, 2005) más puntuales y situados en coyunturas precisas.

La historia social ha ordenado los principales cambios del período en tres: la inserción al mercado mundial como una región primario productora, la conformación de una estructura político-administrativa de poder –el Estado—, y la constitución de un orden social burgués (Bonaudo, 2007). La particularidad, señalada anteriormente, de la autonomía inconclusa del Estado en relación con otros intereses sociales se tradujo respecto de las representaciones en una *conversación* que tuvo lugar entre sujetos sociales que pertenecieron a grupos yuxtapuestos: los sectores dominantes y el Estado en formación. A ella se sumaron aunque de formas mediadas y subordinadas otros actores, sea diferentes (como la aparición mediatizada de los sectores populares o la de los colonos europeos) o contenidos en los primeros pero reconocibles en sí mismos (como las organizaciones de la sociedad civil, otros actores letrados y los extranjeros distinguidos).

Ahora bien, una primera comprobación, que nos permitirá mostrar cómo las fuentes fueron el principal indicador de qué caminos analíticos tomar, es que tanto en unos como en otros discursos existió un lenguaje común. Tanto qué temas compusieron la "cuestión del orden" como cuáles sujetos sociales se enfrentaron a través de los sentidos dados a esta aparecen articulados alrededor de la definición de un *otro social* (Pratt, 2001; Delrío, 2005). Los documentos hablan fundamentalmente de sujetos (que serán inmorales, violentos, ignorantes, peligrosos) y no de conductas. La secuencia más repetida es la descripción de un universo de hombres que tienen unas costumbres o, más aun, un *estilo de vida*, contrario a las aspiraciones de civilización de la elite; es decir que nos hallamos ante discursos organizados desde un lenguaje de los valores y las emociones. A partir de esta comprobación (que en los documentos es siempre previa a cualquier suceso que se esté narrando) se produjeron diagnósticos de las amenazas concretas que estos sujetos suponían para la sociedad y se prescribieron prácticas de control que debían aplicarse sobre ellos para neutralizarlas. De ser ello así, esto supondría que en función de la estructuración de un orden social dado, los procesos de segregación, clasificación, viabilizados mediante la simbolización de las conductas violentas tuvieron *efectos productivos* (Bataille, 2009).

2.

Como decíamos, el mecanismo principal de la construcción discursiva del *otro* fue la identificación de un sujeto que, por condiciones que se le adjudicaron como inherentes (principalmente, la violencia y la inmoralidad) representó lo negativo, la barbarie y el atraso,[8] rasgos en función de los cuales se describieron y juzgaron sus prácticas. Como parte de este fenómeno, dos tópicos, atribuidos principalmente a hombres pobres criollos: la inmoralidad y la violencia. Repetida hasta el cansancio, esta asociación instaló la idea de que las prácticas de estos sujetos eran consecuencia de una condición *previa* (se embriagaban y jugaban porque *eran* inmorales y violentos).

Al leer las descripciones de las transgresiones al orden público en la ciudad, impacta que estén enunciadas en un lenguaje propio de las emociones (Le Breton, 2009), con palabras pertenecientes, antes que a otro, al mundo de los afectos *desmesurados* (el horror, el miedo, el asco). De hecho, el hilo conductor de las caracterizaciones sobre transgresiones y transgresores será el de *la moralidad*, que adquiere una forma amplia, traducible como lo *civilizatorio*, considerando que se trata de un conjunto de valores, costumbres, usos, gustos y prácticas que definen en un momento histórico dado los límites de lo socialmente aprobado y aceptado y que se sostienen sobre nociones de autocontrol, deferencia, distinción y mesura.

Al referirse a la ciudad, las menciones al *daño moral* que podían causar ebrios, escandalosos, mendigos, incluso los vagos, son más que aquellas sobre el potencial *daño económico*. Este eclipse discursivo de las connotaciones económicas

---

[8] Diversos trabajos historiográficos se han ocupado de los procesos de construcción de *otros* sociales. Desde la historia social se abordaron objetos tan variados como la inmigración, la raza, el delito, el género, la salud, la higiene, el trabajo, respecto de colectivos y grupos como pueblos indígenas, los menores, los inmigrantes, las mujeres, los pobres (Scarzanella, 2003; Speckman Elisa, 2009).

y productivas (centrales para el orden capitalista) es interesante porque lleva a la pregunta de por qué la arista moral de la civilización fue la que más convocó y más resonancia tuvo entre los actores que discutieron la agenda pública.

De manera general, los aspectos visibilizados como peligrosos y violentos fueron aquellos que contrariaban la tendencia *civilizatoria* por la cual

> la satisfacción de las necesidades humanas pasa poco a poco a realizarse entre los bastidores de la vida social y se carga de sentimientos de vergüenza y (...) la regulación del conjunto de la vida impulsiva y afectiva va haciéndose más y más universal, igual y estable a través de una autodominación continua (Elías, 1989: 449).

Es esa falta de restricción, esa desmesura, lo que funcionarios, publicistas y otros hombres decentes repudiaron de las costumbres de las clases populares: y es ese comportamiento, trocado en condición inherente (la inmoralidad) lo cual los separó, completamente, de estos sujetos.

La cuestión de los límites simbólicos de la sociedad ha sido abordada por un conjunto de estudios que, desde la antropología cultural (Le Breton, 2009), la sociología de la religión y de lo sagrado (Durkheim, 2013; Bataille, 2007 y 2009; Girard, 1983) y la historia social y cultural (Thompson, 1991; Darnton, 1999; Delumeau, 1978), se han preguntado por *el valor positivo de la violencia* en la conformación y reproducción de un determinado orden social. Dicho en otras palabras: ¿cumplen la violencia y la simbolización de la violencia, algún rol *necesario* en las sociedades modernas? La primera cuestión general en que estos enfoques coinciden es que le corresponde al ejercicio de una violencia (siempre hablamos de una violencia no hegemónica, no legítima –y por eso asociada a la *transgresión*–) un rol primordial en la demarcación de la *otredad*, de los límites simbólicos que una sociedad establece, más allá de los cuales existe el afuera, quienes no pertenecen, el *otro*.[9]

Esta forma de representar las diferencias sociales en términos culturales es en sí un acto de poder, pues ordena jerárquicamente las diferencias (Ramos, 2005), al *sustancializar* aquellas propiedades que distinguen a *la sociedad* de *el otro*. Se trata de procesos por los cuales, "invisibilizando ciertas divergencias y tematizando otras, esto es, fijando umbrales de uniformidad y alteridad" determinados sujetos representados como inaceptables pasan a ser simbolizados como "subordinados tolerables" (Briones, 2008: 16). En palabras de Le Bretón, "el otro" es la estructura del orden significante del mundo (2009: 34 y 35). En el caso santafesino, veremos en qué medida ello fue explícito.

Sin embargo, yendo más allá, resta la cuestión de la *interioridad* de la experiencia del *otro*, tal como se la representa desde las miradas hegemónicas. Es decir, cómo las élites describieron y significaron *desde afuera* un fenómeno que definieron como completamente ajeno a ellas y propio *solo* de las clases populares. Para abordar esta cuestión consideramos lo que ciertas vertientes ponen en un lugar central del análisis de lo social: la explicación de la existencia y simbolización de la violencia en el seno de las sociedades humanas. En la interpretación del establecimiento de los límites simbólicos que hacen autores como Georges Bataille (2009) y René Girard (1983), tributarios tanto de la crítica materialista, de la sociología durkhemiana y del psicoanálisis (Tonkonoff, 2007), el rol que adquiere la violencia en el orden social es distintivamente *positivo*. Esto es, partiendo

---

[9] En esa dirección, Walter Delrío señala, para el espacio Patagónico, la "cuestión indígena", como el catalizador de una tensión entre las tendencias universalizantes –nación homogénea– y los mecanismos de particularización –*otros internos*–. Al ubicar los procesos de demarcación simbólica en un registro de igual importancia al de los procesos materiales, esta vertiente ha permitido a la historiografía social análisis más complejos de los procesos de modernización (Delrío, 2005: 18).

de la noción de que la sociedad es un ordenamiento, en primera instancia simbólico, reconocen en las formas de simbolizar la violencia (y a los violentos) un mecanismo principal de clasificación, ordenamiento y estratificación social, cuyos catalizadores son los *afectos no socializados* (que los sujetos socializados han debido hacer a un lado para vivir en sociedad) tales como la ira, el asco, el espanto, el miedo, entre otros.

En esta perspectiva, que concibe a los sujetos sociales como sujetos de *deseo* antes que de *interés*, la violencia que amenaza el normal decurso de la vida social está compuesta por aquellos afectos, pasiones, emociones que no pertenecen a lo que la sociedad en su conjunto ha aceptado como tolerable. Por ello, cuando irrumpen, lo hacen desmedidamente, con atrocidad, con fuerza (sin simbolizarse, sin explicación, puros en su desmesura); nos hallamos ante fenómenos *violentos* (generados por fuerzas desconocidas y peligrosas e improductivas) que, por contraste con la civilización, la mesura, la ley, se presupone que serán *incontrolables*. Ese *resto*[10] de violencia se hace visible, irrumpe en la vida social en fragmentos mediante transgresiones,[11] algunas de las cuales se constituyen en *chivos expiatorios*, esto es, figuras que concentran el rechazo social, la culpa y explicación de la violencia. Esas manifestaciones (y su posterior

---

[10] Ese conflicto original, mítico, dicta lo que por vergonzante o violento debe quedar fuera de la vida social. Esto, que Freud denomina *resto mnemónico*, es lo que permanece no socializado. Una escisión tal produce un *resto* que, cuando se manifiesta, siempre desmesuradamente, genera afectos extremos: la completa veneración o el total desprecio que lo sagrado —fasto y nefasto— suponen (Freud, 1991: 132).

[11] Bataille sostiene que la concepción moderna de que el hombre es un sujeto de razón y/o de interés impide comprender cómo el deseo se entrelaza con el *gasto*, actividad social que dicta el ritmo y razón de ser de las demás, a la que se subordinan la producción y el consumo. La modernidad imagina una sociedad regida por el principio de utilidad, tendente siempre a la producción y a la conservación. Si la función de pérdida de la creación de lo sagrado aparece solo en pequeños fragmentos (la transgresión, el delito) o estalla (en la guerra) es porque en las sociedades modernas la capacidad de simbolizar la violencia ha desaparecido (Bataille, 2009: 118).

castigo) cumplen una función crucial: reafirman la racionalidad, la obediencia, la mesura de quienes ven en el transgresor a un *totalmente otro*. Son, así, un requerimiento del orden para perdurar y no, a la inversa, impulsos preexistentes que fueron prohibidos porque comprometían la vida social.

Jean Delumeau se pregunta por la pertinencia de esta serie de interrogantes para el historiador. Al estudiar las características que asumió el miedo en Occidente, plantea la cuestión de si el origen de la violencia (en particular, del miedo) es antropológico o social y destaca la necesidad de ubicar el fenómeno en sociedades específicas. Las *formas* que adoptó el miedo —no solo el objeto del miedo sino la manera en que se lo representó— cambian en las distintas sociedades (Speckman Guerra, 2009), y lo que los documentos sacan a la luz es la forma en que estas formas condicionaron prácticas y representaciones de los sujetos. Por ello, afirma el autor, un fenómeno universal (la simbolización de afectos extremos como forma de establecer límites sociales) adquiere funciones y características distintas de acuerdo con cada formación social, por lo que estudiar cuáles de ellos se hacen centrales y qué formas adopta su simbolización es crucial para entender la conformación de un orden social determinado.

En nuestro caso, negar la intervención de los afectos en la vida social implicaría desdeñar lo que los documentos expresamente manifestaban. Ya que, sobre la base de la representación de la violencia y de la inmoralidad, se generaron innumerables reflexiones, prescripciones y advertencias, pero también medidas gubernamentales y prácticas policiales. Es en ese sentido en el que, entendemos, debe considerarse el rol *positivo* de la violencia en los documentos que analizamos.

En este marco, la inquietud que estructura este capítulo puede ser formulada de la siguiente forma. Considerando las representaciones sociales como "las imágenes totales o unitarias que se construyen a partir de testimonios parciales disponibles, escritos y visuales, en un momento histórico determinado (Gayol y Kessler, 2002: 17)", nos preguntamos: ¿cómo representaron discursivamente el gobierno y la Policía *la cuestión del orden*? Y, en relación con esta idea, ¿qué temas, tópicos y estrategias predominan en este corpus para definirla? ¿Qué sujetos sociales encarnaron la violencia y el desorden? ¿Qué prácticas fueron identificadas como amenaza al orden público en la ciudad? ¿Qué prescripciones se hicieron para solucionarlas?

3.

El siglo XIX de las elites criollas siguió un derrotero signado por una triple tensión (Orellana y Bohoslavsky, 2010) entre luchas intestinas, aquellas dadas por el territorio y las que las enfrentaron con los sectores populares (Santilli, Gelman y Fradkin, 2013). Bajo ese andamiaje, el período posterior a Caseros puede ser considerado como de refundación de un orden social.

Entre las transformaciones más destacadas se encuentra la estructuración de un armazón político administrativo del Estado (ya en vías de unificación), según la cual la centralización militar y la impositiva fueron clave (Garavaglia, 2015; Oszlak, 1999) así como la conformación de una comunidad política y un sistema de representación, asentado sobre principios liberales plasmados en la Constitución de 1853 (Bonaudo, 2010; Bonaudo y Mauro, 2015). Por otra parte, las relaciones sociales de tipo capitalista comenzaron a expandirse y afianzarse (Schmit, 2008; Yangilevich, 2012; Fradkin, 2007), lo que transformó el orden económico así como el social, en un sentido más amplio. Los valores y conductas liberales capitalistas, impulsados por unas elites que vivían en su interior procesos de disciplinamiento político y social (Losada, 2012), afectaron profundamente las vías de relación del Estado con los sectores populares, los sujetos que por definición sostendrían el nuevo orden económico —y militar (no en vano se llamó a este período uno "tan violento como creativo" (Bragoni, 2008: 2)—.

En ese contexto, la simbolización de quiénes formarían parte del nuevo orden, y de qué manera, se cristalizó especialmente en un universo de transgresiones que incluyó, pero no se redujo, a la cuestión del delito. En otras palabras, unos de los mecanismos básicos de la construcción de representaciones sociales sobre el orden fue

> la selectividad (…) en privilegiar (…) la discursividad de ciertos delitos y silenciar otros. Operaciones complejas de eclipsamiento y revelación, que más que testimoniar sobre lo que sucede efectivamente con la violación de la ley, revelan aquello que a la sociedad y, sobre todo, a sus elites, les preocupa y atemoriza en un período determinado (Gayol y Kessler, 2002: 33).

Santa Fe participó de estos cambios condicionada por las características que el período previo imprimió en su territorio (Damianovich, 1992; Tarragó, 2006 y 1996; Cervera, 1907), especialmente la incertidumbre en los horizontes de expectativas, fruto de la guerra endémica (Caula y Tarragó, 2003). Fuertemente condicionadas por ello, existieron dos características del sistema de poder provincial construido desde Caseros que incidieron en la manera en que se administró el orden, e influyeron notablemente en los sentidos construidos por los grupos dominantes en torno a cómo prohijarlo. Se trató de la *militarización* de determinadas relaciones sociales y, en estrecha relación con esta, la dependencia de instituciones y funcionarios clave encargados de mantener el orden público (como jefes políticos y de Policía) respecto del poder político provincial, encarnado en el gobernador.

Investigaciones situadas en otros espacios regionales (Bravo y Campi, 2000; Macías, 2001; Moroni, 2012; Canciani, 2012), que puntualizan algunas facetas distintivas de la "militarización" posterior a Caseros en sus dimensiones simbólica y social, nos permitieron ponderar en qué medida esta tuvo incidencia en la producción y reproducción de "normas, rasgos de conducta, sistemas clasificatorios y significaciones (Salvatore, 1992: 28)" en Santa Fe.[12] La institución que *catalizó* este cambio fue la Guardia Nacional, cuya organización (dictada por Urquiza para las provincias integrantes de la Confederación en 1854) implicó, además, "la redefinición de los sistemas de lealtades preexistentes, creados en torno a las antiguas milicias cívicas" (Bragoni, 2008). Mientras la existencia de las Guardias Nacionales sostenía simbólicamente una noción de ciudadanía asentada sobre la defensa de la patria de los ciudadanos decentes, el servicio de las armas –la frontera, el frente de guerra o el patrullaje de las calles— se consolidó como un castigo a la comisión de faltas y delitos de distinta gravedad y el enganche forzoso apuntó a hombres de los sectores populares. De esta forma una misma práctica fue significada de forma ambivalente y se le otorgaron sentidos antagónicos de acuerdo con quiénes la realizaran.[13]

Fueron numerosos y constantes los casos en que desertores y transgresores no solo fueron apresados para ser enviados a la frontera sino, principalmente, al servicio de Policía. Ello influyó en la dinámica misma de la institución, que se vio atravesada por la tensión instalada entre unas autoridades que se autoconcebían como moralmente superiores y una tropa licenciosa, viciosa, poco afecta al trabajo.

Por su parte, la estructura de poder político que consolidó el autonomismo provincial, imprimió rasgos a las concepciones sobre "la cuestión del orden" que se ligarían

---

[12] Dichos trabajos ponen de manifiesto que el proceso de militarización (y de transformación) consolidó una noción de ciudadanía que hizo las veces de transición entre el modelo de ciudadano armado de las décadas posteriores a la independencia y aquel de subordinación plena del poder militar al civil, establecido hacia fines de siglo (Macías, 2001).

[13] Flavia Macías expresa, al analizar el caso tucumano, que "si bien las milicias y la Guardia Nacional presentaban puntos de contacto en cuanto a su organización y composición interna, el sistema de lealtades sobre el que se estructuraron y desarrollaron fueron muy diferentes (Macías, 2001: 139)".

estrechamente con las formas de organización de sus cuerpos militarizados. Durante la organización del Estado provincial y frente a la lógica facciosa de alianzas y enfrentamientos, la capacidad de gobernar y, especialmente, de construir poder (Bonaudo, 1992: 263) se apoyó sobre la movilización militar y sobre algunas figuras políticas clave que la vehiculizaron. La vigencia de este esquema verticalista puso en entredicho el horizonte de la separación de poderes, consagrada en la Constitución de 1853, y trazó una relación particular entre lo jurídico y lo político que se inclinó a favor de la lógica política en buena parte del período (Bonaudo, 2005). De hecho, la tensión entre el armazón liberal de gobierno y el sistema político *militarizado* se transformó en un punto clave de la modernización política, complementado por la tensión local-central en relación con el ejercicio del poder.

En este armazón ha sido destacada la figura de los jefes políticos, funcionarios que, concebidos como delegados del Ejecutivo provincial en un contexto de escaso control efectivo del territorio, cumplieron funciones, militares, ejecutivas e incluso judiciales (Bonaudo, 1995). Representaban la máxima autoridad en cada uno de los departamentos de la provincia e intervenían en asuntos tan diversos como la recolección del marchamo y otros impuestos, el servicio de limpieza de las calles, la organización de los cuerpos policiales locales (de gendarmes, de vigilantes, de serenos) e incluso impartían justicia, interviniendo en litigios entre vecinos. Marta Bonaudo ha identificado hasta qué punto estos funcionarios resultaron clave en el armazón autonomista, tanto en la ciudad como en la campaña y, en ello, la superposición de funciones no resultó, por años, en un escollo a la administración del orden sino que más bien fue un instrumento importantísimo dentro de él (Bonaudo, 1992).

En la ciudad de Santa Fe, las funciones correccionales de este cargo fueron desempeñadas por el jefe de Policía del Departamento La Capital. El control del orden en lugares públicos y comunes estuvo a su cargo por vía de los cuerpos de Policía militarizada (gendarmes, vigilantes, serenos). Especialmente con el afianzamiento del autonomismo,[14] se consolidó su "capacidad para convertir al sector militar de la provincia en base de reclutamiento y lealtad política" (Gallo y Wilde, 1980: 163) tanto para la resolución de los conflictos ligados a la sucesión en el poder como los propios de la administración y el gobierno. De hecho, el cuerpo de Policía urbana o de gendarmes, creados por Iriondo, constituyó la institución militar clave del autonomismo (Gallo y Wilde, 1980; Galvani Celso, 1994). La amplitud de las atribuciones fácticas de la Policía y su subordinación a las órdenes del Ejecutivo provincial, de la mano de una normativa imprecisa y *escasa* (como se trata en el capítulo 3), resaltaron el rol que las representaciones de los funcionarios tuvieron en el despliegue de sus prácticas de control.

En función de cómo se estructuró un universo de representaciones sobre el orden, existe otro punto a destacar, ya que las instituciones en las que las élites depositaron sus expectativas de orden interno estuvieron integradas, en sus bases, por sujetos cuya moral y costumbres más cuestionaron, lo cual hizo de la composición "dual" o polarizada de la Policía (ver punto 1 del capítulo 3) un tema central de la agenda pública. La desconfianza hacia los hombres que integraban la tropa adquirió la forma de denuncias, quejas, reflexiones amargas y prescripciones relacionadas con la moralidad de la tropa, integrada por sujetos que provenían del mismo universo (y en no pocas ocasiones, eran los mismos individuos) que aquellos que fueron consolidándose como objeto prioritario de control. En 1865, el jefe de Policía informaba al gobernador:

---

[14] Especialmente, hacemos referencia a los gobiernos sucesivos de Simón de Iriondo 1871-1874, Servando Bayo 1874-1878, Simón de Iriondo 1878-1882, Manuel de Zavalla-Cándido Pujato 1882-1886.

> (...) doy cuenta que ayer por la tarde después de haberse dado el vestuario a los individuos que mandaron para el servicio de este Depto. dos de ellos he tenido que mandarlos a las órdenes del mayor Diana, José Bengochea y José Mauricio Martínez, para que los entreguen al Comte. Regino Román, por orden de S.S., por la falta que han cometido de haber venido ebrios a este Depto. de Policía y escandalosamente.[15]

Este parte integra un conjunto de lamentaciones de funcionarios policiales en las que aparece la tensión entre un deber ser del policía[16] y la realidad con la que debían lidiar.[17] La caracterización en estos términos también fue una herramienta, utilizada por algunos para posicionarme mejor ante sus superiores.

La prensa local también reflejó la noción de que, esencialmente, autoridades y tropa policiales eran distintos. Hacia fines de nuestro período, *La Revolución*, periódico santafesino concentrado en cuestiones del desarrollo urbano, denunciaba:

> Se ha constatado el hecho criminal cometido por los vigilantes en la Calle Mendoza y de que damos cuenta en otro lugar [se refieren a un ataque a un hombre italiano realizado en la puerta de su vivienda para robarle un reloj. Los vigilantes lo golpearon y llevaron luego a las afueras de la ciudad donde lo abandonaron]. El jefe de policía los ha puesto a disposición del Juez Correccional, para que los castigue. La conducta del

---

[15] Aclaración: todas las transcripciones de documentos mantienen la ortografía original. Archivo de Gobierno, "Notas del Jefe de Policía del Departamento La Capital Santa Fe", junio 22 de 1865.
[16] Estas conductas no se limitaban a la tropa. En 1866, el comisario Mendoza informaba que el Primer Oficial Acisclo Niklison, "ha cometido un acto escandaloso é indigno del carácter que reviste. (...) Fue conducido (...) a este departamento por el Comisario Mendoza porque no podía caminar por sí solo, tal era el estado de ebriedad en que se encontraba". Archivo de Gobierno, "Notas del Jefe de Policía del Departamento La Capital", 14 de febrero de 1866.
[17] Archivo de Gobierno, "Notas del Jefe de Policía del Departamento La Capital", 2 de abril de 1881.

Gefe de Policía es encomiástica; no era posible dejar impune tal delito que introduciría la indisciplina en el cuerpo de vigilantes, convirtiéndolos en bandoleros.[18]

El seguimiento que *La Revolución* dio a otro episodio, sucedido pocos días después, en el cual un preso que se había fugado dos veces del departamento de Policía, una vez rodeado en el patio de una casa, fue muerto de un balazo en la garganta por un comisario, permite observar otra manera en que se plasmó esa lectura sobre la composición de la Policía, la citada *dualidad*, a la vez que nuevos elementos se integran a la representación de la tropa policial. En la primera noticia publicada sobre el caso, se decía que

> El prófugo venía con el cuchillo en la mano y como en la mañana [momento del primer escape], se guareció en la casa del Dr. Funes, cuya puerta se encontraba abierta. Los vigilantes *no se atrevieron* a entrar, concretándose a rodear la casa. Un alférez había penetrado al interior de la casa, y el que, solo, intentaba en vano reducir a Alanís que esgrimía su cuchilla en rededor del brocal del aljibe.
> Llegó el Comisario Gordiola, el que le intimidó orden de prisión, la que fue desobedecida.
> Para reducirlo Gordiola, hizo uso de su revólver disparando un tiro contra Alanís. La bala le penetró en el costado derecho de la garganta, cayendo Alanís de bruces. Al ruido del disparo la gente que se estaba reuniendo por la atención que generan los vigilantes cuando se trata de una captura, penetró al patio y pudo ver a Alanís de bruces sobre las baldosas, apoyado en las dos manos y pidiendo que lo ultimaran. Por la ancha herida del cuello brotaba la sangre como por un caño. Alanís conservaba la misma *serenidad de un valiente. Espiró sin quejarse* siendo conducido su cadáver al Departamento Central de Policía. El sangriento suceso de ayer ha conmovido profundamente a la sociedad.

---

[18] La Revolución, 19 de abril de 1888.

Son hechos de aquellos que dejan un recuerdo imperecedero y los que en los primeros momentos solo arrancan recriminaciones. Efectivamente, la prisión de Alanís nos parece que pudo hacerse sin llegar a aquel extremo. *Había suficiente número de vigilantes para reducir a prisión a ese desgraciado. Ahora si aquellos fueron tan cobardes que no se atrevieron a apresarlo*, la policía sabrá lo que ha de hacer con ellos y el Juez con Gordiola.[19]

La descripción resalta algunas cuestiones, como que se llegó a esa situación por la cobardía de los gendarmes (lo que se dice abiertamente y se contrasta con "la serenidad de un valiente", del prófugo que estoicamente "espiró sin quejarse") y por la inoperancia de un comisario que, sin otro recurso que la violencia, optó por dispararle a la garganta al hombre, antes que comandar su tropa para que lo aprese, aunque estos fuesen un número "suficiente (…) para reducir a prisión a ese desgraciado". El relato despliega, además, otras estrategias que también contribuyen a generar un clima de descontento, que el periódico retomará en noticias siguientes. Por ejemplo, al contraste establecido entre el grupo de gendarmes cobardes y el valiente hombre acorralado, se suma que la verdadera víctima de ese "sangriento suceso" es la sociedad conmovida; los vecinos que entraron y presenciaron al moribundo pidiendo que lo ultimen.

El espectáculo de la herida "de la que brotaba sangre como un caño", será la base de las recriminaciones que recibirá la Policía y que los redactores retomarán para ampliar sus críticas: la *tropa*, nuevamente, tenía actitudes que no eran dignas del rol que debían cumplir. Días después, *La Revolución* reflexiona sobre la composición de la fuerza y al ya remanido argumento de la inmoralidad agrega que "la policía está formada hoy por gentes perfectamente desconocidas y en las cuales el pueblo no tiene confianza.

---

[19] La Revolución, 24 de abril de 1888.

Soldados, oficiales, inspectores, comisarios, han nacido y se han crecido en Entre Ríos, en Córdoba, en la Banda Oriental, en cualquier parte menos aquí".

Afirmaron que "antes" la Policía eran "cuatro gatos locos" pero, como eran santafesinos, inspiraban mayor confianza y llegaron a aseverar que "no se tiene confianza en la Policía y que de noche gustamos muy poco de tropezar con un polizonte porque lo creemos de mal agüero".[20] Aquí, a su baja extracción social, se sumó su origen desconocido: son de "cualquier parte" menos de Santa Fe. Aunque durante todo el período se señaló a los individuos de provincias vecinas como los principales causantes de los delitos,[21] esta visibilización de los *extranjeros* criollos en la tropa comienza a ser más relevante hacia la década de 1890, en un contexto en el que, como analizaremos sobre la transgresión del juego ilegal (capítulo 4), los colonos europeos que comenzaban a actuar políticamente apelaron a distinguirse de los criollos, en gran medida, en términos morales.

Todas estas razones contribuían, según la prensa local, a que los vigilantes no fuesen "queridos". De un episodio confuso, que el periódico ya titula con un grado de sorna, se dice lo siguiente:

> Vigilante al agua.
> (…) corrió la voz que en el puerto á un vigilante se le había arrojado al agua. La noticia corrió y nadie dudó en virtud del poco cariño y respeto que se tiene al cuerpo de vigilantes. Lo que más acentuó la noticia fueron algunos disparos que se

---

[20] La Revolución, Santa Fe, 28 de abril de 1888.
[21] En opinión de Aureliano Argento, juez de primera instancia, aparece la idea de que las conductas criminales provienen de pobladores de otras provincias: "son pocos los crímenes relativamente al número de habitantes de un departamento tan estenso y poblado. Es de admirar la bondad de los naturales de todo el distrito que está bajo la jurisdicción de esta Sección Judicial, y es de fijarse que en todas las causas criminales mencionadas los principales autores son entrerrianos o correntinos". Archivo de Gobierno, "Notas de los jueces de primera instancia de ambas circunscripciones de esta provincia", 11 de abril de 1864.

sentían en la parte norte de la ciudad y los débiles toques de auxilio del pito de un vigilante. (...) Solo el murmurar del río se sentía, sobre cuyas ondas la luz de las estrellas multiplicaban sus rayos en vistosos cambiantes. ¿No sería aquello, algo así como una farza a la Policía?[22]

La percepción sobre estos sujetos no solo condicionó cómo fueron vistas las instituciones encargadas de mantener el orden público, sino que también dictó los términos de las relaciones entre autoridades y los sujetos de los sectores populares, *dentro* de las instituciones. La Policía daba de alta cotidianamente en sus filas a hombres que habían sido arrestados por delitos contra el orden público. Se los asignaba a la Partida Celadora, al cuerpo de gendarmes o de serenos, e incluso a la banda de música. Son interesantes las caracterizaciones hechas sobre ellos para considerar cómo los discursos policiales sobre los transgresores, sobre los peligrosos y los violentos no solo permeaban la tarea diaria de la institución sino que fueron construidos al calor de esta. Por ejemplo, se repitieron los casos en los que soldados dejaban escapar voluntariamente a otros presos:

> El Sargento Mayor Dn José Zavala, encargado de la Fortaleza de la Duana, ha dado parte a este Departamento de haberse encontrado en la noche del 23 de 10 a 11, de la noche, escalando las murallas del cuartel al soldado de guardia Florencio Marquez y que según este ha sido inducido por el preso decretor del ejército nacional Juan Gatica. Por este hecho el infraescripto ordenó se le pusiera una barra de grillos cuya condena ha cumplido, lo que pongo en consideración de S.S. para la resolución del superior gobierno.[23]

O aquellos en los que la inconducta de los efectivos fue castigada: "Con esta fecha el infraescripto ha separado del cuerpo de gendarmes al ayudante Don Facundo García,

---

[22] La Revolución, 8 de mayo de 1888.
[23] Archivo de Gobierno, "Notas del Jefe de Policía del Departamento La Capital", 2 de febrero de 1866.

en atención a su mala conducta y abandono completo que ha hecho del cuerpo al que pertenece, dedicándose a otros trabajos que son incompatibles a un oficial (…)"[24]..

O casos como el del sargento José Guardia, otro conspicuo reincidente:

> El infraescripto se dirige a U. adjuntándole dos partes que le han sido pasados, uno por el jefe del piquete de vigilantes y otro que a este le ha dirigido el encargado de la banda de música de esta ciudad referente a haber sido insultado por el Sargento José Guardia anoche en la retreta y en la presencia de toda la banda.
> Al elevar los citados partes el infraescripto no tiene otro objeto sino que poniéndolos en conocimiento de S.E. el Sr. Gobernador se digne providenciar lo que estime conveniente a fin de evitar que en adelante se repitan estos hechos. No es la primera vez que el Sargento José Guardia comete faltas de esta naturaleza pues que ya vez pasada se elevó un parte al gobierno donde era acusado de haber insultado a un Com. de la Policía en comisión, y solo recibió por castigo unos cuantos días de arresto, cuyo castigo no era bastante para corregir la falta cometida.
> Dios Guarde a U.
> José M. Ávalos.[25]

Este parte tuvo dos respuestas del Ejecutivo: primero, se dictó la prisión del sargento hasta que se resolviera su condena y veinte días después se lo condenó a dos meses en la Frontera.

Existe un punto digno de resaltarse sobre el lugar central que tuvo la construcción de sentido que se hizo de estos hombres en la resolución de estas situaciones. La pena impuesta a Guardia se apoyó en la valoración hecha de su carácter por el funcionario superior. El informe se

---

[24] Archivo de Gobierno, "Notas del Jefe de Policía del Departamento La Capital", mayo de 1866.
[25] Archivo de Gobierno, "Notas del Jefe de Policía del Departamento La Capital", 24 de febrero de 1865.

refiere a dos partes de comisarios, que informarían sobre ello (aunque dichos partes no están en el tomo) y no hay constancia de que se haya sustanciado un sumario para indagar lo sucedido.

La decisión del Ejecutivo provincial fue tomada, entonces, sobre lo que informó Ávalos y que destaca, en relación con la falta cometida, que el sargento no solo insultó a un superior sino que lo hizo "en la retreta y la presencia de toda la banda". El jefe juzga esta falta de respeto como una trasgresión seria, y por ello, si bien escribe al gobernador para que este disponga "lo que estime conveniente a fin de evitar que en adelante se repitan estos hechos", deja en claro qué opina sobre el anterior castigo dado al sargento: "*solo* recibió por castigo unos cuantos días de arresto, cuyo castigo *no era bastante* para corregir la falta cometida".

El reclamo por mayor severidad en las penas fue una constante no solo en la Policía, sino de parte de algunos miembros más liberales de la elite como Gabriel Carrasco, autor, entre otras obras, del primer proyecto de Código de Policía de la provincia, en 1895. Carrasco, quien no dudó en tildar de arcaico y precario al Reglamento de Policía de 1864 (ver capítulo 3) abogó en simultáneo porque se lo aplicara con más severidad (mediante el aumento de la vigilancia policial) ya que según él, la inefectividad policial era la principal responsable de la proliferación de delitos en la ciudad y campaña.[26]

Existieron demandas en las que se evidencia otra necesidad en la tarea de estos funcionarios que las conductas de la tropa entorpecían: la distinción entre oficiales y tropa y a su vez, entre la Policía y la sociedad. En 1865, el comisario de San José reclamó al jefe de Policía por el vestuario adeudado a sus subordinados, aduciendo que "no existiendo más de dos sables ni tener ninguna distinción en el hábito

---

[26] Gabriel Carrasco, "Circular a los jueces de paz y demás autoridades de la Provincia, sobre represión de la criminalidad", Ministerio de Justicia y Culto, Santa Fe, 4 de enero de 1893, pp. 129-130.

se confunden *los policianos con los paisanos*, porque solo el Sargento y el Cabo cargan sable y los soldados en nada se distingue que lo sean [el resaltado es nuestro]".[27]

Este tópico volverá una y otra vez en los documentos policiales:[28]

> (…) anoche a las diez y media teniendo conocimiento que dos soldados de los de Guardia de esta Policía, habían salido sin la previa licencia del Comisario de servicio o Sargento de Guardia y se encontraban en una pulpería embriagándose, ordené al Mayor Don Naresio Navaja, fuese a traerlos.[29]

Comisionado a traer a los infractores, el mayor se encontró con la resistencia de uno de ellos, Ramón Sosa, que no solo no obedeció, sino que "arremetió contra Navaja". El oficial primero, Manuel Fernández, concluye diciendo: "debo prevenir a S.S. que a más de las repetidas faltas que comete el soldado Sosa, esta es la segunda vez que se insubordina al Mayor Navaja y entonces, como ahora, le ha puesto en el caso de hacer uso de sus armas".[30]

En estos informes conviven dos tipos de violencia: la del transgresor, injustificada y fruto de un acto plenamente voluntario, y la de quien restituye el orden ante la falta cometida, legítima y forzada por las acciones del primero. La legitimidad del uso de la violencia de quien restituye el orden (que no siempre se trató de un superior de quien lo transgredía) se construye discursivamente como reacción a la desmesura del transgresor. Existió la necesidad de esgrimir una justificación a lo que, de otra manera, habría sido una desmesura especular de aquella cometida por el

---

[27] Archivo de Gobierno, "Notas del Jefe de Policía del Departamento La Capital", 4 de abril de 1865.
[28] Archivo de gobierno, "Notas de los jueces de primera instancia", 11 de abril de 1864.
[29] Archivo de gobierno, "Notas del Jefe de policía de esta capital", 7 de noviembre de 1869.
[30] Archivo de gobierno, "Notas del Jefe de policía de esta capital", 7 de noviembre de 1869.

soldado en falta. Sobre todo, volviendo sobre lo ya dicho: se trataba de hombres que provenían de los mismos sectores y, en no pocos casos, de los mismos individuos. De esta manera, entran en juego las representaciones que las autoridades hicieron internamente de sus subordinados, así como la imagen que, como institución, proyectaron a su interlocutor directo, que fue el Poder Ejecutivo provincial (a través de su ministro de gobierno).

La asiduidad con la que las autoridades recalcaron ser celosas vigilantes de un determinado perfil moral aparece en otros documentos. Por ejemplo, en 1866, en un listado de hombres remitidos a la frontera, Fidel Rodríguez recibió esa condena "por haber castigado a su mujer y quererla matar *y con la nota de incorregible*".[31]

Otro aspecto de las representaciones sobre el orden que construyó la Policía se relacionó con la delimitación de sus funciones frente al Poder judicial. En un contexto institucional en el que la división de funciones fue, al menos hasta los comienzos de la década de 1870, muy poco clara, la cuestión de la imposición del orden público y de a quién correspondía decidir sobre él fue otro vehículo para el afianzamiento de la Policía en el andamiaje de poder iriondista. Los días de elecciones son, a este respecto, un ejemplo muy gráfico, dado que en ellos queda en claro cuán lejos quedaba, en ocasiones críticas, la ley (y en este caso, con ella, el Poder Judicial) en el enforzamiento del orden público.

Con motivo de las elecciones de municipales en junio de 1865, el Poder Ejecutivo ordenó al jefe de Policía "que permanecieran encerrados en sus respectivos calabozos los presos que existen en la cárcel pública y bajo la custodia del Piquete de vigilantes".[32] Según el jefe Mariano Echagüe,

---

[31] En el caso de Rodríguez, podemos suponer que el mote de incorregible se refiere a la bebida; su arresto inmediatamente anterior fue por embriaguez y había sido multado por la misma razón el mes anterior. Archivo de Gobierno, "Notas del Jefe de Policía de esta Capital", 1 de marzo de 1866.

[32] Archivo de Gobierno, "Notas del Jefe de Policía de la Capital", 18 de enero de 1865. Folio s/n.

él se vio en la obligación de preguntar qué acción tomar porque "el Sr. Juez del Crimen ha dado orden al Alcaide para que habra los calabozos de la Cárcel diciendo que el Gobierno no puede dar tal orden [de retener a los presos] sin acuerdo de él".[33] La contestación del gobernador Cullen hacia el jefe de Policía, pero también hacia el juez, fue que la orden debía ser sostenida, pues obedeció a "la necesidad de garantir el orden público amenazado por la actitud de los partidos electorales".[34]

Estos cruces no solo hablan del contexto de indefinición de las funciones entre poderes.[35] Ponen en primer plano que, por un lado, al momento de dirimir la cuestión del orden público, primó la voluntad del Ejecutivo y, además, exponen un costado institucional de las representaciones sobre el orden: al tratarse del orden público, una disputa entre poderes independientes, se planteó como un caso de desobediencia o insubordinación. Más allá de las tensiones entre poderes, fueron el Ejecutivo y sus agentes directos (en la capital, la Policía, y en las colonias, también la justicia de paz) quienes se consolidaron como agentes del orden público.

La movilización opositora fue otra de las cuestiones que preocuparon a las autoridades policiales durante todo el período y constituyó un parteaguas en relación con la construcción de opiniones sobre la *cuestión del orden*, incluso luego de conclui-

---

[33] Archivo de Gobierno, "Notas del Jefe de Policía del Departamento La Capital", 18 de enero de 1865. Folio s/n.
[34] Archivo de Gobierno, "Notas del Jefe de Policía del Departamento La Capital", 18 de enero de 1865. Folio s/n.
[35] Otros ejemplos de malos entendidos entre Policía y justicia refirieron los motivos válidos para realizar arrestos. En mayo de 1868, un individuo fue apresado por la Policía y remitido al juez del crimen "por datos extrajudiciales de que era un criminal". El juez respondió que el hombre fue remitido "sin ninguna causa por la cual procesarlo", por lo cual se inclinaba a ordenar que se lo liberara. Archivo de Gobierno, "Notas del Jefe de Policía del Departamento La Capital", 15 de mayo de 1866. Folio 5082.

do el último ciclo revolucionario en 1878 (Gallo y Wilde, 1980). En 1888, *La Revolución* defendía las acciones de juez de paz del pueblo de Susana, ante denuncias de abuso de poder:

> Es falso.
> La Provincia asegura que D. Diego Pérez, Juez de Paz de Susana, retuvo a varios individuos para que no asistieran a la proclamación iturraspera de Pilar. Perez retuvo a aquellos individuos pero lo hizo en cumplimiento de su deber porque andaban armados y escandalizando y no por privarles su concurrencia a la *imponente* manifestación del Pilar. No mientan tan feo caballeros.[36]

La cuestión de la manifestación política opositora y su larga tradición de violencia armada se ve claramente en esta noticia, que coloca al juez de paz como un funcionario celoso del orden público. Ahora, resulta muy interesante que la justificación de sus acciones no haya sido, como vimos en años anteriores, que actuó con prácticas de insubordinación o sedición hacia el gobierno (es decir, contra el orden político) sino su colocación en un plano enteramente distinto: el del escándalo y el desorden (el orden público), sin más. Si bien la noticia menciona que los hombres arrestados tenían armas (elementos estelares de las intentonas opositoras), subordina su presencia al escándalo que estaban cometiendo. Esa escisión de la violencia evitada de cualquier connotación política se completa con la sorna con que se desmerece la magnitud de la manifestación pública a la que concurrieron los sujetos ("la *imponente* manifestación del Pilar"). En esta noticia, la amenaza real al orden no está en la oposición política –lo que alcanzará un límite preciso con las revoluciones radicales de 1893– sino en la violencia armada derivada del escándalo, y esas son conductas que la abrumadora mayoría de fuentes asociaron "naturalmente" a los sujetos populares. Hacia finales de siglo, la operación

---

[36] La Revolución, 29 de diciembre de 1888.

por la cual eran las condiciones esenciales de las clases populares las que dirimían si algo era o no contrario al orden estaba completa.

4.

En línea con lo desarrollado, nos detendremos ahora sobre las representaciones que fueron recurrentes dentro de la Policía, como aquella que institucionalizó el control de los comportamientos en los espacios públicos. Considerado el Estado, idealmente, como árbitro de las relaciones sociales hegemónicas, en el caso santafesino la construcción de las *presencias estatales* en el plano simbólico se articuló en el diálogo de la administración policial y el Ejecutivo provincial. Si se consideran las faltas contra el orden público en la ciudad, las fuentes policiales describen una dinámica cotidiana de arrestos y multas que se sustentó más en las órdenes emitidas por el Poder Ejecutivo que en los artículos del Reglamento de Policía Urbana y Rural que normaba estas cuestiones. En este sentido, el Reglamento ocupó un segundo plano, lo que en buena medida fue posible por su carácter vago e incluso contradictorio. Aunque esta cuestión es tratada en el capítulo siguiente, sí podrá verse aquí que la Ley (el Reglamento) no cumplió el rol de encauzar las prácticas discursivas de los actores fundamentales del control.

En fragmentos de los discursos institucionales fue sedimentando, ganando terreno, un corrimiento en relación con qué problemas eran enunciados como los más acuciantes para el funcionamiento institucional (Sedeillan, 2008; Argeri, 2001), por lo cual es posible distinguir un "antes" y un "después" entre principios y fines de la década de 1870 respecto de las representaciones predominantes sobre el orden. Se dio el paso de un marco discursivo en el que el desorden provenía tanto de la violencia interpersonal de los criollos pobres díscolos (Salvatore, 1992 y 2010; Fradkin,

2011) como de los opositores políticos pertenecientes a la elite (Losada, 2012; Gallo y Wilde, 1980), a uno en el cual el origen de la violencia social se ubicó, con claridad, en los estratos bajos de la sociedad.

Este desplazamiento "hacia afuera" de la violencia, necesario en la construcción identitaria en clave civilizatoria, esa suerte de pacto cultural que sellaron entre sí las facciones opositoras de la elite allí donde aún no podían firmar la paz política, comienza a patentizarse en los documentos hacia el estallido de los últimos alzamientos armados. En ese momento, la mención en los documentos policiales y gubernamentales a la violencia se desplaza sostenidamente de los "partidos electorales" a los seguidores y su fuerza de choque:

> ELEMENTO SALVAJE
> No bastando los criminales presos, a quienes se les ha puesto las armas en la mano para matar, la Guardia Nacional de Rosario, se ha recurrido a otro medio inicuo: se ha ido a buscar el elemento salvaje.
> Las partidas descubridoras de Comandante D. Silverio Córdoba, que habían avanzado más allá de Melinqüé han encontrado bomberos indios que se venían a robar a nuestras estancias aprovechándose de la revuelta que había en el Rosario.
> Esos eran sin duda los elementos con que contaban para resistir en el cuartel Benites y Rojas; y esas las divisiones de campaña que debían protegerlos para salir a tomar la ciudad.
> El comandante Córdoba ha hecho pasear las calles de la ciudad a los dos indios prisioneros armados de lanza de taqueras con cuchillos enhastados.
> ¡Qué elemento civilizado con el que contaban los revolucionarios![37]

Si bien en este episodio los insurrectos son miembros de la elite, llama la atención que el peso de la argumentación se halle en el "elemento salvaje", planteado como el

---

[37] El Santafesino, 14 de mayo de 1877.

corolario de la utilización de "criminales presos" y otros medios inicuos para mantener el orden; hábito nefasto, que ligaba a las personas respetables a un *elemento* perjudicial. Esta lectura se reafirma si se tienen en cuenta los castigos diferenciales que recibieron cabecillas y seguidores de estos levantamientos (ya en el marco de la fallida política de la *Conciliación* del presidente Avellaneda). Aunque concitó las críticas de los seguidores más inflamados del autonomismo gobernante, y fue antecedido por penas severas unos meses antes, el indulto dispensado a los líderes opositores (Gallo y Wilde, 1980) ilustra, en el campo de la política, el giro señalado en la dimensión simbólica. Si el enemigo real era cada vez más externo a la elite, el gobierno podía permitirse cierto grado de indulgencia que sumara a la cohesión de este sector, y ello pudo darse en el marco de un afianzamiento de la estabilidad del poder político iriondista.

La idea "espacial" de que las clases populares eran los verdaderos depositarios de la violencia se complementó con una metáfora "temporal", que situó la violencia intraelitaria en el pasado, como algo propio de un tiempo anterior y superado. En 1877, el gobernador Bayo afirmaba que

> (...) nos alejamos visiblemente de nuestras funestas tradiciones de revuelta y anarquía. El orden público se consolida y radica profundamente en las costumbres y se hace ya necesario ir a buscar en las últimas capas sociales, en las inclinaciones perversas de los criminales que pueblan nuestras cárceles, o en los mal adormecidos instintos del indio salvaje, retraído de su vida vagabunda y anormal a las condiciones para él violentas de las sociedades regulares, los elementos de perturbación y desorden que renuevan las funestas agitaciones de otros tiempos.[38]

---

[38] Mensaje de Servando Bayo a las Honorables Cámaras Legislativas (apertura de sesiones ordinarias de 1877), en *Historia de las instituciones de la provincia de Santa Fe*, Tomo VI, Mensajes del Poder Ejecutivo (2° parte), Santa Fe, imprenta oficial, p. 22.

Expresiones como esa también tuvieron una presencia importante en la prensa, tanto oficialista como opositora, e incluso, hacia fines de siglo, continuaron siendo un acicate en los discursos de la elite. Gabriel Carrasco afirmaba en 1889 que "le debemos el progreso a la PAZ, lo aprendimos tras medio siglo de sangrientas guerras civiles"[39] y acentuaba en un pasaje posterior del mismo texto, cuál era a su juicio el piso común de los sectores dominantes sobre la cuestión de la violencia: "Los partidos políticos en Argentina no son partidos de principios porque, afortunadamente, en cuestión de principios no hay divergencias entre nosotros: todos respetamos la constitución y estamos de acuerdo en las grandes ideas que forman nuestro credo".[40]

Nuevamente aquí la violencia *entre iguales* es algo del pasado.[41] Luego de 1878 los vaticinios sobre que la barbarie sobrevendría de la mano de los adversarios internos se distendieron; las advertencias refirieron con mayor consistencia a los sectores "externos" y ello reforzó el tópico de que la garantía del orden estaría dada por la labor de las autoridades.

La alusión a violencia, barbarie y desorden en los sectores populares tuvo cada vez más la *función* de despegar simbólicamente a los integrantes de la elite de la violencia. La resolución violenta de sus conflictos se significó cada vez más como una opción ilegítima, impropia de los hombres civilizados ("los elementos de perturbación y desorden que renuevan las funestas agitaciones de otros tiempos"; "¡Qué elemento civilizado con el que contaban los revolucionarios!"). Quienes la tomaran, no solo dejarían de *ser civilizados*

---

[39] Carrasco, *Cartas de viaje*, p. 157.
[40] Carrasco, *Cartas de viaje*, p. 156.
[41] Como cuando Gabriel Carrasco alude a la Guerra de la Triple Alianza diciendo que fue "promovida por un bárbaro tirano [Solano López] que, en plena paz, se apoderó por sorpresa de dos buques argentinos e invadió nuestro territorio". La actuación del gobierno argentino fue de "honorable confraternidad" ya que "pudiendo quedarnos con el territorio (…) que la victoria nos entregaba, preferimos respetar el derecho aún con el enemigo vencido". Carrasco, *Cartas de viaje*, p. 152.

sino que lo harían *porque* se igualarían a los sectores populares, que eran inherentemente violentos, bárbaros, salvajes ("se hace ya necesario ir a buscar en las últimas capas sociales, en las inclinaciones perversas de los criminales (…) en los mal adormecidos instintos del indio salvaje (…) los elementos de perturbación y desorden").

Es decir que, discursivamente, las representaciones sobre la violencia y el desorden cambiaron su eje, no su contenido. Se pasó de un *locus* discursivo de la violencia situado frecuentemente en el adversario político, a uno exterior a la elite, localizado en los sectores pobres criollos, lo cual puede interpretarse como la sanción, en el plano simbólico, del proceso de disciplinamiento interno de las élites, en el que los valores civilizatorios jugaron un rol central (Losada, 2012).

Por su parte, la prensa oficialista[42] y el gobierno reforzaron la noción de que el orden dependía de la labor de los funcionarios más destacados. Refiriéndose a la Policía de Rosario, el gobernador Simón de Iriondo expresó en 1881:

> Sin dificultades no pueden vencerse sino con la actividad é inteligencia de los Empleados Superiores, se mejora notablemente en los grandes centros de población, el régimen de esta institución y se hacen notables resultados, a favor del orden y moral pública, de la seguridad personal y de la propiedad. No parece sino que la despoblación y el desierto fueran los que más dificultades ofrecen al establecimiento y práctica de instituciones indispensables para el mismo orden social.[43]

En estos fragmentos, el orden se propone como un valor cuya defensa correspondía a las (autoridades de las) fuerzas del orden de manera específica. Además, se establecen otras certezas: aquellas que, aún no dichas de forma explícita, dan cimiento a estos discursos al formar parte

---

[42] *El Santafesino*, 10 y 13 de marzo de 1877.
[43] *Historia de las instituciones de la Provincia de Santa Fe*, tomo VI, Imprenta Oficial, 1972.

de los *supuestos* sobre el orden (Bourdieu, 2105). Estas se relacionan con la condición moral de quienes tenían esa tarea a su cargo: el "Jefe de Policía", los "empleados superiores", en cuyos "celo e inteligencia" se hallaban depositadas las "esperanzas" de garantizar "el orden y la moral pública". Incluso cuando eran blanco de críticas, algunas de ellas muy severas, el sustrato común de los enunciados reforzaba la idea de que el orden se depositaba en estas figuras:

> Es lamentable tener que llamar la atención de los poderes públicos a cada momento sobre las maldades que se están cometiendo entre nosotros. El otro día hablábamos sobre la campaña sorprendidos del poco caso que los malvados hacían de la autoridad cuando a cara descubierta invadían el hogar doméstico; pero vemos que en la ciudad sucede lo mismo creciendo de punto la desvergüenza y el pillaje.
> Adónde iremos a parar si así marchamos? (…)
> Qué extraño que en la campaña haga sus víctimas el puñal, si en la ciudad, rodeados de autoridades también ha podido hacer sus presas.
> Qué admiración que en los apartados distritos los malvados se cruzan impunemente, si en la ciudad misma no los auyenta el poder de la justicia que sigue sus pasos.[44]

Aun en denuncias airadas como esta, los publicistas reforzaban la idea de que el orden descansaba sobre el control estatal. Más puntualmente, era en ocasiones la presencia cercana de autoridades la que marcaba la pauta de cuánto desorden, crimen y "maldad" se esperaba (en la ciudad, donde los "malvados" estaban "rodeados de autoridades" y de "la justicia que les sigue los pasos".) Ahora bien, ¿quiénes corporizaron estas "maldades" que, por otra parte, se enuncian desde un lenguaje de la moral ("desvergüenza")? En la ciudad de Rosario, en 1874, tuvo lugar un ataque de un soldado a un ciudadano que regresaba a su casa del teatro:

---

[44] *El Pueblo*, 3 de marzo de 1869.

Escándalo y asaltamiento en la Plaza de las Carretas.
Lo que está sucediendo de día y de noche en los alrededores de la plaza de las carretas y en las puertas de la comisaría no tiene ejemplo ni en los tiempos de los Birinchines y su comparsa.
No hay Policía –el comisario de esa sección no se sabe si existe porque su acción no se hace sentir, donde y cuando tienen lugar–.
De día, las pulperías están llenas de vagos embriagándose y quemando cohetes de petaquilla, dando escándalos y aterrando a las familias.
El sábado a la noche hubieron varias peleas.
El domingo a las mismas horas, el Sr. D. Tristán Granado se retiró del teatro en un carruaje con su familia.
Dos cuadras antes de llegar a su domicilio, notó que un hombre de kepi, pretendió detener los caballos, el cochero varió el rumbo y siguió.
El individuo continuó detrás del carruaje.
Llegado el Sr. Granado a su casa, observó que el individuo se había situado tras del coche.
Bajó con recelo.
La Sra. abrió la puerta y se entró; el individuo se vino sobre el Sr. Granado, el cochero estaba firme en el pescante; corrió Granado a tomar un revólver y al tiempo de querer penetrar el soldado, la Sra. le dio un portazo, y se atravesó para que Granado no saliera.
Este, entonces salió al patio con una vela y tiró un tiro como pidiendo auxilio a la Comisaría –adviértase que esta oficina se halla a pocos pasos de la casa de Granado–.
Nadie acudió –ni comisario ni soldados–.
Estos sucesos se reproducen noche a noche y día a día, sin que el Comisario ponga remedio.
Si esto sigue, no se podrá vivir en los alrededores de la Plaza de las Carretas.[45]

En este como en otros relatos, la oposición fundamental que se plantea no es entre Policía y delincuentes sino, como primera medida, la extracción social de los sujetos.

---

[45] *La Capital*, 15 de abril de 1874.

Don Tristán Granado fue asaltado cuando llegaba a su casa luego de haberse retirado del teatro con su familia, y la prensa denunció que "no hay policía", aunque quien lo amenazó fue un *hombre de kepi*, un soldado que portaba, incluso en el preciso momento del ataque, los símbolos de la institución. El relato distingue claramente al soldado –presente–, de las autoridades –ausentes–). No obstante, cuando el denunciado ostentaba un rango superior, el problema era planteado en términos de la inmoralidad *individual*.

En los expedientes seguidos por causas criminales contra autoridades policiales y jueces de paz, algunas características coinciden con la forma de representar los puestos más bajos de la jerarquía policial que aparecen en los partes diarios. Se trató mayormente de episodios iniciados en lugares de ocio, de socialización, como tabernas, casas de comercio, fondas, cafetines en los cuales los motivos de los conflictos fueron desde denuncias de abusos de autoridad, arrestos arbitrarios y de robo de ganado, hasta de torturas. En ellos, nos detuvimos en los elementos que la construyen, en las preocupaciones de denunciantes y de las autoridades que investigaron los hechos.

Tanto en los casos de la capital como en los de las colonias, los expedientes tienen en común que la causa que los convocó cede el lugar central a un recuento descriptivo y valorativo del carácter de las autoridades denunciadas en el que la estrategia principal es demostrar que los acusados son viciosos e inmorales; que se contraponen a la moderación y civilización de los denunciantes, lo cual pone el centro de la discusión en el perfil cultural de los sospechosos. Ello se visibiliza tanto en las descripciones de los denunciantes como en las preguntas formuladas por las autoridades, en las que se destaca la preocupación por establecer cuál era la reputación y conducta previa de los funcionarios acusados.

En una denuncia realizada en 1899 contra el juez de paz de Recreo, se lo acusó de cobrar los certificados para la venta de ganado y quedarse con la recaudación, así como de no emitir certificados a quienes pagaban multas. Sin embargo, el sumario no inquiere en los hechos. A pesar de ser estas las causas que convocan el auto, las interrogaciones se orientaron a develar si el juez era, en efecto, un vicioso, a partir de la afirmación de un vecino según la cual el funcionario habilitó "a José Argullo para que en su casa de negocio se jugase á todo juego, taba, monte, etc.".

En otra ocasión, el juez de paz de San Gerónimo del Sauce fue acusado de encarcelar arbitrariamente al maestro de la escuela local. Sin embargo, el sumario está dedicado a esclarecer la supuesta irrupción violenta del juez, ebrio y látigo en mano, en un "baile autorizado", con el fin de vengarse de quien lo denunció por el arresto. Al decir de los declarantes, el denunciante respondió a esta "terrible violencia" "invitándolo al Sr. Juez a tomar asiento". [46] En este caso, al haber sido interrogados tanto acusador como acusado, tenemos la oportunidad de ver cómo ambos reclamaron para sí comportamientos civilizados, calmos y "cultos", y adjudicaron al otro la violencia, la corrupción y, sobre todo, el vicio, y dan a estas descripciones de carácter estatus de prueba de sus acusaciones.

Las primeras fojas del sumario contienen la carta que el maestro, arrestado por desacato a la autoridad, dirigió a su vicecónsul, en la que explica que los hechos tuvieron lugar mientras él se dirigía a la casa de un vecino a dar clases, a eso de las diez de la noche,

> cuando fue brutalmente atropellado por un desconocido, que llevando sable decía ser autoridad e iba mandado por el juez de paz de la mencionada colonia, el cual por no querer acompañarle en el inmoral vicio de la embriaguez, cuyo estado así parecía que estaba, por negarse a que bebiera licores a costa del exponente, y últimamente por no entregarle una cantidad de plata que decía le había mandado el mencionado juez que le cobre (...) hizo uso del sable que llevaba por

---

[46] Archivo de Gobierno, "Expedientes", abril de 1893.

varias ocasiones y por la intervención del dueño de la casa [de negocio] no consiguió el propósito que cree el exponente fuera de matarle.

Luego denuncia que el juez, que tenía hacia él una "enemistad previa", se escudó en su "carácter inculto" para no tomar medidas, y le dijo "no poder hacer nada por no saber escribir". Aquí el maestro, personificación de la cultura, impartía clases en una casa de negocios (lugar por excelencia del vicio) cuando una autoridad menor, un soldado vicioso y ebrio, irrumpió queriendo cobrar compulsivamente una deuda inexistente por medios violentos. El juez corrupto que lo ordenó encubrió los hechos, excusándose en su falta de cultura. Interrogado, el soldado en cuestión invirtió la ecuación: él era quien se encontraba sobrio, en el juzgado de paz, "como a eso de las diez de la noche cuando escuchó voces en la casa de comercio del italiano Riestra que se acercó a ver qué personas estaban allí" y, cuando entró, el maestro fue quien lo increpó preguntándole "qué anda haciendo con ese machete, parece que huviera gente pícara por aquí, no precisamos tantas comisiones; esto no les va a durar mucho, algún día se les va a acabar". Ante esa falta de respeto, el soldado contestó que "para ocuparse tan mal de la autoridad sería mejor pagase al juez lo que le debía". A ello el maestro respondió arrojándole una pesa que había en el mostrador, frente a lo cual el soldado no tuvo más opción que "aplicar algunos golpes de sable". De esta manera, ante situaciones conflictivas en lugares de ocio en las que el Estado provincial intervenía, las estrategias de los involucrados consistieron en retratar al otro como vicioso, poco culto o incivilizado: debía demostrarse que el otro no pertenecía a las "costumbres muy parecidas a las europeas", que por esos años eran una cualidad que la sociedad santafesina ofrecía a los inmigrantes.

Ante ello, la estrategia de las voces oficiales no fue discutir esas nociones de lo culturalmente adecuado pues "se castiga si hay mérito", sino poner en duda la consecución de los hechos denunciados, como lo hace *Nueva Época*, que se ocupa con frecuencia de desmentir las acusaciones "más imaginarias que reales"[47] de residentes de diferentes colonias de la provincia.[48] Con respecto a la toma de medidas sobre los sumarios sustanciados, los casos en los que se suspende o remueve a funcionarios se entremezclan con aquellos que se resuelven a su favor.

Si se consideran las noticias que dan cuenta de estas prácticas en toda la provincia, se comprueba cómo la composición de la tropa policial fue un elemento clave en las denuncias que la prensa hizo sobre las falencias de la Policía como institución y, a su vez, estuvo presente en debates más amplios sobre el orden (De los Ríos, 2013) en los que la ley, como tal, tomó un cómodo segundo plano. Como veremos a continuación, el Reglamento de Policía Urbana y Rural posibilitó una dinámica de la praxis policial en la que no fue *la ley*, sino las representaciones de las autoridades las que marcaron la norma.

5.

Las reflexiones en torno a la normativa y sus falencias fueron una parte importante de la construcción no solo de la cuestión del orden sino de las políticas que lo implementaron. Ahora bien, ¿cómo actuó la *ley* en la praxis del control y administración de los comportamientos?

---

[47] *Nueva Época*, 22 de febrero de 1900.
[48] Respecto de la concepción sobre los inmigrantes (Scarzanella, 2002) se señaló para Santa Fe la construcción de las figuras del inmigrante-víctima y del inmigrante-delincuente, y cómo estas se asociaron más o menos claramente a los discursos del oficialismo y de la oposición (Micheletti, 2007), sobre todo radical. Sin embargo, al menos hasta 1890, lo que las fuentes relevadas arrojan es la preeminencia del clivaje civilizatorio, planteado en términos culturales.

La normativa policial, que presentó marcadas características contrarias al ideario legal liberal, se mantuvo vigente no solo durante los años de la modernización legal o codificación (Gianello, 1992). Además, los mismos actores que la criticaron duramente defendieron la necesidad de aplicarla con mayor severidad.

Luego de recorrer los documentos policiales, resulta muy difícil hacer propia la versión que emana del metadiscurso de estas élites arquitectas de la nueva sociedad, de que cualquier medida, ley, política, que no haya sido lo *suficientemente* moderna y civilizada, debió esa deuda a la escasez de recursos del Estado; en tal sentido, se hace patente la afirmación de que no solo en la práctica, sino como horizonte ideológico, *el orden precedió al progreso* (Gayol y Kessler, 2002: 22 y 35).

Esta es la relación de base que se dio entre la práctica policial y el Reglamento de Policía Urbana y Rural, vigente desde 1864. El Reglamento integró un corpus legal proveniente tanto de las leyes coloniales como de normas "importadas" de Buenos Aires implicadas en el Proceso de Organización Nacional. Formó parte de un cuerpo de normas legales "conformado en una sociedad de antiguo régimen que será apropiado lentamente por el Estado" (Cansanello, 2002: 131). Paradójicamente, fueron las mismas características tildadas de deficientes (la definición, los vacíos, las contradicciones) las que hicieron del Reglamento una herramienta que se adaptó satisfactoriamente al ejercicio del poder político provincial.

Los hombres que ocuparon cargos de relevancia reflexionaron sobre la importancia que esta normativa debía tener en la vida social y sobre la necesidad de transformarla en una herramienta "útil" y eficiente. Gabriel Carrasco publicó en 1881 una edición comentada por él, en la que señaló, artículo por artículo, las falencias del Reglamento y que organizó bajo el precepto general de que se trataba de una reliquia, una "aberración normativa", que no cumplía con los preceptos de la legislación liberal y moderna de las sociedades civilizadas. Al comenzar, expresaba: "El Reglamento de Policía no solamente debe ser una ley, sino que es una de las más importantes, puesto que estatuye penas y una jurisdicción con facultades ámplias, que la Policía ejerce inmediatamente y casi sin control, cuando se trata de infracciones leves".

> Es una de aquellas leyes, que, sancionadas impremeditadamente y sin estudio, pueden suplir por corto tiempo las necesidades á que se han consagrado, á falta de otras mejores, pero que se hacen intolerables cuando los progresos morales y sociales de un pueblo, reclaman una legislación más adelantada, y en consonancia con las aspiraciones intelectuales y físicas del país á que están destinadas.[49]

Sin embargo, esta laxitud fue precisamente la mayor "virtud" que tuvo este reglamento como herramienta de ejercicio del poder, y esa ambivalencia se deja ver en la arenga del propio Carrasco, que llamó a los funcionarios a aplicarlo con mayor severidad: [50]

> Juzgo que uno de los medios más eficaces para evitar la criminalidad es la vigilancia constante para el cumplimiento de los artículos del Reglamento de Policía vigente sobre embriaguez, vagancia, uso de armas, reuniones en las casas públicas,

---

[49] Reglamento de Policía Urbana y Rural de la Provincia de Santa Fe. Comentado y anotado por Gabriel Carrasco. Rosario, Imprenta de Carrasco, 1882.
[50] En 1850, el gobernador reprendió a sus funcionarios: "El Sr, Gobernador ha considerado como indispensable y necesaria esta medida, como medio para reanimar la decaída observación de estos mandatos la cual se nota por desgracia, y reclama la más seria atención del Gobierno y de las autoridades encargadas de llevarlas a su debido efecto. La misión propia del departamento de Policía es grave y delicada, como que le está confiada inmediatamente la concervación del orden sin menos cabo de las libertades legales que corresponde á los ciudadanos". Archivo de Gobierno, "Notas Varias", 16 de enero de 1850. Folio 870.

escándalos y demás análogos, pues si se consiguiera evitar ó disminuir en gran parte las infracciones de esos artículos, se disminuirían los casos de hechos sangrientos.[51]

Dos características del Reglamento influyeron notoriamente en las prácticas de control de la Policía. Una, cómo organizaba los roles y atribuciones de los integrantes de la fuerza o, más precisamente, todo lo que no especificaba sobre el tema. De hecho, recién en 1910 se sancionó una reglamentación orgánica sobre la organización interna de la fuerza.[52] Durante toda la segunda mitad del siglo XIX, la delimitación de las tareas y deberes de los integrantes de la tropa (que fueron materia de encendidos debates en la prensa) pero también la de los funcionarios (jefe de Policía y oficial primero) ocuparon un lugar ínfimo en la normativa. En la práctica, sus tareas y los deberes se delimitaron principalmente a través de la comunicación diaria con el Poder Ejecutivo y en función de necesidades más perentorias.

Por otra parte, el Reglamento tenía serias incongruencias e indefiniciones, tanto de las transgresiones que estipulaba como de las penas que prescribía. Entre las "fallas", puede contarse el solapamiento de funciones con el municipio en el punto urticante de la percepción de multas (aun luego de sancionada la Ley Orgánica de Municipalidades en 1872).[53] Ello se dio en un contexto en el cual, hasta la sanción de la ley orgánica, la función del Poder Ejecutivo

---

[51] Gabriel Carrasco, "Circular a los jueces de paz y demás autoridades de la Provincia, sobre represión de la criminalidad", Ministerio de Justicia y Culto, Santa Fe, 4 de enero de 1893, pp. 129-130.
[52] Reglamento Interno de la Policía de la Provincia de Santa Fe. Imprenta Oficial, 1910.
[53] Las "fallas" o indefiniciones de la normativa no involucraron solamente a la Policía. El ámbito municipal es otro ejemplo de la laxitud que el situacionismo mantenía en los espacios de poder que no le resultaban plenamente funcionales. A propósito de cómo esto se vio reflejado en la legislación municipal, Marcela Ternavasio afirma que "Del análisis de las constituciones provinciales de Santa Fe, así como de las diferentes leyes orgánicas municipales y leyes de Comisiones de Fomento dictadas entre 1856 y 1920, se deriva la misma tendencia que en los casos anteriores. Se parte de un sistema

municipal, en la capital, fue desempeñada por el ministro de gobierno, ante quien el jefe de Policía reportaba diariamente. Ello hizo que la línea principal del conflicto estuviese no entre la Policía y la corporación municipal toda, sino con su ala legislativa (Ternavasio, 1991).[54]

La otra cuestión que se discutió fue cuáles faltas estipulaba la normativa, sobre todo considerando que el Reglamento permaneció intacto durante todo el período de la *codificación*, en el que no solo se dio una reforma legal de carácter liberal (Gianello, 1980; Bonaudo, 2010) sino que, en conjunción con esta, se constituyó un pensamiento punitivo estatal (Caimari, 2004; Huertas García, 1999; Galeano, 2010) en el que el debate por la naturaleza del delito y las penas más adecuadas se articuló en torno al imperativo del progreso moral de la sociedad. Una traducción tangible de estas discusiones fue la persistencia de los castigos corporales, como el acollaramiento, sujeción en la barra de grillos o el cepo, justificadas "por falta que tenemos de otras prisiones", por la permeabilidad de la cárcel pública o la escasez o ineptitud de la guardia. En 1883, el Poder Ejecutivo dio orden de suspender la sujeción en barra de grillos,[55] aunque se siguió aplicando a ciertos casos, en los que nuevamente

---

legal más bien inorgánico en cuanto a la laxitud de sus disposiciones, para alcanzar a principios de siglo una mayor especificidad en la explicitación de funciones y atribuciones". (Ternavasio, 1991: 73).

54 Esta superposición en la cuestión del mantenimiento del orden público fue un ejemplo más de las tensiones entre la figura de los municipios y el esquema verticalista del poder provincial, ya que "las funciones asignadas a las municipalidades fueron, desde el inicio, las que el modelo alberdiano había prescripto: formar su renta y establecer impuestos, administrar la justicia en primera instancia, instrucción pública, control de la higiene y moralidad, control de todo lo atinente a caminos, edificios y servicios públicos, etc." (Ternavasio, 1991: 74).

55 El jefe de Policía, Mariano Echagüe, se dirigió al ministro general de gobierno para informar que su orden había sido cumplida: "Atendiendo a lo mandado por S.S en nota de fecha de ayer con respecto al castigo de la barra, este Departamento ha dado orden a los Gefes de los piquetes '7 de abril' 'guardia policial' comisarios de sección y demás empleados subalternos, a fin de prohibir terminantemente dicho castigo. Dios guarde a S.S.". "Notas del jefe de Policía de esta Capital", 23 de junio de 1883, tomo 67, folio 203.

hallamos las denuncias de la prensa opositora y las justificaciones de la Policía y el gobierno ya revisadas, aunque estas últimas, cada vez más, teñidas de un tono excusatorio.

Una prescripción diferencial, presente en la letra de la normativa, también fue una característica que sobresalió; un ejemplo de ello es la mendicidad. Si bien la mayoría de los artículos no explicita que habla de "hombres" cuando define la mendicidad, se aclara que esta puede ser practicada por mujeres: "Mendigos. Art. 22: La policía llevará un registro de los individuos *de ambos sexos*, que por sus miserias y achaques no pueden ganar la vida sino librados a la caridad pública, y les dará una tarjeta con un sello que los autorize para mendigar".[56]

La mendicidad se contó entre las transgresiones consideradas un *estilo de vida*; una opción voluntaria de los sujetos. En la prensa, las crónicas y otras fuentes revisadas los mendigos no se describen como peligrosos por lo que hacen, sino por lo que no (trabajar). Sin embargo esto, que cuadraría *a priori* en las concepciones que se afianzaron en la región ya durante el período tardocolonial, adquirió sentidos nuevos en la ciudad. Por ello, resulta interesante de considerar a partir de la letra de la normativa. En ella, la pena que se estipula es pecuniaria, pero ¿con qué pagarían una multa los mendigos que no contaran con la autorización pertinente? Según la prensa, con lo "recaudado" de las "explotaciones" que hacían de la gente decente. Ahora bien, esa consideración adquiere otro tenor cuando entre las multas de todo el período no podemos encontrar ni un solo caso por mendigar. Tampoco entre los arrestos (considerando que en la conmutabilidad prevista por el Reglamento pueda haberse dado el caso de algún arresto).

Por otra parte, la indefinición del Reglamento se plasmó en la cuestión de la inconducta de los efectivos policiales y la prensa criticó la tolerancia oficial a esta, en el

---

[56] [El resaltado es nuestro]. Reglamento de Policía Urbana y Rural. R.O de la Provincia de Santa Fe, p. 214.

caso de las publicaciones que adherían al autonomismo, a la incompetencia e inmoralidad de las clases sociales inferiores; y en el de las opositoras, al uso interesado de estas por parte de un gobierno ilegítimo que necesitaba manos armadas que lo sostuviesen. En los dos diagnósticos, unas funciones y deberes pobremente delimitados contribuían a esta situación de confusión o de abuso. Por tanto, en el caso santafesino, antes de dar por sentado que una normativa, por "escasa", generó fallas en el desempeño policial, fue necesario preguntarse cuál fue la relación efectiva desplegada entre práctica y normativa.

Sofía Tiscornia señala que el funcionamiento de la Policía como institución debe mucho a su capacidad de sentar su propia jurisprudencia administrativa: mediante la formulación de edictos y órdenes administrativas diversas *generadas a partir de la práctica cotidiana*, se genera un cierto saber consuetudinario que, al ser rutinizado, es institucionalizado como *norma* policial (Tiscornia, 2007; Galeano 2016).

En nuestro caso, existieron múltiples edictos, órdenes impartidas *ad hoc*, muchos de ellos no conservados (sabemos que fueron emitidos porque se los anotó en la correspondencia diaria al Poder Ejecutivo) que pueden ordenarse en los siguientes tipos: los elaborados para ocasiones específicas, como elecciones y carnavales;[57] los que se redactaron para publicitar artículos del Reglamento (generalmente a los comisarios de campaña y jueces de paz); algunos destinados a la ciudad, que por lo general ampliaban o especificaban infracciones

---

[57] Un ejemplo de este tipo fue el edicto del 18 de febrero de 1876 que anticipaba el carnaval, y en el que se estipula que solo podrán usarse "pomos y bombas" llenos con agua limpia, "prohibiéndose echar aguas corrompidas o fétidas, como así mismo todo acto que sea contrario a la decencia, moralidad y respeto debido a la sociedad y a las personas", entre otras medidas. Archivo de Gobierno, "Notas del Jefe de Policía del Departamento La Capital", 18 de febrero de 1876.

contempladas en la normativa, como el ejemplo siguiente, emitido en el año 1874 sobre los niños que tiraban piedras en las calles:

EDICTO DE POLICÍA
Habiéndose quejado varias y frecuentes veces varios señores de haber sido ultrajados por algunos muchachos de los que andan sueltos por las calles tirando piedras a las vidrieras e insultando a las personas el Gefe de Policía
DECRETA
Artículo único: Todo muchacho que se encuentre en las calles públicas tirando piedras a manos o con ondas, insultando a las personas o de cualquier otro modo ofendiendo a la sociedad, física o moralmente, cualquiera sea la condición a que este pertenezca, será conducido a la policía y sus padres pagarán 2 pesos de multa y en su defecto serán destinados a algún trabajo útil de conformidad al artículo 27 del reglamento de policía.

A partir de ese edicto, fueron arrestados doce "apedriadores",[58] mientras que no encontramos otro momento que concentre tantos casos de detenciones por este motivo (que no figura como tal en el Reglamento). Ello no quiere decir que no se lanzaran piedras a los policías (ya que, como la mendicidad, según la prensa era una costumbre difundida) sino que hasta ese año, la Policía no anotó de esa manera los arrestos (es posible que algunos se los haya incluido en arrestos por insubordinación, escándalo e incluso pendencia).[59]

Al tratarse de disposiciones suplementarias, los edictos debían ser difundidos entre las autoridades y los ciudadanos una vez promulgados. Los escollos que se presentaron en esta tarea aparecen con frecuencia tanto en los partes policiales de la capital como en los informes de los jueces

---

[58] Archivo de Gobierno, "Notas del Jefe de Policía del Departamento la Capital", 18, 19 y 21 de febrero de 1867.
[59] Archivo de Gobierno, "Notas del Jefe de Policía del Departamento la Capital", 18 de marzo; 20 de marzo de 1867.

de paz de pueblos y colonias cercanos. El Reglamento fue, en general, desconocido tanto por los ciudadanos como por las autoridades, y en las dependencias policiales hubo una escasez crónica de ejemplares impresos. Ante ello, uno de los recursos a los que se apelaba era publicarlo, por entregas, en la prensa:

> LLAMAMOS LA ATENCIÓN
> Sobre el reglamento de policía que a solicitud del Sr. Jefe de aquel departamento comenzamos a publicar en este número. Como el Sr. Echagüe se halla tan bien dispuesto a cumplirlo y hacerlo cumplir desea que se conozca por todos a fin de que no se alegue ignorancia aunque la ignorancia de la ley no excusa y entre nosotros se supone que todo el mundo lo conoce.[60]

En su comentario sobre el Reglamento, dice Carrasco (refiriéndose al decreto de 1854 que establecía las atribuciones de los jefes políticos) que

> no existiendo en esta provincia Registro Oficial, pues solo se han publicado dos tomos correspondientes á los años 1862 a 1865, y un "Boletín" que se reparte, de cuando en cuando, que nadie conoce, y de que solo existen en la provincia CINCO O SEIS colecciones, es imposible pedir a nadie que sepa que en el número 28 del primer periódico que se publicó en Rosario –La Confederación– (…) se publicó tal decreto.[61]

En su mirada, al desconocimiento se suman la informalidad y la arbitrariedad en la práctica. Refiriéndose a la forma en que la Policía percibía rentas, anota que debiera determinarse

---

[60] *El Santafesino*, 28 de febrero de 1877.
[61] Reglamento de Policía Urbana y Rural de la Provincia de Santa Fe. Comentado y anotado por Gabriel Carrasco. Rosario, Imprenta de Carrasco, Aduana 72. 1882, p. 8.

prolijamente cómo, cuándo y de qué manera deben recibir dineros las policías [pues] nada hay más feo que ver a un empleado cobrar una multa y echarse el dinero al bolsillo ó dar el vuelto con billetes que saca de su chaleco, cuando hasta las tiendas del Rosario no se paga EN EL MOSTRADOR –sino a la salida, con una boleta de venta– de manera que se forma control, entre las boletas que un empleado dá y el dinero que el otro tiene en la caja.[62]

Lo que preocupaba a Carrasco especialmente era que esta costumbre (apañada por la vaguedad de la normativa) generaba situaciones que colocaban "al ciudadano en la incertidumbre más cruel, y entregándolo a merced, quizás, de un enemigo, ó de un ignorante" dado que la mayoría de los empleados policiales "no saben ni leer".[63] En definitiva, la normativa debía ser transformada por sus fallas pero, sobre todo, porque su aplicación quedaba en manos de hombres no calificados o moralmente inadecuados para la tarea. Estas reflexiones adquieren una notoriedad adicional, si se considera que fueron hechas por uno de los defensores más conspicuos del liberalismo legal. En las opiniones que Carrasco vertió sobre esta cuestión, la causa de fondo al problema del orden, que en principio parecen ser los defectos de la normativa, resulta ser la distancia entre la ciudadanía y los sujetos que formaban la Policía.

El resguardo de la ley era indispensable porque existía el riesgo de que un "ignorante" o un "enemigo" podía decidir la suerte de un ciudadano. Es la misma imagen que emerge al considerar el debate público suscitado no ya por la desidia sino por el abuso policial en el ejercicio de sus funciones (del cual se responsabilizó a unos sujetos inmorales de la tropa en conjunción con la protección de las

---

[62] Reglamento de Policía Urbana y Rural de la Provincia de Santa Fe. Comentado y anotado por Gabriel Carrasco. Rosario, Imprenta de Carrasco, Aduana 72. 1882, p.13
[63] Reglamento de Policía Urbana y Rural de la Provincia de Santa Fe. Comentado y anotado por Gabriel Carrasco. Rosario, Imprenta de Carrasco, Aduana 72. 1882, p. 8.

autoridades). El 27 de noviembre de 1865, cuando un sargento y un oficial son arrestados por incumplimiento del servicio de la guardia de la Fortaleza, el jefe de Policía, en el parte que redacta para dar cuenta del episodio, dice que dejaron la guardia "a cargo de un solo cabo" y que han faltado a su deber "más por ignorancia que por mala fe (…) haciéndose acreditar un crimen que las ordenanzas castigan severamente".[64]

El discurso reglamentario de la normativa policial formó parte –junto con los demás documentos producidos por la institución– de unas *prácticas discursivas* policiales que, sin embargo, no se originaron *dentro* de una lógica institucional que las enmarcara y les otorgara un sentido previo –mucho menos se trató de un trasvase directo entre la sanción de una normativa y su aplicación–. La institución estaba ella misma en conformación; las tensiones entre sus distintos miembros, a la vez que los ensayos y transformaciones en la forma de comunicarse con el Poder Ejecutivo y con la sociedad, son solo algunas de las señales que invitan a reconsiderar la advertencia de Michel Foucault sobre los peligros de hacernos eco sin más de los discursos que las instituciones producen sobre sí mismas.[65] Será en las prácticas concretas y rutinarias de control donde esta "vaguedad" normativa se hará más patente.

---

[64] "Partes diarios del jefe de Policía de la Capital", 27 de noviembre de 1865. La ignorancia no fue la única causa de ineptitud que aparece en los partes. Aunque se registraron pocos casos, un ejemplo era la baja de la Policía a partir de la certificación "por ser inútil para el servicio de armas" que emitía el médico de Policía. "Partes diarios del jefe de Policía de la Capital", 12 de marzo de 1867.

[65] Michel Foucault advierte sobre los peligros del "institucionalcentrismo", al que caracteriza como un vicio en el punto de partida y el marco interpretativo del investigador, gestado en la tradición Estadocéntrica del análisis social contemporáneo. Dice el autor que "a partir del momento que se habla de institución se habla, en el fondo, a la vez de individuos y de colectividad, ya se descuenta la existencia del individuo, la colectividad y las reglas que los gobiernan y, por ende, se pueden meter ahí dentro todos los discursos psicológicos o sociológicos (…) lo importante (…) no son las regularidades institucionales sino, mucho más, las disposiciones de poder, las redes, las corrientes, los relevos, los puntos de apoyo, las diferencias de potencial que caracterizan una forma de poder y que son, creo, precisamente constitutivos a la vez del individuo y de la colectividad" (Foucault, 2006: 142).

El castigo de las faltas contra el orden público no se centró en la privación de la libertad[66] (tanto porque se trataba de tiempos cortos, como por la imposibilidad de garantizar ese "encierro"[67]) ni privilegió la recaudación. En su lugar, el mecanismo primordial con que se penó estas ilegalidades fue el retiro momentáneo del transgresor de la visibilidad pública (seguido generalmente de un arresto corto que oscilaba entre unas pocas horas y tres días); se dio así una alternancia de retiro y reingreso de los sujetos transgresores a los mismos lugares. Este resorte de control repetido día a día sobre los sujetos que desordenaban visiblemente la tranquilidad pública fue una vía acorde a unos recursos escasos, pero también sumamente gráfica, de establecer el orden deseado.

Sobre la cuestión de la naturaleza del castigo, se destaca una suerte de escisión entre los discursos policiales y gubernamentales, por un lado, en los que al menos hasta fines de la década de 1880 primó una lógica punitivista (que interpretaba las transgresiones como actos voluntarios, individuales y conscientes) y la participación destacada de miembros de la elite médico legal en los debates científico-legales (Salvatore, 1992) que se desarrollaron en el país sobre las formas civilizadas de castigar (Caimari, 2004). Lo que no se evidencia en los distintos documentos es un diálogo entre estas expresiones divergentes sobre las necesidades y paradigmas del castigo. Qué naturaleza debía ostentar el castigo en un país civilizado (Caimari, 2004; Ruggiero, 2003) fue una preocupación de los intelectuales,

---

[66] Incluso, se dieron situaciones en las que el servicio en la Policía se aplicó como "castigo", sin mediar ninguna infracción como el caso en que el Poder Ejecutivo ordenó, ante la escasez de hombres en la banda de música, que se buscase a seis huérfanos y se los destinara a dicha tarea. "Partes diarios del jefe de Policía de la Capital", 21 de septiembre de 1865.

[67] "Partes diarios del jefe de Policía de la Capital", 6 de enero, 10 de febrero de 1865; 1 de marzo, 21 de octubre de 1866; 28 de enero, 15 de mayo, 9 de septiembre de 1867; 17 de octubre, 26 de octubre de 1868; 4 de junio, 10 de julio, 17 de agosto, 8 de noviembre de 1869. Luego de este período, la siguiente fuga registrada data del 24 de julio de 1872.

publicistas y políticos santafesinos, aunque consideraciones de esta suerte (que llegarían eminentemente de la mano del higienismo y el alienismo) no hicieron su entrada en los discursos públicos hasta comienzo de siglo.[68]

En lo concerniente a las faltas contra el orden, las certezas que aparecen en los discursos estuvieron ligadas a la necesidad de mayor severidad en los castigos, a la atribución de la explicación de estas conductas a la voluntad del transgresor, guiada por su inmoralidad. Hubo, además, "ausencias" reveladoras, como la cuestión de la religión y la de la educación usadas como argumentos explícitos (que sí comienza a tener una presencia mayor hacia fines del período). La forma en que se hizo socialmente visible el problema del orden público tuvo que ver con retirar de la mirada pública al transgresor voluntario para que la calma que su acción interrumpió fuese restaurada.

Lila Caimari pone en primer plano la cuestión de cuáles discursos contestaron o confluyeron con la creciente potestad estatal en relación con la visibilización y significación social de determinados delitos y afirma que, en el Buenos Aires de fines de siglo, la prensa fue un actor clave en este proceso (Caimari, 2004 y 2007). Su planteo permitió ponderar qué sentidos tuvieron la aplicación del castigo y su visibilización pública, en un contexto de limitaciones claras en las posibilidades de acción de las instituciones de castigo del Estado provincial. En ese marco, el mecanismo de *invisibilizar* el desorden/restaurar el orden (retirando al infractor) constituyó una forma de decidir qué *veía*, en el espacio público, la sociedad santafesina. Al retirar *inmediatamente* al individuo (lo cual se explicita en los partes, que enfatizan que se actuó "de inmediato", "apenas tuve conocimiento",

---

[68] Desde ya, ello no supone que no existieron. De hecho, algunos episodios dan fe de que las consideraciones científicas estuvieron presentes en los engranajes de la justicia. *Atanacio Páez en representación de Don Juan P. Quinteros contra el Consejo de Higiene*, Ministerio de Gobierno, Agricultura, Culto e Instrucción Pública, Sección Gobierno y Culto, Expediente núm. 30, 26 de octubre de 1887. AGPSF.

"en ese mismo momento") también era inmediata la restitución del orden. Pero, además, de esta forma se reforzaba la idea de que, efectivamente, existió un orden previo al desorden identificable en el acto de ese sujeto particular. Por ello, expulsa al que transgrede de ese momento y ese lugar y se lo vuelve a insertar (luego de un día o dos de ausencia) en otro momento y espacio, ordenados.

A propósito de este punto, Michel Foucault plantea que, en las formas de castigo, actúan mecanismos de construcción de sentido que participaron en la institucionalización de las primeras como relaciones estables de dominación. El autor pone el foco sobre una secuencia de sentido lógico en particular, aquella que dicta que las sociedades están en un estado de Orden, al que sigue una transgresión que lo interrumpe, la que amerita una pena que restituye el orden (en un sentido doble: castigando al transgresor y educando al resto de la sociedad). Ese *acuerdo* social explica la *función social de la penalidad* (Garland, 2006) y la aceptación como legítima de la relación asimétrica de dominación. Los saberes penal, legal y científico modernos fueron centrales en la producción de los *efectos de verdad* de la necesariedad del castigo tal como se lo plantea para la supervivencia social y del lugar del Estado en su administración. Pero, dice Foucault, la gran eficacia de este dispositivo radicó en que ha logrado *producir*, sobre la base de esa relación causal orden-transgresión-pena, una relación recursiva *prohibido-permitido-culpable.* Como desarrollaremos en el capítulo siguiente, existió una variedad de discursos sociales que apuntalaron imágenes estereotipadas sobre el violento, el inmoral, el ebrio, entre otras figuras, que formaron parte de la "creación" social del culpable.

En esta construcción, la aplicación "laxa" de una normativa poco clara no fue un efecto no deseado, sino un elemento constitutivo, lo que se ve, por ejemplo, en los casos en que el motivo del arresto realizado no estaba prescripto por la ley:

El sargento de este juzgado Santos Gaitán entregará en ese Departamento el individuo Juan P. Navarro a disposición del Exmo Gobierno, a quien corresponde por los hechos que motivan su prisión.
Este individuo tuvo un desagrado con el vecino Donato Quesada el ppdo. domingo en la casa de negocio de Don Pedro Mendoza distante como una y media legua al norte de este pueblo como a la una de la tarde siendo causa de ello el dicho Navarro como lo atestiguan varios vecinos que allí se allavan, por mediación de los dichos vecinos y de el dueño de la casa se retiró Navarro, pero al retirarse prometió matar al dicho Quesada ese mismo día.
(…) y apareciéndosele Navarro de sorpresa del lado de una chacra lo acometió con una lanza hiriéndolo en el muslo aunque pequeño.
(…) No es la primera vez que este individuo comete esta clase de delito; y á más no hay quien lo vea emprender trabajo de ninguna clase, no tiene bienes que le aseguren su existencia y la de su familia; pero ellos viven como otros con recursos, por lo que todo el vecindario tiene sospechas que vivirán de raterías, como es justo presumir.
Se hará un servicio al vecindario colocando a este individuo donde no pueda volver a la vida bagabunda que ha llevado hasta hoy.[69]

El discurso policial no estuvo solo en la difusión de estas imágenes en las que los sujetos sospechosos fueron enunciados cada vez más en términos sustantivos, lo cual hace necesario ponderar las formas en las que otros actores de la sociedad civil demandaron orden del Estado en formación, y en función de cuáles intereses.

---

[69] Archivo de Gobierno, "Notas del jefe de policía de la Capital", 22 de marzo de 1867.

2

El otro y la cuestión del orden como herramientas en otras discusiones de la agenda social

> Las élites (…) no tienen derecho a la expresión indecorosa de sus opiniones, porque deben al público una representación ejemplar de los valores colectivos.
> Guerra y Lempérière, 1998: 16

> Es posible que el común de la gente llamada culta se haya distinguido más por sus 'costumbres decentes' que por sus lecturas. Aunque existían capas ilustradas, para el sentido común de los ciudadanos la noción de cultura se confundía con los de comportamiento de clase y civilizado.
> Kingman Garcés, 2009: 27

En la discusión por la cuestión del orden un conjunto de comportamientos ligados a la moral capturó la atención del Estado en formación. Las representaciones sobre el orden y sobre los transgresores se construyeron sobre estos tópicos y se justificaron en la necesidad de evitar el escándalo público e inmoralidad y, conforme transcurría el período, desplazarían –en estos discursos– los antagonismos políticos internos de la elite como causa principal de la violencia.

Estas representaciones se consolidaron mediante la circulación de estas imágenes y tópicos en las prácticas discursivas de instituciones como la Policía (en la que nosotros nos centramos, como dijimos, por haber sido la encargada de mantener el orden en la ciudad, pero también por el rol clave que, como cuerpo militarizado, tuvo en el esquema de poder del gobierno).

Imágenes y tópicos sobre la moral deficiente de ciertos sujetos poblaron los documentos que pautaban más directamente sus prácticas, como partes diarios, sumarios y notas administrativas al Poder Ejecutivo, con un trasfondo legal deficiente en sus definiciones pero operativo en función de un sistema de poder verticalista, que contribuyó a poner a las antedichas representaciones en el corazón de las prácticas institucionales. Dentro de la égida estatal, el *terreno contestado* (Salvatore, 2010) del que participaron las representaciones sobre la cuestión del orden incluyó tanto la delimitación de atribuciones entre poderes (policial, Ejecutivo provincial, municipio, justicia), la definición de prácticas policiales así como la redefinición de las relaciones sociales entre tropa y autoridades en la Policía. Y, como se verá en el capítulo 3, signaron fuertemente la redefinición de las relaciones sociales en los espacios públicos, mediante el control de los comportamientos sostenidos en el tiempo, guiado en buena medida por estas representaciones.

Sin embargo, esta construcción simbólica no se delimitó únicamente a partir de estos discursos y el terreno contestado del orden excedió los límites estatales e incluyó otros discursos sociales, como el de la prensa, el asociativo, el literario. En ellos, también, la silueta de la cuestión del orden se fue dibujando con base en dos formas principales: su tratamiento directo (por ejemplo, las noticias sobre delitos en las calles de la ciudad) o su utilización como estrategia discursiva dentro de una discusión distinta (por ejemplo, el pedido de partidas presupuestarias de las Sociedad de Beneficencia para su Hospital de la Caridad) que eran indispensables para la tarea moralizante que estas mujeres desarrollaban.

En función de ello, en el presente capítulo reponemos algunos de los lazos de cercanía, concurrencia y complementariedad que existen entre estos distintos discursos

(Caimari, 2004 y 2007) para establecer qué puntos de encuentro y enfrentamientos reconocibles hubo, sobre la cuestión del orden público, con los discursos estatales revisados. Nos interesan particularmente en tanto estos sujetos que "comentan, denuncian y actúan movidos por las nociones de lo que es justo e injusto" lo hacen "fuera de los circuitos institucionales en los que se define qué es un delito, quién es el transgresor y cuál la naturaleza de su mejor castigo" (Caimari, 2007: 9).

Seleccionamos un conjunto de textos en los cuales la aparición de la cuestión del orden es central en su trama. A su vez, los aúna la característica de que el Estado se constituye en el principal interlocutor manifiesto, al que se le reclama, interpela, solicita, mediante el tratamiento de *la cuestión del orden*. La interrelación entre estos discursos y los estatales se tensionó por un proceso según el cual cada actor definió, en esta discusión, su propia razón social, y posibilita centrarse en la dimensión política de estos discursos; esto es, en aquello que disputaron y en qué términos lo hicieron.

Entre la diversidad de discursos, de problemas y de coyunturas, nos detenemos en algunos de ellos por su visibilización en la arena pública. Primero, indagamos en las figuras sobre los delincuentes, los viciosos y los violentos, que construyeron las Damas de la Beneficencia alrededor de la figura del "desgraciado"; luego, recorremos las impresiones que Gabriel Carrasco destacó en relación con las costumbres, la moral y el orden público en su viaje por el continente europeo en 1889. Al considerar la prensa, revisamos primero cómo se utilizó el problema del orden, y (especialmente su dimensión moral) en la lucha entre los colonos y radicales con las autoridades provinciales, a finales de siglo; más adelante, el lugar que las preocupaciones por el decoro y la tranquilidad públicos tuvieron en las páginas de *La Revolución*, un periódico dedicado a la causa de la modernización urbana de Santa Fe. Finalmente, nos detenemos en uno de los nudos problemáticos más visibles en la *cuestión del orden*: la ebriedad y el origen de la violencia.

1.

Los discursos de la sociedad civil también participaron en la construcción de los *otros internos*. Esas descripciones no pueden considerarse por fuera de los roles asumidos por los actores que los formularon y las pugnas específicas que protagonizaron. En los documentos de la Sociedad de Beneficencia de la Capital (SBC), concretamente en los mensajes bianuales de la presidenta a las socias y sus informes de gestión, la aparición de concepciones sobre peligrosidad pueden enmarcarse en el problema más amplio de cómo

> los liberales intentaron integrar a un amplio conjunto de *desiguales* (los pobres, los indigentes, los marginales): no mediante una política social coherente sino a partir de un espacio ético, desde el que se pretendió regular ciertas relaciones sociales sin sanción jurídica (Bonaudo, 2006: 24).

A su vez, la dimensión estratégica de estos discursos debe ser interpretada en el marco del último cuarto del siglo XIX, en el cual la acción de las asociaciones femeninas "cumplió un claro rol político al sustituir al Estado en construcción, o al acompañarlo en numerosas ocasiones y contextos, en particular en el proceso de resolución de problemas sociales" (Dalla Corte, 2013: 16). Los escritos de estas mujeres formaron parte de su pugna por asegurar el rol de la SBC como protectora indelegable de los santafesinos *desgraciados*. Si bien estas asociaciones benéficas "se asentaron, al principio, en el capital social y simbólico del cual eran portadoras como miembros de la elite" sus integrantes, las estrategias desplegadas a lo largo de esos años y sus contactos con los sectores subalternos, fueron los que potenciaron la emergencia de estas *tuteladas*. Su vinculación inicial a esas gestiones *tutelares*, posibilitó convertir el ámbito de la beneficencia en una verdadera arena de interacciones, diseminando su discurso hacia arriba y hacia abajo, hacia la dominación y hacia la subalternidad (Bonaudo, 2006: 96).

Hacia fines de la década de 1870, la SBC se hallaba ocupada en recaudar fondos para financiar la ampliación del Hospital de Caridad, sede de su labor caritativa. En los mensajes de esos años, se atribuye la escasez de fondos a la coyuntura política provincial, que supuso erogaciones importantes para enfrentar levantamientos armados. En 1878, las Damas decían que "azarosas circunstancias han entorpecido sensiblemente la acción [de la SBC] por causas que a nosotras solo nos toca lamentar". Este rasgo es muy interesante en relación con cómo se posicionaron discursivamente en los –no escasos– pasajes en los que comentaron sobre el orden político y social santafesino: frente a las acciones y sujetos que aparecen desdibujados (los enfrentamientos políticos armados de la década de 1870 eran aquí un conjunto de "azarosas circunstancias") frente a la acción clara e identificable de las Damas, las que se presentaron como completamente ajenas a dichas circunstancias.

En otro fragmento del mismo mensaje, vuelven sobre la idea de que la lucha política era más una tragedia que una situación forjada por un enfrentamiento de intereses (a los cuales ellas eran muy cercanas, puesto que los protagonistas eran sus parientes, maridos, hijos y, en ciertas ocasiones, ellas mismas[70]). Decían que la "aciaga situación (…) va desapareciendo felizmente con la calma que hoy vuelve a los espíritus" y que el rol de las damas era contribuir a restituir

---

[70] Numerosos trabajos ponen de manifiesto el vínculo entre las sociedades de beneficencia y la política, así como la participación política "velada" y otras veces no tanto, de las mujeres de la elite en el período (Bonaudo, 2006; Dalla Corte, 2013; Bravo, Gil Lozano y Pita: 2007; Pita. 2009; Ferrari, 2010).

la paz con su "propaganda" y su "ejemplo", para aplacar las "públicas pasiones" de las "luchas de los hombres".[71] Si bien se nombra la lucha de los hombres en esas aserciones, al tiempo que se determina un rol claro para las mujeres en el establecimiento del orden (político), a saber, aplacar pasiones, vuelve a plantearse la violencia de esos años como algo ajeno a los hombres de la elite (es la "situación" la que desaparece con la "*calma* que vuelve a los espíritus", es decir, dos formas de enunciar la violencia política como causada por factores externos a esos hombres).

Esta lectura sobre el orden coincide con la señalada en fuentes como la prensa o los funcionarios del gobierno: en el momento álgido de los enfrentamientos armados y en el período inmediatamente posterior a ellos, la elite cerró filas, simbólicamente, sobre la idea de que la amenaza a la sociedad proviene de fuera de los sectores dominantes. Sin embargo, aquí ya establecen una primera salvedad: distinguen a la SBC de los enfrentamientos, sean cuales fueren: "nuestra Sociedad no tiene sitio en el campo de los partidos —digámoslo bien alto y sin miedo—, que nunca la pasión nos precipite a quebrantar esa condición indispensable a su existencia".

Los discursos que revisamos fueron pronunciados ante la asamblea anual de la SBC. No obstante, sus destinatarios también incluyeron a los funcionarios provinciales presentes y por su intermedio, al gobierno provincial. La precaución de no responsabilizar directamente de la situación que las perjudicaba a los actores que debían financiar su empresa puede también leerse como una estrategia en el contexto de una situación financiera preocupante y de la necesidad de realizar obras onerosas de ampliación del hospital (Dalla Corte, 2013 y 2015).

---

[71] Archivo de la Sociedad de Beneficencia de Santa Fe (en adelante ASB), Memorias, 1878.

En el camino hacia una sociedad civilizada, el lugar que las Damas (y que la *mujer* –la pasión se enuncia como un atributo masculino–) debían tener era sin dudas el de pacificar:

> Si pues el ardor del combate que se atreve a todo, intentara a su vez llegar hasta nosotras, tengamos fe profunda, señoras, en la esterilidad de sus esfuerzos (...) si no para vosotras, plenamente convencidas de ello, he creído oportuno aducir las siguientes consideraciones para aquellos que puedan suponernos inspiradas en móviles distintos.[72]

Luego de una fugaz mención a "los partidos" (que por otra parte se enuncian como una misma cosa, en un nuevo distanciamiento de la SBC de las pasiones masculinas), se vuelve a despersonalizar la amenaza del desorden señalando "el ardor del combate" como el problema principal. Este pasaje también permite ver cuán involucradas se hallaban estas mujeres en esa lucha de intereses políticos pues, de lo contrario, por qué haría la presidenta semejante advertencia a las socias ("tengamos fe profunda" en que el ardor del combate no las tocaría pero, aun más, llama a cuidarse de "aquellos que puedan suponernos inspiradas en móviles distintos"). ¿Quiénes pensarían con malicia de estas damas caritativas? ¿Cuáles motivos erróneos se les endilgarían? Dejando de lado estas cuestiones en particular, que exceden nuestras preocupaciones, tales guiños ponen de manifiesto que estos mensajes eran profundamente políticos y que perseguían objetivos concretos.

Hacia fines de la década la SBC, fundada por decreto provincial en 1860, dirigió su atención a sostener el Hospital de Caridad, lo que supuso crecientes esfuerzos de recaudación y mayores reclamos al Estado por partidas, que resultaban siempre insuficientes. La relación con el Estado-financiador tuvo altibajos, por lo general atados a vaivenes

---

[72] ASB, Memorias, 1878.

de la economía provincial y a las configuraciones políticas de la SBC y del gobierno. Ya en 1870, la presidenta doña Emilia G. de Cabal exhibía "el estado de necesidad en que se halla la Sociedad de Beneficencia que presido, lo que si no se resuelve oportunamente debo disolberla por serle imposible marchar sin recursos para los gastos precisos que tiene que hacer, y pagar lo que está debiendo".[73]

La SBC adeudaba sueldos a las Hermanas de la Caridad que administraban el hospital, alquileres, pagos a boticarios, "sin contar con los gastos de mantención, ropa para los enfermos, y otros extraordinarios que siempre ocurren". Por todo ello doña Emilia, luego de enumerar las insuficientes entradas (provinciales, municipales y privadas) de fondos, solicitaba que el gobierno provincial se ocupe de remediar esa situación "insostenible".

El tópico del Hospital tiene, en estos mensajes, una carga importante. Al nombrarlo, la cuestión del orden adquiere la forma de una lucha por recursos en la que la Damas afirmaron ser imprescindibles para el cuidado del orden y, en ese proceso, delinearon quiénes eran los destinatarios de su caridad. Por ello, en los pasajes en que las presidentas hablaron del Hospital de la Caridad, comienza a definirse con más precisión qué figuras del *otro* social y de la violencia tenían estas mujeres. En primer lugar, se describe al Hospital como la "triste mansión de la desgracia que para espejo de los pueblos parece haber alzado la Providencia en cada centro de civilización", que "resume, en último término, el infortunio y los dolores de la humanidad menesterosa".[74]

Varios elementos comienzan a particularizar la mirada de estas mujeres sobre el orden social y su rol dentro de él. La imagen de la tristeza es una que prima al recorrer estos escritos: la violencia es una tragedia y esta tiene una "triste mansión" donde sus víctimas residen. A diferencia de

---

[73] Archivo de Gobierno, "Notas de las Sociedades de Beneficencia", 1870, S/F, folio 467.
[74] ASB, Memorias, 1876.

la superioridad distante y del desprecio que otros discursos arrojaron sobre los sujetos transgresores, inmorales, peligrosos, los destinatarios de los cuidados del Hospital eran "necesitados", víctimas de "infortunios" y "dolores".

Este *otro* que se recorta como propio del campo de acción de la SBC (son aquellos que necesitan, por lo cual reciben su caridad) se definió a partir de una enumeración que agrupa a sujetos que, en otros discursos, ocupan registros distintos: "allí entran juntos el mendigo achacoso, el criminal doliente y la víctima ensangrentada de nuestras disensiones". En el rol que, discursivamente, fue construyendo para sí la SBC, el mendigo, el delincuente común y el sedicioso, pobres y privilegiados, pertenecían a un mismo conjunto: los "desvalidos" a los cuales la Sociedad prodigaba "alivios morales y materiales". Estos sujetos se reunieron en el grupo de los "desgraciados" y su denominador común fue la SBC, ya que ¿qué reunía a estos hombres, mujeres y niños más que recibir los cuidados de las Damas? De esta manera, aunque no enunciaron una definición alternativa del *otro*, sí apuntalaron especificidades que distinguen al objeto de su labor, dado que aunque se tratara de hombres peligrosos quienes se acercaban al Hospital, lo hacían en su momento de mayor debilidad. Eran, antes que peligrosos, "delincuentes dolientes" que "precisan el auxilio de la caridad".

Otro rasgo que distinguió esta mirada fue el diagnóstico que se hizo de los problemas que enfrentaban los sectores populares, en los que nuevamente la acción de la SBC está en el centro de su solución. Señalaron como uno de los problemas principales la "preocupación que domina a la clase menesterosa, la repulsión a los hospitales, cierta resistencia inesplicable hacia esos asilos, donde se cobija el proletario". Ese mal, que podía también extenderse a toda la sociedad, únicamente se extirparía mediante "una propaganda benéfica, los buenos ejemplos y hechos elocuentes",[75] tareas que solo ellas reunían las condiciones para cumplir.

---

[75] ASB, Memorias, 1885.

Si en otras voces el peligroso fue un sujeto de control, en estos mensajes predomina un *sujeto de cuidado*, que se recorta en la enumeración contigua y reiterada de "proletarios", "menesterosas", "delincuentes dolientes", "mendigos" y "haraposos", a los que siguen acciones como la "protección", el "cuidado", la "piedad", el "socorro". De hecho, otras de las formas en que se nombró el Hospital fue la de "templo consagrado a la desgracia" en el que se "distribuyen los dones de la piedad cristiana de forma equitativa".[76]

Eso lleva a otra de las diferencias con otros discursos sobre el orden: la presencia plena y explícita de la religión católica en la construcción discursiva:

> La caridad no tiene límites en sus manifestaciones y a cada paso encuentra mil motivos de escitación: la indigencia aquí, la ignorancia allá, el dolor y las lágrimas, la corrupción misma, hija en gran parte de la miseria y de la ignorancia, reclaman constantemente nuestra atención y piden a la caridad cristiana los dones de su inagotable fecundidad.[77]

Aquí, la solución tanto a la miseria como a la corrupción, a la indigencia y a la ignorancia es la atención de las mujeres, motorizada por la ilimitada "caridad cristiana".

Específicamente en relación con los delincuentes y transgresores, la SBC propuso al gobierno que financie la construcción de una nueva ala del Hospital, que se destinaría a los *peligrosos*:

> Si hay un lugar digno de fijar vuestras miradas por los padecimientos, por los dolores y miserias que en él se sufren, sin duda este lugar es la cárcel pública en que se ven hacinados y confundidos distintos padecimientos, dolores y miserias de todo género a que no puede [ser] extraña esta Asociación

---

[76] ASB Memorias, 1883.
[77] ASB, Memorias, 1875.

que tiene por principal objeto ocurrir allá donde hay una lágrima que enjugar, un padecimiento que aliviar, una miseria que remediar.[78]

Por los sufrimientos que se describieron, los presos también eran "desgraciados": eran quienes "sufren en el lecho del enfermo las dolencias de sus propios excesos". Es una definición contundente en un aspecto: la mirada religiosa compone casi toda la carga de sentido en esta definición, en que la enfermedad o la dolencia, si bien se expresa como fruto de "sus propios excesos" tiene una fuerte connotación a castigo divino, por los pecados cometidos. Esa caridad no debía ser confundida con ingenuidad.

El primer requisito que esa nueva ala debía cumplir era estar separada del resto del edificio: debía habilitarse "una sala de presos con separación de los demás enfermos (…) y en lugar conveniente para la vigilancia de la autoridad".[79] Sin embargo, luego de esa aclaración la peligrosidad de esos hombres cede su lugar y el discurso retoma sus ejes principales, pues, yendo más allá, la directora afirmó que era el "abandono en que se encuentran los enfermos de la cárcel pública"[80] lo que erigía en primera necesidad conseguir el dinero para mejorar el asilo y caracterizó a los presos como los "enfermos de la cárcel pública".[81]

Como dijimos, en el conjunto de los *desgraciados* convivieron figuras que otros discursos se ocupaban —y muy tenazmente— de separar. Además, la visibilización hecha de estos sujetos por la SBC da cuenta de un *momento posterior* al de la identificación que habían recibido en otros ámbitos de la vida social (ya *eran* delincuentes, sediciosos, descarriados, mendigos o enfermos al momento en que llegaban a sus manos). La manera en que esta particularidad, inscripta en el discurso de la SBC, se articula en los conflictos

---

[78] ASB, Memorias, 1882.
[79] ASB, Memorias, 1883.
[80] ASB, Memorias, 1883.
[81] ASB, Memorias, 1885.

en que estas mujeres participaron activamente se ve más claramente al contrastarla con otros pronunciamientos de la institución, como el caso de una nota en apoyo de su par rosarina.

En una nota al gobernador (que por su tono, fue más una demanda que una solicitud) existen representaciones sobre la justicia que ilustran algunos cruces discursivos entre Estado y sociedad civil, y la SBC como engranaje entre ambos. En ella puede leerse que

> Por encargo de la Sociedad de Beneficencia que presido, tengo el honor de dirigirme a V.E confiada en sus humanitarios y nobles sentimientos, pidiéndole se digne impartir las órdenes necesarias a fin de que sean puestos en libertad los individuos de que paso a ocuparme y que actualmente se encuentran incorporados al Batallón Avellaneda. Si la Sociedad de Beneficencia se ha resuelto a dar este paso ha sido, Exmo. Señor, teniendo en cuenta los elevados y filantrópicos sentimientos de los que V.E siempre ha dado muestras; los informes favorables a nuestros protegidos, que se nos han suministrado por los superiores del Cuerpo al que pertenecen, y la desolación y desamparo en que se encuentran sus infortunadas familias, que se ven privadas del único apoyo y sostén con que cuentan en la vida. Para que V.E. pueda apreciar mejor la justicia de esta solicitud, y el inmenso beneficio que hará a muchas familias santafesinas ordenando la libertad de nuestros protegidos, paso a enumerarlos especificando las causas y tiempo por que fueron condenados al servicio de las armas.[82]

Luego de ensalzar cuidadosamente las virtudes morales del gobernador, con lo que el pedido se parece más a ruego piadoso que a un reclamo desde el lenguaje de los derechos, se enumeran motivos y tiempos de condena de los individuos. Todos ellos son parte del universo de *peligrosos*, lo cual no obsta para que, más adelante en la nota, el ruego mute en una demanda basada en los derechos de sus "protejidos":

---

[82] AGPSF, Archivo de Gobierno, "Notas…", 1873.

"Remigio Berón fue destinado por seis meses por sospechas de complicidad en el robo de una res, hace nueve meses a que se encuentra cumpliendo su condena".[83] Como él, "Victoriano Espíndola, único sostén de una madre octogenaria y viuda y de varios hermanos menores, fue destinado por seis meses y hacen diez y siete á que fue incorporado al batallón". Luego de detallar causa y mora de tiempo que llevaban cumpliendo de servicio Rosa Leguizamón, Carmen Rodríguez, Valentín Leguizamón, Custodio Herrera y diez mujeres y hombres más se dice que "todos ellos han cumplido con exceso notable su condena". También se incluye a Florencio Galván, sobre el que se denuncia abiertamente que "hace dos años fue agregado a la fuerza que guarnecía la Frontera Norte sin más orden que la del jefe que la comandaba".[84]

En los diferentes registros de la nota (la súplica deferente, la denuncia, el reclamo, el agradecimiento) y sus justificaciones (virtudes del gobernador, necesidad de las familias, derechos incumplidos, orden legal) convivieron "zonas de intersección sociales y estatales" constitutivas de la "construcción de subjetividades" (Caimari, 2007: 10) de las que participaron estas mujeres. En esta subjetividad, la moral fue, de la mano de la religión, una preocupación central. Aquí también el vínculo simbólico que se propuso entre moral y legalidad era estrecho. Siempre argumentando sobre la importancia de ampliar el Hospital de Caridad, decía la presidenta que

> Frecuentemente la justicia correccional se cumple en él, en el que [se hallan] las personas que por su sexo no admiten promiscuidad de reclusión con los presos de la cárcel pública, única que existe hasta el presente entre nosotros. El Hospital

---

[83] AGPSF, Archivo de Gobierno, "Notas...", 1873.
[84] AGPSF, Archivo de Gobierno, "Notas...", 1873 (el subrayado pertenece al original).

de Caridad ha prestado en los años anteriores y presta actualmente importantes servicios a la moral pública y a la justicia correccional.[85]

Al señalar esta cuestión, se estaba diciendo que, de no existir la SBC, el Estado no podría cumplir sus funciones correccionales; los servicios del hospital eran a la moral pública *y* a la justicia correccional.

No encontramos en los discursos de la Sociedad de Beneficencia una posición pasiva o subordinada respecto de sus representaciones sobre el orden y sobre su rol en la consecución de una sociedad civilizada. Por el contrario, priman operaciones de reafirmación de su rol, dentro de la sociedad y específicamente en la resolución de un problema central de la vida santafesina: la moral y el desorden.

2.

Las producciones culturales de la elite también participaron en la configuración de la trama de sentido del orden. Hacia finales de siglo esa participación se hizo más visible en los documentos, en dos sentidos: primero, se amplió la circulación de crónicas, ensayos, noticias y otros géneros, lo que supuso el establecimiento de un diálogo entre ellos a propósito de determinados tópicos; luego, se consolidó la autonomía del discurso estatal, lo cual marcó diferencias claras entre este y los discursos de producción privada, aunque fuesen escritos por los mismos individuos.

---

[85] ASB, Memorias, 1883.

Las *Cartas de Viaje* de Gabriel Carrasco[86] no solo fueron publicadas en este contexto sino que están inscriptas en un género que se concibió, en buena medida, como una declaración sobre los valores civilizatorios y el orden social; un tipo de escrito que Mary Louise Pratt ha definido como *relatos de viajes criollos sobre Europa*. Además, porque como señala Paula Bruno sobre los hombres de pluma de la "generación intermedia" bonaerense, "se los describió como apéndices del mundo político y se consideró que sus acciones, sus libros, sus intervenciones, se habrían derivado, entonces, del rol que éstos ocuparon en la organización estatal y no el ámbito de la cultura".[87] Esa suerte de *vacancia interpretativa* vuelve más interesante retomar estos escritos en relación con la cuestión del orden y de los comportamientos. Carrasco cumplió con esa doble condición de hombre público *y* hombre de la cultura y del mundo intelectual: no solo escribió muchísimo (sus vínculos estrechos con la cultura letrada se ven tanto en las definiciones que hizo de sí mismo como en los rasgos que han elegido destacar de él los historiadores) sino que ocupó un arco amplio de puestos clave en el gobierno provincial en años críticos de la formación estatal.

En este universo de discursos culturales (literarios, ensayísticos, crónicas, entre otros) la cuestión de lo civilizatorio aparece con frecuencia en la contraposición entre

---

[86] Gabriel Carrasco nació en 1854, en una familia acomodada. Su padre, que llegó a Rosario emigrado de Buenos Aires en 1853, fue, entre otras cosas, concejal, maestro, fundador de *El Comercio* y de *La Capital* conjuntamente con Ovidio Lagos. Asimismo, fue impresor y librero y ello estrechó la cercanía de Gabriel con el mundo de la prensa. Gabriel alcanzó un temprano reconocimiento como "uno de los escritores públicos más jóvenes de la provincia de Santa Fe" y su producción fue variada y constante: desde sus más conocidos trabajos de estadística hasta redacción de códigos de Policía, pasando por la Guía Civil y Comercial de Rosario y los Anales de Rosario escritos en conjunto con su padre. Abogado de profesión, hizo un recorrido extenso por puestos públicos de suma relevancia. (De Marco, 1996: 15-22).
[87] Bruno, Paula, "La vida letrada porteña entre 1860 y el fin-de-siglo. Coordenadas para un mapa de la élite intelectual", en *Anuario IEHS*, N° 24, pp. 339-368, 2009 (p. 368).

la distinción (Bourdieu, 2002) burguesa y las costumbres de los sectores populares. Esta diferencia no solo se corporizó en contenido, sino también en una división de cuáles géneros se abocaron a hablar de una y de otras. Cada vez más, los discursos que sirvieron para hablar de las costumbres de los trabajadores, hombres pobres, mujeres, vagos, mendigos, borrachos, viciosos, fueron el de la ciencia (sociología y criminología, entre otras disciplinas) y el de la ley, como códigos y reglamentos policiales (Galeano, 2016).

Escritos en un momento clave de la formación del Estado, textos culturales como estos[88] son muy interesantes, también, si se considera que fueron producidos en momentos en que las necesidades del Estado de autonomizarse, en un sentido weberiano, en sus procedimientos y producción de conocimiento se hicieron perentorias y los recursos para lograrlo comenzaron a crecer. La obra fue producto del financiamiento público y producido para el conocimiento y la promoción de Estado argentino.[89] Sin embargo, lo que el autor recalca en varios pasajes es que se trata de cartas "subjetivas",[90] escritas en su rol de viajero (que conjuga al emisario oficial, al científico y al turista);[91] además, que todo fue escrito "tal como me ha sido inspirado, en los *sitios y*

---

[88] Nos referimos a los hombres "públicos", cuyas crónicas siguieron a las extranjeras y que fueron las que conocieron y legitimaron el territorio y la sociedad que ese Estado debía dominar, como Estanislao Zeballos y José María Ramos Mejía (Fernández y Navarro, 2011; Clementi, 2000).

[89] Carrasco, Gabriel, *Cartas de Viaje, Del Atlántico al Pacífico y Un argentino en Europa*, Casa Editora de Jacobo Peuser, 1890, p. 9.

[90] Carrasco, *Cartas de Viaje*, p. 13.

[91] "No quería entrar súbitamente en París: creí necesario irme preparando para conocer la gran ciudad, pasando primer por otras menos importantes, para poder así graduar mis impresiones"; "Todo llama mi atención; de todo quiero imponerme simultáneamente y el efecto es cierto aturdimiento. Pero no: procedamos con método, viajemos estudiando y para estudiar es lo primero dividir racionalmente su tiempo y las materias que se han de observar"; "Lo hice, me bañé en el río, cuya rápida corriente amenazó arrastrarme pero al salir pude consignar entre mis más gratos recuerdos de viaje que me había sumergido en las históricas aguas del Rhin". Carrasco, *Cartas de Viaje*, pp. 250, 193 y 332.

tiempos en que ha sido efectuado",[92] así como que "este libro es de impresiones y no debe buscarse en él otra cosa so pena de engañarse".[93]

Las *Cartas* son el producto de un viaje de Carrasco que, encomendado por el gobierno provincial, representó a Santa Fe en la Exposición Universal de París de 1889. Carrasco construyó una crónica de viaje a la que dio un formato epistolar. Se trata de la descripción de un criollo sobre Europa (Pratt, 2010: 33 y 213) y con ello integra una tradición de textos que se propusieron, desde los tiempos de la independencia, la "invención" de una identidad para las elites criollas frente a Europa pero también hacia dentro de esas sociedades jóvenes en transformación,[94] invirtiendo la fórmula clásica del viajero europeo que describe el resto del mundo. En esta tradición de "libros de viaje criollos sobre Europa", que tiene a Sarmiento como uno de los antecesores más destacados, la "autoridad discursiva" y la "posición legítima del discurso" (Pratt, 2010: 345) elaboradas son, aunque con variaciones, los tópicos estructurantes de una "América arqueologizada (Pratt, 2010: 248)"; la autonomía de Europa y la superioridad blanca. Luego, las "dos formas complementarias de autoridad burguesa" que estructuran su discurso se basan en la literatura de viaje, científica y sentimental (Pratt, 2010: 26).

El autor comenzó su camino visitando Mar del Plata, Mendoza, Santiago y Valparaíso en Chile; volvió a Santa Fe y de allí se dirigió a Buenos Aires para embarcarse rumbo a Europa. La razón de esta primera parte del viaje –y la primera pista de que nos hallamos ante unas "cartas" y

---

[92] Carrasco, Gabriel, *Cartas*..., p. 10 (el resaltado es nuestro).
[93] Carrasco, Gabriel, *Cartas*..., p. 11.
[94] Sobre la relación entre las transformaciones vertiginosas de fines de siglo señalada por los historiadores y la pertinencia de un análisis desde la mirada de la historia cultural entendida como el estudio de la construcción de sentidos, Pratt puntualiza que "las transiciones históricas alteran la manera en que la gente escribe porque alteran sus experiencias y, con ello, también su manera de imaginar, sentir y pensar el mundo en el que viven" (Pratt, 2010: 26).

"crónicas" *sui generis*– la da él mismo cuando se pregunta: "¿Cómo presentarse en estrañas naciones sin conocer siquiera lo más notable de la propia?".[95] Afirmó que conocer Chile era necesario para satisfacer "mi anhelo de adquirir conocimientos que puedan robustecer mi juicio sobre el estado general de la civilización en esta parte de América".[96]

Esta precaución de conocer la tierra propia antes de "presentarse" en otras no estuvo presente al momento de realizar años antes un viaje a Paraguay, del que también nació un libro de relatos de viaje, publicado un año antes que las *Cartas*. Podría pensarse que Paraguay está en América, que es por tanto cercano, propio, no desconocido. Sin embargo, el único momento en que el país vecino aparece en las *Cartas* es cuando se describe su producción como un valor "etnográfico", lo cual provoca el efecto de presentarla, como dice Pratt, siendo ya parte del pasado (Pratt, 2010: 252).

En parte, la autoridad discursiva científica[97] que Carrasco construyó a lo largo de todo el libro comenzó tempranamente con él blandiendo su poder clasificatorio, y la separación del pasado y el futuro es uno de tantos ejemplos de ello. En su sentencia sobre la muestra de la delegación paraguaya en la Exposición:

> Expone principalmente su yerba y sus tabacos, riquísimos bordados de ñandutí y una espléndida colección de maderas (…) Presenta también una importante colección de sustancias

---

[95] Carrasco, Gabriel, *Cartas...*, p. 28.
[96] Carrasco, Gabriel, *Cartas...*, p. 99.
[97] La figura del emisario sudamericano como autoridad científica y moral se construye progresivamente en el texto, y en esa construcción juegan un papel importante las precisiones sobre los círculos sociales que el viajero frecuenta. Asiste a eventos diplomáticos, se hospeda en hoteles prestigiosos solo por recomendación de los hombres influyentes locales, entre otros ejemplos. Esta estrategia se corona con el alegato que describe al final del libro, en el cual se atribuye haber logrado que la Comisión que dirigió la Exposición Universal de París vote "contra los deseos de las potencias coloniales" su apoyo al modelo de la "inmigración libre". Carrasco, Gabriel, *Cartas...*, *op. cit.*, p. 381.

tintóreas y muchas armas y utensillos de uso de los indígenas. En cuanto a esto último, muy importante en el museo de etnografía, lo creo, no solamente inútil, sino contraproducente en una exposición industrial, porque contribuiría a dar una mala idea del país y conviene hacer que se conozcan, no las armas de los salvajes, sino los progresos que la civilización ha originado ya en ese rico país.[98]

Esta y otras descripciones destacan el contraste entre la naturaleza majestuosa de América y la grandeza civilizatoria de Europa, con expresiones como "perdido, en el centro de Londres, como un grano más de trigo en los depósitos celulares de los graneros de Rosario".[99]

Ahora bien, esta cultura no se construyó solo "hacia afuera" (frente a Europa), sino también "hacia adentro", esto es "en relación con las masas tanto europeas como no europeas que intentaban gobernar (Pratt, 2010: 213)". En buena medida, esto se correspondió con la "zona de contacto" por la que transitó Carrasco en su viaje. Con esta noción, "Pratt pretende llevar a primer plano las dimensiones interactivas y de improvisación de los encuentros" (Fernández y Navarro, 2008: 35), y sirvió para recordar que Carrasco no fue un viajero más; su particular condición fue parte activa en la conformación de esa "zona de contacto" que se trasluce en anécdotas, intervenciones, apreciaciones e, incluso, influyó fuertemente en cuáles lugares visitó y cuáles no.

En esta obra "subjetiva" la falta de moral en las costumbres de los pobres se instala como piso de entendimiento de la obra, incluso en los pasajes en los que, para realizar una crítica de cuestiones internas a los sectores cultos y dominantes, apela a imágenes que atribuye a los sujetos populares. Al visitar la biblioteca nacional de Santiago, compara su sistema de préstamos de libros, "adelanto del que carecemos en la capital del Plata", con el de su homónima porteña

---

[98] Carrasco, Gabriel, *Cartas...*, p. 247.
[99] Carrasco, Gabriel, *Cartas...*, p. 403.

y acota que en Argentina, el Estado no respeta la cultura, porque "venden las publicaciones al peso para que los almaceneros envuelvan el azúcar o las salchichas".[100]

En buena medida, se verá que el énfasis dado a la necesidad de transformar las conductas se apoya discursivamente en la crítica hecha al poco respeto por la ley que Carrasco observó (como ciudadano, como periodista, como funcionario) en nuestro país. Desde esa tensión, el autor describió luces y sombras de los países que visitó, en una comparación explícita con la sociedad argentina, desde la que luego enunció qué le faltaba a esta para llegar a ser verdaderamente civilizada. Su mirada sobre las costumbres que no le pertenecían, las de los pobres, se organizó en torno a la valoración que hizo de la moral de estos:

> En la ciudad [de Barcelona] existen ciertos usos y costumbres que no están en armonía con los adelantos de la civilización moderna. Así es, por ejemplo, la mendicidad, es una plaga social tolerada por las autoridades, puesto que no le ponen remedio.
> (…) La insistencia con la que no solamente piden, enseñando llagas y mutilaciones horribles, sino con que salen al paso del transeúnte y hasta lo detienen, es tan fastidiosa como repugnante. (…) Se ha extendido tanto este modo de vivir que niños y niñas sanos, sin motivo alguno, detienen al transeúnte para pedirle dinero, sin invocar para ello siquiera un pretexto. (…)
> Existiendo asilo de mendigos, estos prefieren la vagancia por las calles, que les resulta más lucrativa.[101]

La mendicidad aparece como un modo de vida: era una acción no solo voluntaria, sino calculada en función del beneficio económico. Sin embargo, el desagrado de Carrasco está dado por el contacto que estos sujetos establecen con los transeúntes; la costumbre fastidiosa y repugnante

---

[100] Carrasco, Gabriel, *Cartas…*, pp. 112-3.
[101] Carrasco, Gabriel, *Cartas…*, p. 206.

hace del hombre respetable una víctima, expuesta al horror de llagas y mutilaciones, por la sola voluntad de un sujeto transgresor.

En las calles de Santa Fe, la "opción" por la mendicidad se hizo visible en las páginas de la prensa. Los redactores de *La Revolución* lamentaban amargamente que el municipio no interviniese en la cuestión y denunciaban cómo los falsos menesterosos perjudicaban a los reales. Decían que "pulula por la ciudad un buen número de mendigos, reales o fingidos, sin medalla que pruebe hayan obtenido permiso para implorar a la caridad pública y sin respetar día. Para ellos, todos los días son viernes". En el lapso de cuatro meses encontramos más de doce noticias como la siguiente, en la que se denuncia que

> Desde el tiempo de Mari-Castaña existe una ordenanza prescribiendo que los mendigos, para poder implorar la caridad pública, usen una medalla que les concederá la Municipalidad si creyera que la merecen los solicitantes. Pues bien: no recorre las calles un solo mendigo que las lleve, y esto á vista y paciencia de la policía municipal. La municipalidad debe darle su medalla al mendigo que verdaderamente lo sea para evitar esplotaciones.[102]

La imagen de estas personas recorriendo desordenadamente, sin permiso, las calles y estafando a las personas decentes contrasta solo con el caso del "mendigo cantor" (un ex marino que por "el servicio brindado" se vio "obligado a reclamar el auxilio de la caridad") del que notoriamente no se dice que limosnea sino que pide "protección".[103] Es decir que la misma práctica generaba juicios encontrados dependiendo de si estaba o no autorizada, distinción que se complementaba discursivamente mediante la exposición de los méritos del veterano: los hombres de bien (como él) respetaban el orden de la ciudad (pedían autorización).

---

[102] *La Revolución*, 5 de mayo de 1888.
[103] *La Revolución*, 5 de mayo de 1888.

En otro pasaje, Carrasco se lamenta en un sentido similar: "El pouiboire, la propina, es el Dios de las clases inferiores de París y la carcoma del viajero. Nuestra civilización argentina, ganosa de imitar a la francesa, lo está ya introduciendo".[104]

Nuevamente, el vínculo entre pobres y ricos se da en los límites del espacio que unos ocupan y al que los segundos no acceden sino como empleados o como *invasores*: las veredas de teatros, hoteles y cafés selectos son los puntos "elegidos" por los oportunistas que victimizan a los incautos. El desagrado profundo, el desprecio de los términos en que se describen estas conductas termina de impactar en nuestra lectura cuando se contrasta con la manera en que se retratan las costumbres de la gente decente.

El talante de los comentarios del autor cambia notoriamente al referirse a una costumbre que es propia de su propia clase. Al observar la moda, signo de distinción por excelencia, Carrasco no se priva de la crítica, con lo que su rol de observador agudo también se consolida en este pasaje, pero es una crítica que roza la ternura y que, por otra parte, se enuncia dirigida a las mujeres.

> En parís y no hablar de modas? ¡Imposible! Pues bien: las telas color verde de todos los matices, son las que están ahora en gran voga.
> (…) A cada instante, viendo alguna elegante parisiense, vestida de verde, se me viene a las mientes nuestro dicho criollo [la vergüenza era verde y] se la comió el burro! Pero la moda es moda, y no hay más que hacer.

En sus múltiples registros, este es un libro de acción y esta tiene lugar, eminentemente, en lugares propios solo de la sociedad civilizada, aislado de las veredas y de los mendigos. En una celebración que tuvo lugar en la sede diplomática argentina: "Con varios, todos argentinos, o avencindados

---

[104] Carrasco, Gabriel, *Cartas...*, p. 285.

en la República, brindamos por nuestra patria, tocamos el piano y bailamos a destajo nuestros bailes populares, zambas, habaneras y gatos, y coronamos la fiesta oyendo de pie la canción nacional y cantándola á plenos pulmones".[105]

La patria es una presencia moralizante. Se cantó "la canción nacional" "a plenos pulmones" y las expresiones de alegría, fiesta, comunión incluyeron lo popular, desde luego que en el marco de la cultura refinada, lo cual, en el giro del siglo, será una de las particularidades de las clases dominantes argentinas. En una recuperación *sui generis* de lo que definirán como patriótico, folclórico y tradicional (Terán, 2008; Hora y Losada, 2011; Bruno 2012), las elites locales retrataron de forma menos amable a la inmigración, de la que individuos como Carrasco habían sido abanderados.

3.

A comienzo de la década de 1890 se dio un desplazamiento sensible, en parte de la prensa, de las construcciones de sentido que preponderaron sobre la violencia en las dos décadas anteriores, fruto de un cambio brusco en las configuraciones políticas de nuevos actores sociales, cada vez más protagonistas de la vida pública, como los inmigrantes (Micheletti, 2010).

Mientras que en el clima discursivo consolidado hasta la gran primera crisis del sistema político y los alzamientos de colonos, el desorden se representó en los hombres criollos pobres (De los Ríos, 2013) y se atribuyó a sus condiciones morales, llegados estos años, si bien eso se mantuvo, se dio una reconfiguración de sus elementos. Ya no serían estos hombres, por sí mismos y por fuera del gobierno, quienes serían retratados como una amenaza, sino ellos mismos, *como herramienta* de ese gobierno para reprimir y aterrorizar a los ciudadanos de bien. No mermó la cantidad de quejas con respecto a las prácticas de

---

[105] Carrasco, Gabriel, *Cartas...*, p. 210.

la tropa policial, muy instaladas, como vimos, como forma de intervención en los espacios públicos; antes bien, cambió quién las realizó. Las denuncias de excesos e inmoralidades de estos sujetos que debían mantener el orden se convirtió en bandera de la prensa opositora, especialmente la ligada a los inmigrantes europeos y sus colonias (Sedran, 2015). En un contexto de impugnación del sistema político, en el que la ebullición de la protesta tuvo a la UCR y a los colonos como protagonistas destacados (Alonso, 2000; Gallo, 2007; Damianovich, 1992) y en el que volvió a instalarse el alzamiento armado como arma legítima al juego político,[106] la cuestión del orden se resignificó en los periódicos que se enarbolaban en voceros de los "colonos", "ciudadanos de bien", "civilizados".

Entre 1890 y 1900, una cantidad importante de noticias fueron dedicadas a la descripción de irregularidades en el accionar de los jueces de paz, tropa policial, comisarios y, sobre todo, jefes políticos. En este conjunto de discursos, puede observarse cómo las valoraciones sobre la "moralidad policial"[107] son trasladadas al gobierno (por ejemplo, en muchas de estas noticias se decía explícitamente que estos actos se cometían "en nombre del leivismo"[108]). Periódicos de Santa Fe y de Rafaela, Esperanza y Cañada de Gómez, entre otras colonias, registraron un número importante de denuncias de abusos de poder:

> PERMANENTE.
> El Gefe Político del departamento Las Colonias, Dámaso Carabajal, ha sido denunciado públicamente como actor principal de bárbaro e inhumano castigo aplicado en la persona del joven Arturo Ribles.
> Sin embargo, dicha persona continúa tranquilamente en su puesto, sin que la justicia ni el gobierno hayan tomado medida alguna para reprimir y castigar al culpable.

---

[106] En 1894 *Unión Provincial*, periódico radical santafesino, decía en referencia al estado de sitio que el gobierno nacional mantenía sobre la provincia que en tanto el gobernador Leiva no se acercase al pueblo "no podrá prescindir del estado de sitio, así que tenemos estado de sitio para rato". *Unión Provincial*, 4 de marzo de 1894.
[107] *La Unión*, 8 de octubre de 1896.
[108] *La Unión*, 15 de octubre de 1897.

Al mismo tiempo el comisario Pérez, de la misma Gefatura, ha azotado cobardemente en Santa María al ciudadano Román Olivera y tampoco hay esperanza de que reciba el condigno castigo por su hazaña.
Tome nota la prensa independiente del país, para que todos los habitantes de la república sepan que han revivido los tiempos de la mazorca.[109]

Las copiosas denuncias establecían la virtud moral de los ciudadanos de bien (principalmente los habitantes de las colonias) en oposición a la falta de ella que ostentaban los jefes políticos, comisarios y tropa policial. Como parte de la contienda política, se asoció discursivamente al leivismo, la facción autonomista en el poder, con la inmoralidad y se apuntó directamente a las fuerzas del orden, pilares de este poder en las colonias:

> Gefe Político que produce escándalo.
> El jueves de la semana anterior don Manuel D. Álvarez, Gefe Político de San Cristóbal, produjo un gran escándalo en el tren que venía de Tucumán, con motivo de la prevención que le hizo el guarda tren, prohibiéndole disparar tiros desde el coche de pasageros donde viajaba; este señor Gefe Político modelo, se sulfuró con el guarda tren, que cumplía con su deber, llenándolo de insultos propios de la educación de don Manuel Donato.
> Todo esto, resultado del mal humor que le produjo la falta de partidarios en el Tostado donde fue a hacer policía y ni las autoridades locales se molestaron á recibirlo.
> ¡Popularidad de Álvarez![110]

En este fragmento, el fracaso de la convocatoria electoral (la falta de seguidores, del recibimiento esperado) disparó en el jefe político (que aparece en el discurso en calidad de representante del gobierno, enviado a cumplir una tarea electoral) una reacción desmesurada e inexplicable (la profesión de disparos en el tren de pasajeros), seguida de

---

[109] *La Unión*, 8 de octubre de 1896.
[110] *El Chaco Chico*, 7 de febrero de 1896.

una actitud aun más impropia contra el guarda que llamó su atención ("escándalo", "gran escándalo", "llenándolo de insultos").

Actos como estos eran explicados como "propios de la educación" de la tropa y en este tipo de noticia, que a través de la crítica a los funcionarios locales apuntó contra el orden autonomista (iriondista primero, luego leivista), la opción política de estos hombres se planteó en términos civilizatorios. Inclusive, lo que se señalaba como falta de educación era eventualmente significado en relación con la baja condición moral de estos sujetos:

> Se nos asegura que varios comisarios, incluso el capitán Peralta, a altas horas de la noche del martes, noche memorable que estuvo en su verdadero apogeo la policía, estos señores entraron a una casa de negocio y compraron un bote de ginebra, ya en estado interesante por la alegría del néctar oficial. El capitán Peralta anduvo con dos revólveres en sitio visible y los demás pertrechos necesarios para lo que entre indios se llama *trabajo*. Dígase ahora si no son estos buenos comisarios y modelo de modelos.[111]

> Anoche a las 9 p.m. en la calle San Juan dos oficiales y un soldado del cuerpo de bomberos cometieron en casa del Sr. José Menéndez un acto brutal digno solamente de salvajes y sicarios del extirano Rosas.[112]

En otro fragmento, la línea divisoria de la moral entre los ciudadanos honrados, "ilustrados" y "sanos" y la barbarie policial se ve con aun mayor claridad:

> Al empezar a escribir estas líneas, hemos recorrido los corrillos y los lugares frecuentados por las personas ilustradas y sanas para comprobar nuestras impresiones con el sentir general sobre la situación desesperante de nuestra sociedad, gobernada como tribu bárbara por un gaucho malo, audaz y

---

[111] *La Unión Esperanza*, 8 de octubre de 1896.
[112] *El independiente*, 20 de marzo de 1892.

vicioso, investido con la Gefatura Política del departamento de "Las Colonias", digna de un tratamiento aunque sea medianamente civilizado.
Que el rebenque se ha convertido en ley, lo palpa, lo siente, la sociedad entera y la opinión pública está formada en este sentido.
Que la azotaina es un derecho y una prerrogativa del Gefe Político, nadie lo duda, y hasta las señoras toman medidas precaucionales para impedir que sus hijos, al caer la noche, sean recogidos por las patrullas para azotarlos en el monte donde no se sientan sus quejidos lastimeros.
Que las amenazas de encarcelar, de hacer sebar mate a la gente independiente es una distracción y placer especial para este gaucho bellaco es de todos sabido y conocido.
Perdido hasta el derecho de transitar solo por las calles a ciertas horas de la noche, tal es lo crítico del caso que merece nuestra atención para protestar en nombre de la civilización de una reputada provincia argentina.
Ante las salvajadas cometidas en sangre fría por los esbirros policíacos, el jefe se goza con la barbarie de los actos y embargado aplaude la zaña de los verdugos del pueblo productor.
Los hogares se sienten aterrados y buscan el sosiego cerrando sus puertas para hacer inaccesible a la banda de asesinos con kepi y con poncho que recorre nuestras calles sembrando espanto en el espíritu de los dueños de negocios abiertos para dar guarida al que sea perseguido.[113]

Amén de la alusión a la figura madre de la *barbarie* (el gaucho malo que gobierna, como a una tribu bárbara, una sociedad "digna de un tratamiento mínimamente civilizado"), resaltan nuevamente la desmesura y la perversión como condiciones inherentes. El jefe "goza" con las "salvajadas" y "embargado "aplaude la zaña de los verdugos del pueblo productor". Aquí, la amenaza es tanto el terror ("los hogares se sienten aterrados") como la humillación en términos culturales ("las amenazas de encarcelar, de hacer sebar mate a la gente independiente") y se enuncia como

---

[113] *El independiente*, 20 de marzo de 1892.

una diferencia completa, *otra* (lo cual, en algunos casos, era acentuado marcando que los agresores eran "correntinos", "cordobeses", "argentinos".[114]

El paso del siglo XIX al XX encontró las visiones sobre los inmigrantes en un punto de inflexión; su estatus de ciudadano-modelo del progreso comenzó a cuestionarse (Scarzanella, 2009; Micheletti, 2007 y 2010; Cibotti, 2000). En la provincia de Santa Fe, la tensión entre la afinidad cultural con lo europeo y el rechazo a la organización política de los extranjeros hizo eclosión hacia finales de siglo. No solo el apoyo dado en numerosas colonias a los levantamientos radicales, sino también los nuevos problemas ligados al crecimiento de los centros urbanos y la presencia de una clase empresarial opositora que se fortalecía políticamente en el sur provincial, hicieron que el posicionamiento de la elite tradicional ante los inmigrantes fuese complejo (Gallo, 2007; Bonaudo, 2006).

Dicha premisa se tradujo también a las valoraciones sobre las conductas públicas. En un ejemplo de numerosas notas que se refieren a las costumbres en la ciudad capital, *Nueva Época*, diario oficialista santafesino, amonestaba a la "florida juventud" que imitaba "las costumbres y hasta los vicios del gaucho incivil":

> (…) no es raro ver a modelos de la sociedad más distinguida usar sombrerito cantor quebrado sobre los ojos, dejarse melenita más o menos exagerada, abandonar la corbata por el pañuelito de seda al cuello, usar bota para andar por el adoquinado, (…) y contonear el cuerpo sobre las caderas como si bailaran con corte y quebrada en cualquier piringundín al son de un organillo de napolitano.

---

[114] *Unión Provincial*, 13 de febrero de 1894.

De eso proviene lo "otro", y lo otro es el compadraje, que induce a hablar empleando la tonadita, el dejo y los dicharachos de los guasos, que impulsa a cometer todo género de inconveniencias poco cultas para sentar fama de guapos, de vivos, de diablos.[115]

Los usos y costumbres siguieron siendo el faro de la civilización. Sin embargo, en dicha coyuntura, esta dejó de ser propiedad exclusiva del gobierno y de la elite tradicional y fue el reclamado por inmigrantes (pero también por opositores autóctonos) precisamente para distinguirse de los primeros, a quienes se acusó de cobijar bárbaros por rédito electoral. Por supuesto, la tensión principal que concitó este tipo de expresiones estuvo situada en el mundo político y apuntó a la impugnación del sistema como tal (Alonso, 2012). No obstante, se trata de un nuevo ejemplo de cómo las pugnas más urticantes del período se dieron en una magnitud importante en la arena cultural y simbólica más amplia de lo identitario-civilizatorio.

En el siguiente fragmento, se distingue de forma clara entre una autoridad tradicional (el juez de paz) y una "participativa" (la comisión de fomento), con base en la inmoralidad, pero también en la ignorancia, del primero:

Y pensar Sr, Director, que gentes de costumbres tan morigeradas [que "van de la casa al trabajo"] tienen autoridades tan malas! (…) Podríamos disculparle [al juez Guastavino] ese afán insaciable de mando, si el juez fuera medianamente instruido. Pero ni eso tiene de bueno! Incompetente para desempeñar el cargo que ocupa, todo lo que produce es obra del desconocimiento más completo de las cosas. [Por el contrario] la "(…) virtuosa Comisión de Fomento (…) bien pronto convertirá en hermosa plaza lo que antes era un rodeo de animales [y] los caminos vecinales se transformarán en agradables senderos por donde el caminante y el vehículo podrán transitar *a piacere*.[116]

---

[115] *Nueva Época*, 17 de febrero de 1900.
[116] *Unión provincial*, 7 de octubre de 1896.

Ha sido señalada, a propósito de la cuestión del delito, la construcción del inmigrante-víctima y del inmigrante-delincuente y cómo esas figuras pueden asociarse más o menos claramente al oficialismo y a la oposición (Micheletti, 2007), sobre todo radical. Sin embargo, lo que las fuentes relevadas arrojan en nuestro caso es (si bien los prejuicios y señalamientos étnicos y de nacionalidad están presentes) una disputa en la cual la línea divisoria es el grado de civilización que cada actor puede reclamar para sí y la falta de ella (en gran medida corporizado en el vicio) que puede demostrar del otro. Mientras, en la prensa no ligada al radicalismo, se encuentran las críticas al desempeño de determinados individuos. Sin embargo, esto es usado para enaltecer a la institución policial como tal, planteando que los "malos empleados" impedían que la Policía ocupase el lugar de prestigio que le correspondía:

> Policiales/ Fue destituido el empleado Granel de la Comisaría 6ta, por faltas cometidas en estado de ebriedad. Muy bien hecho, así debería hacerse con todos los que procedieran mal, si se quiere levantar la institución policial á la altura en la que debe encontrarse, hoy desprestigiada á causa de algunos malos empleados.[117]

En efecto, la unión entre la cuestión del orden y la contienda política se hizo explícita y fueron numerosas las acusaciones cruzadas de utilizar este tema para el provecho propio.[118] Esto reafirmó el lugar que el tópico de la cuestión del orden tuvo en cómo se dirimieron discusiones públicas que la excedieron a la vez que, como dijimos, contribuyó a la consolidación de una determinada idea de orden; es decir que se consolidó como un *lenguaje común*.

---

[117] *El Censor*, 21 de octubre de 1897.
[118] La Revolución, 29 de diciembre de 1888.

La prensa es un ejemplo de ello en tanto, a través del tratamiento de temas como este, se afirmaba como un actor autónomo en la configuración social santafesina, al reforzar la imagen de que no era solo una vocera del actor político:

> Un buen jefe político es mucho pero no es el todo. Cuando se tiene que lidiar con numerosas secciones y comisarías, con cuerpos de vigilantes y batallones de guardias cárceles, con ejército de empleado y con policías de pesquisa, se requiere un tacto especial y un acierto indiscutible para que el mecanismo de la repartición responda á los deseos del jefe superior y á los del pueblo.
> La misión de la policía es grande y delicada. Le corresponde guardar el orden y ser garantía de la vida e intereses del ciudadano. Si en vez de esto es instrumento político, su acción queda desvirtuada. No lo será en el futuro, porque quien dirigirá los destinos de Santa Fe no viene a hacer política sino administración. Es lógico, entonces, confiar en que la repartición del Rosario que en los últimos tiempos se perfeccionó y ganó mucho, ganará más aún, siendo lo que ha de ser –el guardián del pueblo en que funciona (…)–.[119]

Los editores de este diario rosarino no defendieron ciegamente a la Policía ni al oficialismo. Por el contrario, se ocuparon de escindir las esferas política e institucional. Ubicados en un rol de contralores de la institucionalidad, esgrimieron una cierta ecuanimidad ("cuando se tiene que lidiar con…"); demarcaron cuál era el deber de la Policía ("guardar el orden y ser garantía de la vida y los intereses de los ciudadanos") y advirtieron sobre el peligro de que la institución se desvirtuase ("si en vez de esto es un instrumento político, su acción queda desvirtuada"). Aun más, aventuraron un vaticinio optimista ("es lógico confiar…"), siempre y cuando la Policía siguiese "siendo lo que ha de ser –el guardián del pueblo–".

---

[119] *El Día*, s/f.

La adecuación del tratamiento de la cuestión del orden público a los fines sociales, los intereses, adscripciones políticas de quienes lo enunciaban, se verá muy claramente en los siguientes dos casos. Se trata de dos publicaciones de la ciudad de Santa Fe a las que una cierta continuidad de los ejemplares conservados nos ha permitido analizar, con mayor profundidad, la manera en que organizaron, a su interior, las representaciones sobre la cuestión del orden.

4.

En un contexto de expansión de atribuciones estatales y de mayor movilidad social, en el cual el lugar y la identidad de los sujetos, así como los términos en los que estos se dirimían, no eran estables, la prensa fue clave en la difusión de imágenes que operaron como marco de los comportamientos sociales (Gayol, 2010: 80).

Dentro de este proceso, existieron dos publicaciones, que han llegado hasta nosotros, en las que pueden reconocerse matices en la construcción de las representaciones de la elite sobre la cuestión del orden. Se trata de *El Santafesino* y *La Revolución*, pertenecientes a fines de la década de 1870 y de 1880, respectivamente. Tanto por las coyunturas en las que fueron publicados (el último pico de violencia armada y el comienzo del ímpetu modernizador urbano) como por sus objetivos manifiestos, estos periódicos brindan la posibilidad de hacer visibles las formas en que la cuestión del orden fue tanto un tema debatido en sí mismo, como un recurso simbólico utilizado en otras discusiones. Por eso, el análisis realizado se construyó no solo con base en un relevo general de los temas, imágenes y posicionamientos que más presencia tuvieron en uno y otro, sino también en las construcciones discursivas presentes en noticias puntuales, representativas de esa constelación general de temas tratados.

El Santafesino[120] circuló en la ciudad de Santa Fe desde mediados de la década de 1870 (Damianovich, 2003). La finalidad que motivó su aparición y posibilitó su sostenimiento fue ser la palestra publicitaria para la candidatura a gobernador de Simón de Iriondo. Perteneció a la denominada *prensa de círculo* o notabiliar (Alonso, 2002; Mauro, 2006; Garabedian, Szir y Lida, 2009).

Este periódico no solo apareció en los años en que el iriondismo se consolidó (poniendo, con esto, en un primer plano la cuestión de los cuerpos militarizados) sino que específicamente fue publicado durante los años de mayor conflicto en torno al uso político de la violencia (1876 a 1878) y muchas de las intervenciones presentes en el periódico se orientan a este tema.

No extraña, entonces, que la *cuestión del orden* se recorte fundamentalmente sobre noticias referidas a la Policía, a los cuerpos militarizados, a los enfrentamientos armados y al delito en la campaña. En este conjunto de noticias, se pueden distinguir dos formas predominantes de presentar el problema. Por un lado, noticias de divulgación y opinión sobre sucesos relevantes, en las que se incluían valoraciones explícitas y vehementes de los sucesos tratados y que sugieren un grado importante de familiaridad de los lectores con dichos sucesos (pues no se hacían descripciones detalladas ni crónicas de los hechos):

---

[120] Su redactor era Manuel Yañez, contaba con un regente, Juan Bueno y era publicado en la Imprenta Oficial de la Provincia. Los editores establecieron con el Gobierno un acuerdo por el cual se comprometían a publicar boletines oficiales a cambio del usufructo de la imprenta. Cada edición constaba de 4 páginas, de las cuales la primera era dedicada a un editorial sobre las elecciones a gobernador que se acercaban, y una "sección oficial" en la que se publicaban documentos oficiales (notas, circulares, edictos etc.), la mayoría de los cuales pertenecía a ministerios nacionales, y eran publicados como noticias. *El Santafesino*, 9 de enero de 1877.

DÍCERES – Un diario porteño asegura que el juez federal de la sección de Entre Ríos accederá a la petición de las damas del Paraná en que pedían se le sacasen los grillos al prisionero del Alcaracito.
¿Cómo sabrán desde tan lejos los pensamientos de un juez, que todo puede hacer menos decir de antemano las providencias que piensa dictar?[121]
LA CAUSA – Que se sigue a los que hirieron al joven Iturraspe se ha tramitado con suma actividad. El sumario debe estar por concluirse a pesar del considerable número de testigos a examinar.[122]

Luego, existieron informes administrativos de agencias estatales (locales, provinciales y nacionales) reproducidos en su totalidad y respetando su formato original (cartas, informes, edictos). Dentro de ellos, se destacan los informes de la Jefatura de Policía del Departamento La Capital por su número y porque muchos de ellos están comentados por los editores.[123]

En todos los ejemplares consultados, aparecen noticias referidas al problema del orden, sea sobre conflictos o falencias en el orden administrativo,[124] referidas al orden legal (alusiones a delitos) y al orden moral (menciones de conductas escandalosas). De un relevamiento exhaustivo del periódico se desprende que el mayor número de referencias al problema del *orden* se concentra en los números 18, publicado previamente a la insurrección militar del año 1877 en Rosario, y 26, emitido en el transcurso de esta. A su vez, en ellos la cantidad más alta de referencias explícitas al *orden* se hizo con términos como "crimen/ criminalidad/crímenes" y "delito/ delincuentes".[125]

---

[121] *El Santafesino*, 20 de febrero de 1877.
[122] *El Santafesino*, 23 de febrero de 1877.
[123] *El Santafesino*, 20 de febrero de 1877.
[124] *El Santafesino*, 3 de marzo de 1878.
[125] La información que proviene de la Policía está señalada explícitamente. El título que designa estas noticias es precisamente "POLICIA", bajo el cual se publicaban edictos del jefe de Policía, así como de listas de entrada y salida de presos de la fecha.

Una noticia que ya comentamos (capítulo 1) posee muchas de las alusiones a la cuestión del orden que se repitieron en esta publicación.

El JEFE DE POLICIA
Nuestras esperanzas no han salido fallidas merced a la actividad e inteligencia que aquel funcionario está demostrando. Los ladrones han disminuido como por encanto y en concepto del Sr. Gobernador, que ha sido el jefe político más activo que ha tenido el Rosario, Dr. Mariano Echagüe, posee las cualidades necesarias para ser un buen Jefe de Policía, sus hechos lo están probando. El jugador, el vago o malentretenido, el borracho, el ladrón, tienen en el Sr. Echagüe un enemigo constante y el orden, la ley y la justicia un apóstol decidido, un defensor valeroso.[126]

Aquí, los editores expresaron cómo sus esperanzas de que disminuyera la delincuencia estaban depositadas en una persona, el jefe de Policía, y describieron este puesto directamente como un apostolado. A su vez, las figuras que encarnaban el desorden se identificaban con las transgresiones contra la moral y el decoro y contra la propiedad, y se presentan unidas unas a otras. Además, el vínculo que proponen entre el *orden* y expresiones como "apóstol", "defensor valeroso", "esperanzas" es directo, lo cual liga las características atribuidas al jefe de Policía (religiosas, de valentía, de perseverancia, hasta mágicas —"como por encanto"—) a las cualidades necesarias para defender el orden, que adquiere características de cruzada. La garantía del orden está dada por la persona del funcionario, no por la estructura administrativo-legal del Estado. Es decir que el orden, como valor, se adjudica a la persona del funcionario de Policía (lo cual genera una relación especular con los valores negativos personificados en "ladrones y asesinos").

---

[126] *El Santafesino*, 18 de marzo de 1877.

En esta noticia aparece la connotación que será dominante respecto del orden en *El Santafesino*. Además, como en otras notas, los redactores se refieren a la "conservación" y "defensa" del orden, con lo cual se vuelve una definición mayormente *de reacción*: el orden debe ser mantenido, defendido, conservado. Ello diferenciará a *El Santafesino* de otros periódicos más abiertamente comprometidos con el progreso de la ciudad en los que la cuestión del orden aparecerá como un imperativo, como un horizonte, algo que debía ser alcanzado.

Por otra parte, dice que el orden pertenece al campo de la administración estatal, más específicamente, al control del territorio que las fuerzas del orden debían tener. Una y otra vez, se asoció la tranquilidad y la civilización con el control del espacio provincial, que la Policía, a través de sus funcionarios, debía garantizar especialmente en la campaña.

Los protagonistas de estas noticias son comisarios, delegados directos, jueces de paz o el mismo jefe de Policía.[127] Se otorgó al cumplimiento de órdenes, en especial al interior de la cadena de mando policial un valor muy alto. Se describieron las prácticas de las autoridades[128] con la solemnidad de los gestos marciales, y a los transgresores con rasgos caricaturescos.[129] Acorde a ello, el mayor factor de orden fue la vigilancia policial. En este sentido, se asoció, primordialmente, la idea de orden social al crecimiento y consolidación del Estado, es decir del orden estatal, y fue planteado en términos de jerarquía, pues sería conservado mediante el respeto de relaciones verticales.[130]

Finalmente, en las páginas de *El Santafesino* existieron sectores que, por definición, se hallaron fuera del orden, a los que se representó "esencializando" una condición

---

[127] *El Santafesino*, 2 de agosto de 1878.
[128] *El Santafesino*, 9 de enero de 1877.
[129] *El Santafesino*, 12 de mayo de 1877.
[130] *El Santafesino*, Santa Fe, 13 de marzo de 1877.

que los definió (vago, salvaje),[131] se tratara de delincuentes comunes o de insurrectos políticos.[132] Sin embargo, si consideramos el periódico como un corpus, estos sujetos fueron nombrados muy pocas veces (en contraste con el acento que se puso sobre la figuras de las autoridades). Al leer publicaciones como *La Revolución*, esta "ausencia" se hace más notoria. A la luz de una comparación tan arbitraria se reconoce, no obstante, un panorama de orden social en el que las clases populares aparecieron muy poco, del que no formaron parte.

Sin dejar de ser una publicación proveniente de los sectores acomodados, *La Revolución* daría cuenta de una diversidad en las actividades y composición social, que contrastó con *El Santafesino* y que, en parte, aparece en la mención reiterada que este diario hizo de los sujetos que catalogó como perjudiciales al ordenamiento de la ciudad.

En *La Revolución*, la idea de que el orden debía ser *conservado*, que es la que primó en la mirada de *El Santafesino*, se funde con la de que el orden debía ser *impuesto* (para conseguir el Progreso). Publicado desde 1886 y editado por Floriano Zapata,[133] reunió aun algunas características de la prensa facciosa (Alonso, 2002: 20), como tiradas que no eran masivas, venta por suscripción, preeminencia del tratamiento de lo político en sus páginas (mostrando abiertamente preferencias y enemistades), aunque la creciente presencia de la publicidad, que apuntaba a un público más amplio, marcó una diferencia. En *La Revolución*, el discurso "circular y cerrado de una prensa entre pares" (Mauro,

---

[131] *El Santafesino*, 14 de mayo de 1877.
[132] *El Santafesino*, 12 de mayo de 1877.
[133] Floriano Zapata fue un periodista destacado. Nacido en Paraná en 1840, estuvo a cargo de la redacción de documentos clave para el Estado santafesino, como la compilación a fines de siglo del Registro Oficial de la Provincia desde 1869. Además, publicó en 1899 "La Ciudad de Santa Fe. Sinopsis para la obra del Censo Nacional". Sus vínculos con el gobierno provincial fueron estrechos, al punto de que, simbólicamente, la primera edición de *La Revolución* tuvo lugar el primer día de mandato de José Gálvez como gobernador en 1886 (Montenegro de Arévalo, 2005: 3).

2006: 38) comenzó a reformularse en un aspecto clave. Aunque no escondió sus simpatías políticas, este periódico estableció distancia con respecto a su evaluación del gobierno municipal en cuestiones como la vigilancia de los barrios, los comportamientos indecorosos en las calles, el alumbrado público, el funcionamiento del transporte público, la presencia de mendigos y niños revoltosos, entre otras.

El orden como condición necesaria del progreso pero, más aun, la necesidad del progreso para mantener el orden, fue una combinación que estuvo presente incluso en el apartado satírico y literario (sin firma) "Gotas de tinta", que generalmente ocupaba un lugar en la primera plana del periódico:

> Después de haber vivido en una perpetua noche, ahora se disputan los empresarios el medio de *alumbrarnos*.
> Uno quiere iluminarnos, *a gas*.
> Otro, a *luz eléctrica*.
> Otro, por una estraña combinación de ojos de gato que producirán una luz que irá del rosa al verde, de una potencia igual a un millón de bujías.
> Como se ve, los empresarios se han domesticado hasta ser más galantes que los japoneses del Circo Humberto y lo único que quieren es servirnos.
> Se nos asegura que, desesperado, un empresario criollo de que le hayan ganado de mano los de afuera, piensa proponer la iluminación gratis de la Ciudad por medio de un sol de su invención.
> De esta vez no quedará lechuza en los campanarios, pues tendremos más sol de noche que de día.
> Desgraciadamente, todas esas buenas intenciones peligran esterilizarse, porque ayer una compañía de rateros nocturnos ha enviado a la Policía una solicitud contra tanta iluminación, alegando que se perjudicaría su industria por lo que ellos se acojen a las garantías acordadas por la constitución.
> pero hay más, señora nuestra, en favor de nuestro legítimo pedido. Cambiada la noche en día, haciéndose imposible los escalamientos, horadamientos y demás artes nocturnas ¿para qué serviría la Policía? ¿para perseguir *punguistas* y *tomadores*?

Todo el mundo sabe que con aquellos, la Policía es impotente, si bien es cierto que no lo es mucho menos con nosotros; pero al fin y al cabo, nosotros, damos razón de ser a la existencia de la Policía, perfectamente organizada para que no le podamos robar a sus agentes por la deficientísima organización que tenemos hoy por hoy.
Puesto que esos caballeros se atienen a la constitución, lo más probable es que nos quedemos como antes, con faroles y sin luz o con [ilegible] los unos con los otros.[134]

Con sarcasmo, pero también con hastío, el autor se refiere a una "industria" de los robos que subsistía y se fortalecía (tanto que se hallaba "amparada por la constitución") por dos condiciones combinadas: la ineficacia policial ("¿para qué serviría la Policía? ¿Para perseguir *punguistas* y *tomadores*? Todo el mundo sabe que con aquellos, la Policía es impotente"; "Policía, perfectamente organizada para que no le podamos robar a sus agentes") y por la falta del progreso tecnológico (de la iluminación "a gas"; "eléctrica"; "con un sol de su invención").

En líneas generales, los reclamos se enunciaban en nombre de los vecinos y se referían a lugares precisos de la ciudad. Las denuncias incluían una valoración de cada lugar, de sus vecinos, de sus costumbres y de su papel en la vida de la ciudad. En algunos casos, el rol de juez de la prensa se hacía más explícito. Cuando se trataba de una persona conocida, los redactores enfatizaban el tono admonitorio de la noticia, dirigiéndose directamente al infractor:

No mentimos
Siempre fuimos moderados en nuestras apreciaciones y calificativos cuidando de no herir la susceptibilidad de las personas que figuran en la sociedad. Esta norma de conducta nos ha traido el aprecio de la generalidad de Santa Fe, pero ella no alcanza para los que merecen algún correctivo.

---

[134] *La Revolución*, 2 de septiembre de 1886.

> En este caso se encontraba el propietario de la casa en donde el capitán Segovia dio el *buen golpe* que noticiamos y que un Sr. Paso trata de desmentir. No mentimos á sabiendas. En su casa se jugó, se les tomó in fraganti y se les quitaron las paradas, a pesar de las promesas de uno de los jugadores que les había dicho que podrían jugar hasta el amanecer bajo su responsabilidad.
> Vea, pues, señor Paso, si hemos mentido al calificar de *bueno* el golpe que el capitán Segovia le diera.
> Si el calificativo ha sido duro Sr. Paso, se servirá disculparnos para dar lugar á la justicia.[135]

Otras estrategias que fortalecieron una *voz propia* de los redactores fueron la reiteración de noticias consideradas importantes para el orden, que culminaban con advertencias en tono admonitorio a la Policía y al Ejecutivo municipal.[136] Por ello, en la lectura del periódico, tanto la iteración de noticias como el emplazamiento preciso de los hechos y la operación de erigirse en intermediario entre los vecinos y el gobierno dieron a *La Revolución* su tono distintivo. La siguiente es una notica donde puede apreciarse ello con claridad:

> Disparada, muerte y ruptura.
> Antenoche los vecinos de la calle San Gerónimo que se encontraban tomando el fresco en las veredas de sus casas sintieron la aproximación de un carruaje que a todo escape venía del Norte. Llevaba una furia desencadenada sin que el auriga quisiera detener a las bestias. La disparada que causó fue general. En la casa de León Aguirre que se encontraban también en la vereda, apenas pudieron salvar el bulto destrozándoles el carruaje las sillas y matándoles un perro. El carruaje siguió para el sud su vertiginosa carrera, arrastrándolo todo a su paso. No se conoció al cochero ni al carruaje, tan rápida era su carrera.[137]

---

[135] *La Revolución*, 26 de abril de 1888.
[136] *La Revolución*, 10 de julio de 1888.
[137] *La Revolución*, 29 de diciembre de 1888.

Al reconocer a un interlocutor legítimo distinto a la elite (los habitantes de la ciudad, los vecinos, el pueblo), *La Revolución* no solo amplió su arco de temas tratados sino que se postuló como defensor de ese *pueblo*, de los *vecinos decentes* y sus intereses. En él también, los códigos de conducta fueron puestos en el ojo de la tormenta de la discusión sobre el orden, pero a diferencia de los casos anteriores, se ocupó de los comportamientos moralmente adecuados en los espacios públicos de la ciudad y los postuló como una condición necesaria para su progreso y expansión.

Basados en concepciones de justicia, de orden, criterios morales y códigos de conducta (Gayol, 2010: 81) e íntimamente vinculados al motivo social del periódico, el *otro* que se presenta en *La Revolución* es diferente al policía criollo violento de los periódicos radicales y de las colonias y al criminal doliente que se construyó en el discurso asociativo de las Damas de la Caridad. En el caso de *La Revolución*, estos otros eran quienes interrumpían o ponían en riesgo el desarrollo urbano, asociado en la publicación al decoro en los espacios públicos, como "los mendigos", "los muchachos" y "jugadores", "ebrios" y ciertas "damiselas:"

> Que se repriman
> Cotidianamente se suceden grandes escándalos en una casa de calle Rioja entre 9 de Julio y 1 de mayo ocupada por algunas damiselas. La gente honesta no puede asomarse a las puertas so pena de verse comprometida en tan poco morales espectáculos.
> Y es el caso de hacer notar que varios barrios de la ciudad están invadidos por esta gente, so pretexto de hacer una vida retirada que no pueden hacer nunca acostumbradas al bullicio y la crápula a que el destino arroja a estas infelices.
> Pedimos, pues, un poco de atención la policía urbana, para que ocupe esta gente el barrio que la ley les señala. La moral así lo exige.[138]

---

[138] *La Revolución*, 29 de diciembre de 1888.

Similar atención recibió una "mujer demente" cuyos gritos eran un "espectáculo lastimosísimo".[139] En sucesivas notas, los redactores informaron esto a la Policía, pidieron su intervención y, luego de repetidos reclamos, redirigieron la demanda al Municipio. Se preguntaron si no estaba "prohibido a los habitantes de Santa Fe hacer en público todo aquello que ofende á la moral pública" y, tras responder afirmativamente, volvieron sobre su denuncia señalando a los responsables y dando datos más concretos sobre la ubicación de esta mujer: "¿Cómo permite la Municipalidad que haga cosas de ese jaez una demente que vive en la calle 9 de Julio, entre Paraná y Uruguay?".[140]

Se destaca la importancia que se les dio a los desórdenes asociados al escándalo. No solo calificaron estos gritos como una contrariedad seria para la vida de los vecinos sino que la atención que recibió este caso fue superior a, por ejemplo, un episodio confuso sucedido que resultó en el asesinato de un recluso.[141] De la mano de mendigos y dementes, los *peligrosos* descriptos con mayor asiduidad fueron "niños gritones" y "muchachos vagos"[142] que se reunían antes de su horario de entrada a la Escuela Normal. También, el "Locodeltodo, semi-loco o redomado pícaro" que esperaba frente a la Escuela de Niñas Graduadas para "*asustar* á estas con amenazas de abrazarlas"[143] y los "amigos del hueso", jugadores de taba, "pervertidos" que "dan la nota" en el oeste de la ciudad.

En un recorrido heterogéneo y necesariamente incompleto del universo de representaciones sobre el orden social, puede comprobarse la recurrencia de determinadas imá-

---

[139] *La Revolución*, 14 de abril de 1888.
[140] *La Revolución*, 19 de junio de 1888. Además, las notas sobre el tema eran coronadas con advertencias al intendente municipal: "Esperamos que el Señor Gollán no proceda con las denuncias de la prensa como su antecesor, quien tenía el capricho de no hacer nada de lo que ésta le indicase". *La Revolución*, 10 de julio de 1888.
[141] *La Revolución*, 19 de junio de 1888.
[142] *La Revolución*, 16 de junio de 1888.
[143] *La Revolución*, 29 de mayo de 1888.

genes, que aparecen en documentos, contextos y coyunturas distintas, adoptando particularidades determinadas. En función de quién las enuncie (de sus objetivos, de su posición social) del contexto y de sus interlocutores manifiestos, los tópicos de orden, violencia y moral se redistribuyen en los discursos. Incluso, dentro de ese mismo repertorio de imágenes, aparecen figuras "contradictorias", como los criminales dolientes de las Damas de la Caridad.

Sin embargo, en una lectura global, estas figuras, lejos de debilitar o contestar el sentido dominante sobre el orden, al dibujarse sobre un lienzo común de representaciones, lo afianzaron. No son las imágenes, diversas en su contenido y divergentes en sus objetivos, sino el lenguaje común en el que se enuncian, lo que arroja una fuerte impresión de estabilidad, de continuidad en el sustrato de lo que para los sectores dominantes, fue el orden a lo largo del período.

Se trata de un lenguaje en el que, hacia los años finales del siglo, veremos incorporarse términos como pauperismo, enfermedad, etilismo (Sedran, Carbonetti y Allevi, en prensa) pero que, en la mayoría de la diversidad de discursos sociales que hemos podido revisar (la prensa, las actas de una asociación benéfica, los partes y sumarios policiales, los mensajes de los gobernadores a las cámaras) siguió postulando la voluntad de los sujetos y la moral que guiaba esa voluntad como la causa de sus acciones y, por tanto, del desorden que eligieran hacer.

Resuelto, en las representaciones de la elite, por qué controlar (para que el orden trajera el progreso y la civilización floreciera), dos de las cuestiones más arduas por solucionar fueron las de *quiénes* lo harían y *dónde* debían concentrarse. En un pequeño pasaje escrito por Gabriel Carrasco, se cuela la definición de algunos nudos problemáticos que pueden resumirse en estas preguntas: ¿qué comportamientos eran propios de la ciudad? ¿Cuáles debían evitarse, controlarse, perseguirse?

En 1882, Gabriel Carrasco señalaba dentro de los cambios indispensables que la normativa Policía debía sufrir para ser eficiente, la necesidad de

> Determinar cuál es el ámbito de las ciudades (Rosario y Santa Fe) pues a menudo nos ha sucedido tener que estudiar y resolver qué se entiende por tal cosa, pues vecinos que galopaban por la plaza General López ó por el Ferro-Carril Central (Rosario) se quejaban de que se les multase cuando aquello es CAMPO, mientras que el gendarme aprehensor contestaba que creía que aquello estaba comprendido en el ÁMBITO DE LA CIUDAD.[144]

En esta cita, aparece la noción de que ciudad y campaña eran opuestos, no solo en la dimensión moral del orden (los comportamientos no civilizados y violentos), sino en su dimensión administrativa y operativa. Respecto del primero de esos aspectos, los potenciales transgresores, como se vio, eran sujetos de las clases populares; en lo concerniente al segundo, aunque más no sea por un malentendido jurisdiccional, hombres de todas las clases podían ser transgresores. Además, esa oposición fundante supuso que las expectativas sobre el control de las transgresiones fuesen mayores en la ciudad, tanto como porque allí residían la justicia y las autoridades, como porque así debía ser, pues las ciudades eran faros de civilización (Salessi, 1995; Romero, 2007; Kingman Garcés Garcés, 2009). De hecho, al iniciar la década de 1880, esta forma de presentar el problema del orden no solo seguía presente sino que era más firme.[145]

---

[144] Reglamento de Policía Urbana y Rural de la Provincia de Santa Fe. Comentado y anotado por Gabriel Carrasco. Rosario, Imprenta de Carrasco, Aduana 72. 1882, pág. 19.
[145] Refiriéndose a la Policía de Rosario, Simón de Iriondo afirmó que "No parece sino que la despoblación y el desierto fueran los que más dificultades ofrecen al establecimiento y práctica de instituciones indispensables para el mismo orden social. El departamento más populoso de la provincia (…) es el que más ha mejorado el réjimen policial y el que más satisfactorios resultados ofrece a sus pobladores". *Historia de las instituciones de la Provincia de Santa Fe*, tomo VI, Imprenta Oficial, 1972, p. 53.

Una segunda característica emerge de la cita de Carrasco. El discurso laudatorio que la elite construyó para sí misma, colocándose en el rol de arquitecta del nuevo orden social, supuso que sus infracciones a la ley no fueran atribuibles a su *voluntad* de transgredir, como en el caso de los sectores populares, sino a causas externas (en este caso, una normativa confusa).[146] Este esquema, en el que los sujetos populares transgredían por libre voluntad y los ciudadanos decentes lo hacían sin intención, organizó las manifestaciones sobre el orden público de la ciudad en todo el período (lo que se plasmó principalmente en la prensa).

Como en el resto de la Argentina decimonónica, estos interrogantes se subsumieron a la oposición ciudad-campaña[147] que organizó buena parte del discurso civilizatorio de las élites. En las fuentes, estos dos problemas aparecen mencionados tanto en relación con la dimensión moral de la modernidad, como con la dimensión proyectual de la modernización: debían controlarse esos lugares porque, de no hacerlo, impedirían el progreso (Kingman Garcés, 2009: 21).

Tanto en las fuentes policiales como en la prensa y en las crónicas, no solo se cimentó la metáfora "temporal" de que existieron, por esos años, *dos* Santa Fe, la atrasada y la del progreso, sino que esa metáfora se arraigó en el espacio y lugares como el puerto, las plazas, el barrio Sur y la zona comercial; así cristalizaron no solo una y otra

---

[146] En este sentido, que Carrasco haya elegido el ejemplo del galope para retratar el problema de los límites de la ciudad es curioso, dado que esta infracción se contó entre las primeras causas de multas entre los hombres decentes y, en la mayoría de los casos, en lugares céntricos de la ciudad y se trató de una de las infracciones que no fueron exclusivas de los sectores populares.

[147] José Luis Romero afirmó que "el criollismo pareció patrimonio de las sociedades rurales y fue esgrimido polémicamente contra las sociedades urbanas a las que se acusaba de cosmopolitas y extranjerizantes. Así nació una querella entre campo y ciudad destinada a durar largo tiempo y que parecía expresar una contradicción insalvable (Romero, 2007: 127)".

ciudad sino que concentraron, de forma diferenciada, las prácticas de control del Estado. En 1869, se decía en un periódico local que

> Es lamentable tener que llamar la atención de los poderes públicos a cada momento sobre las maldades que se están cometiendo entre nosotros. El otro día hablábamos sobre la campaña sorprendidos del poco caso que los malvados hacían de la autoridad cuando a cara descubierta invadían el hogar doméstico; pero vemos que en la ciudad sucede lo mismo creciendo de punto la desvergüenza y el pillaje. Adónde iremos a parar si así marchamos? (…)
> Qué extraño que en la campaña haga sus víctimas el puñal, si en la ciudad, rodeados de autoridades también ha podido hacer sus presas.
> Qué admiración que en los apartados distritos los malvados se cruzan impunemente, si en la ciudad misma no los auyenta el poder de la justicia que sigue sus pasos.[148]

En esta cita, que alude de forma general a "maldades" y "desvergüenza", los publicistas establecen, como también deja entrever el fragmento de Carrasco, que la ciudad debía ser controlada con especial énfasis, distinguiendo entre unos supuestos caracteres propios de los espacios rurales y urbanos. Esta es una de las ideas que subyace al proyecto modernizador de estos grupos de vecinos-notables, ya desde los años previos a la Organización Nacional, en el cual "el país fue imaginado como un cuerpo cuya civilización dependía de la promoción, la regulación y el control de flujos de gente y mercaderías" (Salessi, 2000: 56).

Culturalmente, asoció civilización con el decoro y la decencia, más que con la condición de letrado (Garcia y Bortolucci, 2009: 197), lo que hizo de las demostraciones de la simbología en los espacios compartidos una de las mal llamadas pervivencias del orden colonial, en tanto las huellas materiales de las relaciones sociales que "pervivieron"

---

[148] *El Pueblo*, 3 de marzo de 1869.

fueron resignificadas y recontextualizadas, para mejor servir los propósitos de esas nuevas sociedades (Garcia y Bortolucci, 2009: 197). En el siguiente episodio puede apreciarse cómo las representaciones revisadas actuaron en función de un problema concreto de la ciudad, de aristas económicas, políticas y sociales: la suerte del puerto local.

Hacia mediados de siglo, en lo que respecta al desarrollo de la vida diaria, Santa Fe compartía los problemas de la Confederación: dificultades en las comunicaciones y en el tránsito de mercaderías, escaso desarrollo de la agricultura y estancamiento de la industria artesanal. La vida económica local, que incluía la producción doméstica de muchos de los elementos de uso diario, se basaba en la exportación regional de carbón, madera, carretas y "frutos de todas clases" (Perez Martín, 1965: 78). La circulación de moneda era limitada, en parte por las necesidades acumuladas de la guerra y en parte por problemas administrativos, lo que también influiría sobre las arcas provinciales, siempre austeras. Cervera afirma que, para los años cincuenta, la provincia "solo tenía por entrada, a más de la mensualidad dada por Buenos Aires, pequeñas contribuciones de un territorio esquilmado y muerto" (Cervera, 2010: 122 y 123). Y esa misma austeridad teñía los signos de prestigio de un poder político, sito en la ciudad capital, que buscaba identificarse con el Estado.

El puerto fue un elemento indispensable en el crecimiento que el comercio vivió desde mediados del siglo y los efectos de esta reactivación económica se hicieron visibles en él y su zona aledaña. La actividad portuaria favoreció un limitado aunque palpable crecimiento económico que contrastaba con el estancamiento de los años recientes y la consecuente expansión de la ciudad. A los ojos de la población decente, estos cambios auguraban posibilidades reales de progreso tanto como riesgos muy concretos, ya que con la reactivación del comercio llegaron hombres desconocidos, que generaban desconfianza. Era una población eminentemente masculina producto de la incipiente política colonizadora, la migración interprovincial y la reestructuración –todavía por estudiarse– de los sectores populares desde una perspectiva regional (Fernández, 2006 y 2009); fruto asimismo de su relación con las instituciones estatales, luego de décadas de movilización militar (Garavaglia, 1999; Fradkin, 2007; Fradkin y Di Meglio, 2013).

En 1856, un nutrido grupo de vecinos destacados envió al gobernador una carta en la que se pronunciaron en contra de algunos de los cambios que la vida portuaria y estos nuevos habitantes habían generado. A su juicio, estos problemas eran apremiantes y sus causas estaban a la vista de todos:

> el comercio y la población toda está trasladándose al "Puerto", lo que no dejará de traer graves inconvenientes. En la parte opuesta de la ciudad están los templos, todos los edificios públicos y los ramos todos de la administración, lo que hará que esa población nueva, compuesta de gente tan diferentes en todo sentido, solo pueda ser vigilada por las más subalternas haciéndose por otra parte muy dificultosa la práctica de sus deveres religiosos.[149]

En esta forma de plantear el problema, la economía y la (falta de) moral se unían y potenciaban. Los graves inconvenientes que se nombran eran económicos (porque la vida de la zona Sur de la ciudad peligraba con este cambio en la localización del comercio) y morales (porque ni el control de las autoridades ni la influencia moralizante de la religión llegaban a esa zona). Según expusieron, *el comercio se había alejado de la moral, de los templos y del gobierno*, y ese énfasis pone de manifiesto la relación de las representaciones sobre la moral con intereses de índole práctica. Que los promotores más entusiastas de la carta hayan sido el jefe de Policía, Dermidio Luna, y "los curas de los conventos" (Busaniche, 1992: 34) se conecta directamente con

---

[149] Archivo de gobierno, "Notas Varias", [no se consigna el día] enero de 1856, folio 1523.

proyectos que, aunque dilatados en su concreción, comenzaron a gestarse por esos años: la instalación de una nueva sección de Policía[150] y de la "iglesia del puerto".

La imbricación entre falta de control de la moral de la gente subalterna y decadencia económica fue algo que los 146 otros hombres firmantes de la carta enfatizaron (y que el jefe de Policía Dermidio Luna haya sido uno de sus principales promotores habla también de hasta qué punto el vector moral guió las indicaciones que las autoridades policiales dieron para las prácticas de control). En una población que dos años después ascendería a 6102 habitantes, este número de "ciudadanos que suscriben el comercio y vecinos de la ciudad"[151] entre los que se contaron integrantes de las familias Echagüe (que incluyó la firma de uno de los futuros jefes de Policía, Manuel), Larrechea, Pujato, y otras de igual renombre, resultó un pedido de peso.

Ellos pensaron el puerto en el marco del crecimiento de la ciudad, que por su disposición física inevitablemente iba en dirección norte (donde este estaba emplazado) y oeste.[152] Pero, fundamentalmente, expresaron el desarrollo de la ciudad en un marco más amplio. De hecho, en todo momento, plantearon que ellos proponían "la adopción de una medida verdaderamente útil y que las actuales circunstancias del país reclaman imperiosamente" y que por lo tanto reportaría "ventajas inmensas (…) para el país".[153]

---

[150] *La Revolución*, 14 de abril de 1888.
[151] Archivo de Gobierno, "Notas Varias", [no se consigna el día] enero de 1856, folio 1522.
[152] La ciudad de Santa Fe presenta desde sus orígenes una forma de "embudo", delimitada por los ríos Salado y Paraná, riacho Santa Fe que se ensancha hacia el norte, hacia donde debió dirigirse indefectiblemente su crecimiento. En 1858, la ciudad tenía una extensión de unas manzanas, y de sur a norte, la superficie que formaba parte de la grilla tenía una extensión de dieciséis manzanas.
[153] Las representaciones que la carta contiene sobre el llamado *problema del puerto* se insertaron en esta coyuntura específica y, en ella, el gobernador encarnó la potencial acción de las instituciones estatales, que en los años de la Confederación fueron "tanto [como] un principio que sirvió de eje a una nueva configuración de la legitimidad política como un mecanismo de

Así, el pedido resultó una acción concreta respecto del orden en la ciudad, mediante la cual los vecinos intentaron negociar unas específicas relaciones de dominación (en este caso, de unos intereses que se plantean como *locales* y tácitamente opuestos a las políticas impositivas, comerciales y administrativas del gobierno nacional que daba a Santa Fe más un lugar de pivote estratégico militar que económico).[154] Esto, en un contexto en el que el puerto renovaba su valor estratégico, consolidándose como el paso obligado entre la capital de la Confederación y el interior, lo que se reflejó en las medidas adoptadas por el gobierno, algunas de las que antepusieron esta consideración a la imperiosa necesidad recaudatoria.

En 1854 el Poder Ejecutivo suspendió por decreto el cobro de impuestos a los barcos que llegaran a o zarparan de los puertos de la Confederación "interín no se provean las mejoras necesarias en ellos" y para "compensar las incomodidades que ofrecen nuestros puertos y perjuicios que provocan a las embarcaciones su falta de comodidad".[155] Decisiones como esta no fueron bien recibidas en Santa Fe, ya que esos ingresos eran una de las principales fuentes para las arcas provinciales. No obstante, después de Caseros "el Paraná comenzó a ser la verdadera vía de acercamiento de

---

gobierno (Lanteri, 2011: 118)". En tal sentido, como práctica discursiva, la carta es tanto un reclamo de intervención hecho al gobernador, como un reconocimiento de un "acuerdo inmediato entre las estructuras incorporadas, convertidas en algo inconsciente... y las estructuras objetivas" (Garavaglia, 2003: 138).

[154] Los años de la Confederación supusieron, tras décadas de devastación material e inestabilidad política, una situación compleja para las familias de la elite (divididas en "cuyistas o liberales y lopistas o federales"). Aunque existieron levantamientos contra los sucesivos gobernadores en 1852, 1856 y 1857 y 1860, la dirigencia santafesina se replegó en última instancia a las políticas urquicistas que plantearon un desarrollo cuya punta de lanza económica no fue la capital sino el sur provincial.

[155] Archivo de Gobierno, "Notas de los ministerios y demás reparticiones nacionales", 1 de enero de 1854.

los pueblos";[156] puede reconocerse un repunte económico, así como la organización de formas de sociabilidad alrededor de la zona portuaria.

Más allá de las implicaciones económicas del problema, el puerto también era parte de un circuito de actividades cotidianas de los sectores más acomodados.[157] Se entiende entonces que las transformaciones sufridas por el puerto irritaran la sensibilidad de estos vecinos en aspectos que excedían lo económico pero, también, pone de relieve la carga estratégica de este documento, en el que las imágenes elegidas no son azarosas y deja en claro que la carta fue pensada como una acción política sobre el espacio de la ciudad. A este último respecto, es interesante contrastar la asiduidad con que parecen haber concurrido los vecinos a pasear por el puerto (se trataba de un lugar habitado, frecuentado), con la distancia espacial que el discurso de la carta propone entre el sur y el norte de la ciudad, en pasajes como el siguiente: "La gran concurrencia de buques que diariamente entran a nuestro puerto (…) ha venido a fijar el centro comercial en uno de los extremos de esta capital, llevando así toda esa actividad mercantil que obra prodigiosa en el camino del progreso".[158]

---

[156] Futuros trabajos deberán ahondar en la relación, más amplia, de los habitantes de la capital, no solo con el puerto sino con el río en sí. Las vivencias y representaciones que emanan de ello aúnan la escasez de recursos con el río como fuente de prosperidad a la vez que como amenaza. El 23 de junio, la Cámara de Representantes, en nota al gobernador Crespo, elogia "la grande y útil obra que S. E. quiere emprender para salvar la población de la ruina que las frecuentes crecientes del río le amenaza" a la vez que rechaza la propuesta "en consideración de los fondos que debe designar para hacer[le] frente". Archivo de Gobierno, "Notas de la Honorable Junta de Representantes", 23 de junio de 1854.

[157] En él, "damas con miriñaque pasean por las tarde en la Alameda, frente al Puerto; de vuelta recorren las tiendas y platican largamente con sus propietarios, que son vecinos distinguidos y respetables de la ciudad" (Busaniche, 1992: 8).

[158] Archivo de Gobierno, "Notas de los ministerios y demás reparticiones nacionales", 13 de marzo de 1854.

La dimensión espacial fue una parte crucial en esta disputa. Las imágenes utilizadas son las de una actividad económica que se *mueve* en el espacio ("llevando así toda la actividad...") y en la que el centro queda desplazado ("ha venido a fijar el centro (...) en uno de los extremos..."). En relación con ello, la carta formó parte de un cuerpo de peticiones y reclamos, que se repitieron en esos años, dirigidos a un Poder Ejecutivo que era, a nivel nacional, "la sumatoria de funciones públicas, en un contexto político en el que no existió una separación entre los poderes ejecutivo, judicial, legislativo, económico y militar, sino que los dirigentes abarcaron estas distintas instancias" (Lanteri, 2011: 121).

La solución propuesta por los vecinos fue mover el puerto al extremo sur de la ciudad,[159] es decir, *lejos* de donde estaba localizado, hacia un lugar de esparcimiento tradicional, conocido y frecuentado por las familias de renombre (Cervera, 2010: 86). Esta zona se trataba de un punto conflictivo entre el gobierno y algunos actores influyentes de la vida local, ya que el gobierno se había negado sistemáticamente a habilitarlo como puerto desde tiempos coloniales.[160] Si se suma a ello el auspicio que este dio al aumento del comercio en la zona del puerto, norte de la ciudad, donde se alojaba la población inmoral según los firmantes de la carta, puede percibirse cómo la cuestión moral, en este caso en relación con la organización de un lugar clave para

---

[159] La bajada de Núñez estaba situada en el punto más austral de la ciudad, donde las canoas y lanchones –procedentes de Rincón, Santa Rosa, Cayastá y Helvecia– bajaban las sandías, melones, naranjas, choclos, papas y batatas (Cervera, 2010: 175).

[160] Las primeras referencias a pedidos repetidos de establecer este sitio como punto de descarga de productos se hallan en las actas del cabildo santafesino. El 13 de enero de 1776, "Mediante memorial, el Procurador General Juan de Basaldúa promueve los siguientes puntos: [...] 3) prohibir que las embarcaciones atraquen en el puerto de la Bajada de Núñez y que lo hagan en su antiguo amarradero, que ha sido enfrente de esta plaza, al este. [...] por cuanto dicha bajada es desabrigada y puede causar perjuicios a los barcos y mercaderías. Solo se autorizará su uso en caso de creciente, ocasión en que 'se inunda el amarradero', y cuando haya en éste muchas embarcaciones". Actas del Cabildo de Santa Fe, Tomo XIV B.

la ciudad, se esgrimió como un argumento válido en sí, en discusiones cuyo clivaje tuvo más que ver con los enfrentamientos de una facción de la elite local con el gobierno urquicista (un fuego cruzado en el que el gobernador quedó, aunque no pasivamente, atrapado).

La voluntad del gobierno, contraria a la del grupo de vecinos, se plasmó en varios emprendimientos comerciales autorizados para la zona del puerto.[161] En 1856 mismo, dos empresarios, "súbditos sardos, en su calidad de abastecedores, que es el único oficio que ejercen", elevaron una solicitud para instalar un expendio de carne "a inmediación de este Puerto, a donde principalmente se hace sentir la falta en este ramo". Prometieron que sería de proporciones impresionantes y también justificaron su emprendimiento en el lenguaje de la moral y el progreso. En su nota al gobernador, al que reconocen como protector de "todo ramo de la industria y de la especulación en el comercio", expresaron que con el crecimiento de esta zona de la ciudad "se mejora la suerte de la sociedad y de los que vienen a ejercer aquí los ramos de comercio e industria" y que "dada la inmigración recientemente llegada a esta provincia, signo del progreso", se hacía más necesaria la "atención y vigilancia del buen gobierno".[162]

---

[161] Otros proyectos privados se orientaron a superar el estancamiento económico, como el del ciudadano inglés Ricardo Forster, que propuso costear la construcción de un puente, sobre el extremo suroeste de la ciudad, "un puente sobre el río salado que facilite la comunicación y llame al comercio de las provincias del interior a esta ciudad". Archivo de Gobierno, "Notas Varias", 1856, folio 1489. El puente se emplazaría recién en 1875, sobre lo que hoy es la ciudad de Santo Tomé, reconocida por decreto como pueblo, tres años antes, en 1872. Registro Oficial de la Provincia de Santa Fe, 12 de septiembre de 1872, Decreto del Gobernador Dr. Simón de Iriondo (Yoris, *et al.*, 2010).

[162] Archivo de Gobierno, "Notas Varias", (s/f) 1856, folio 1487.

En el contexto de estos intereses en lucha, la carta fue una estrategia de acción sobre la vida de la ciudad. Existe un pasaje en el que eso se hace explícito, que retoma la metáfora de las dos ciudades construida sobre la oposición, nuevamente, de la civilización y la barbarie:

> La capital encierra, por decirlo así, dos ciudades: la una, con sus lindas casas que a cada momento se edifican, está llena de vida y de actividad y en inmediato contacto con el exterior de la provincia; la otra con sus biejos y ruinosos edificios apenas cuenta con muy pocas casas de negocios, donde con dificultad apenas se encuentra lo más necesario para la vida: todo hay que buscarlo en lo que se llama el puerto. En la una, todo es progreso: en la otra todo decadencia.
> Estas diferencias establecerían indudablemente necesidades diferentes y diferentes costumbres entre los habitantes de un mismo pueblo lo que traería dificultades para la administración.[163]

Una, portadora de la tradición y los valores "decentes"; otra, en la que convivían la pujanza del progreso comercial con el peligro latente del desorden y la disolución de las costumbres.[164] La idea de que existían dos ciudades se consolidó con el correr de los años. Esas representaciones sobre Santa Fe están presentes en las crónicas más difundidas de finales de siglo. En 1883, Estanislao Zeballos escribía:

> Santa Fe colonial y Santa Fe moderna. La ciudad de los descendientes de los tenientes gobernadores, alcaldes y regidores y la ciudad de los tenderos, carboneros, marineros y calafates... la ciudad de los templos, del Cabildo, de las autoridades, jueces, fiscales "enredados y enredistas" y la ciudad del comercio, de los hoteles de los cambistas y la aduana (...) La ciudad de la aristocracia de raíz de conquistadores y colonizadores españoles, del buen tono, de la cultura, que habla en castellano con sabor antiguo, patriota como Estanislao

---

[163] Archivo de Gobierno, "Notas Varias", s/f 1865, folios 1522 y 1523.
[164] *El Santafesino*, 22 de mayo de 1877.

López, religiosa como Juan de Garay y la ciudad con aspecto de factoría norteamericana, fusión de todas las razas que habla mal todas las lenguas, liberal en sus costumbres, ajena al buen tono patriota a la moderna, comerciante como medio y progresista como resultado (...) dos ciudades soldadas en la línea del medio por una calle transversal.[165]

En esta misma línea la carta escrita en 1854 aborda la cuestión de la naturaleza moral de los problemas sociales y explicita nombrando a "esta población nueva", compuesta de "gente distinta en todo sentido". En relación con ello, sus firmantes señalaron que, precisamente por esa naturaleza distinta en sus comportamientos, esta gente debía ser vigilada constantemente. Además, ya puntualizaron lo que se transformaría en un problema endémico para el control del orden: la gente problemática "solo puede estar vigilada por las [clases] más subalternas". Es decir que el Estado no contaba con los recursos necesarios y debía volcarse a policías de dudosa moral para las tareas de vigilancia.[166]

En otros documentos, se responsabiliza directamente a la flamante corporación municipal y al gobierno provincial de las costumbres que se estaban instalando en la zona norte. En uno de ellos, un libelo suelto y anónimo, se denuncia la indulgencia con que eran tratados los prostíbulos instalados en las manzanas aledañas al puerto, quizás también, otra de las consecuencias de la aludida dificultad en "la práctica de sus deveres religiosos". En relación con ello y con los reclamos ya vertidos en la carta es que comenzaron las tratativas para la construcción de la Iglesia de Nuestra Señora del Carmen, llamada la "Iglesia del Puerto" (y dedicada a San Pedro Telmo, protector de los marinos). La

---

[165] Zeballos, Estanislao, *Descripción amena de la República Argentina*, Buenos Aires, 1887, pp. 130 y 131.
[166] Floriano Zapata. Museo Etnográfico. Caja Suelta. Folleto suelto, s/f, 1860.

iniciativa fue formalizada en 1864[167] y pensada para contrarrestar precisamente la influencia moral disoluta de estos sujetos, que se reunían en la casas de negocio y prostíbulos cercanos, pero también en la Plaza Libertad (hoy Plaza San Martín), que más de quince años después, siguió siendo lugar de concentración de jugadores y ebrios.[168]

Entre los años 1856 y 1870, hubo numerosas propuestas y pedidos, los más de ellos aprobados, de mejoramiento de las condiciones de los servicios urbanos, como el alumbrado a gas para la plaza principal,[169] pedido de apertura de calles;[170] entre otros. Sin embargo, un repaso por las medidas aprobadas sea por el gobierno provincial o la corporación municipal reconoce un hiato en los años de la Guerra de la Triple Alianza. En ese aspecto, la década que siguió se inauguró con un panorama más complejo, ya que al repunte de la vida económica de la ciudad se sumó el aumento de estas personas de costumbres disolutas y la presencia de un flujo de hombres licenciados o desertores, ligados estrechamente en las preocupaciones de las autoridades a los alzamientos armados de la oposición. Durante los años que precedieron a la emblemática fecha de 1880, la prosperidad del comercio fue de la mano con el aumento de la preocupación por el control.

---

[167] La Comisión, creada por decreto provincial en 1864, enfrentó serios problemas de financiamiento, además de las condiciones edilicias que debieron ser negociadas con el arzobispo de Paraná, renuente a las adaptaciones que la falta de recursos requirió. Archivo de Gobierno, tomo 25, año 1864, "Solicitudes varias", "Vecinos solicitan autorización para formar una comisión que recolecte fondos para construir un templo a inmediaciones del puerto". Folio 774; Archivo de gobierno, "Notas del ilustrísimo obispo del Paraná", 1866, folio 319. La finalización de la obra debió esperar a 1889.

[168] *El Santafesino*, 14 de mayo de 1877; *La Revolución*, 29 de diciembre de 1888.

[169] Francisco Malatta y Cia., presenta presupuesto para el alumbrado de gas en la plaza principal de Santa Fe. Archivo de Gobierno, "Expedientes varios", 1858, folio 1011.

[170] Vecinos de la zona de quintas, solicitan a la Corporación Municipal la apertura de calles entre las quintas de Ascochinga y Piquete. Archivo de Gobierno, 1869, folio 1274.

5.

En la década de 1870, un lugar que concitó serios conflictos en el control del orden fue la cárcel pública, sita en el viejo edificio de la Fortaleza de la Aduana. Durante esos años cobraron relevancia episodios de fuga y de ataque o sitio al edificio, en el contexto de los levantamientos opositores. Aunque las fugas no eran un fenómeno nuevo (ni aumentaron significativamente en estos años) suscitaron críticas muy severas respecto de la capacidad del gobierno de garantir el orden porque, en las razones que posibilitaron los escapes, estuvieron las malas condiciones edilicias y la falta de personal. Problemas como estos acabaron por transformar a la Aduana en un símbolo de una de esas *dos ciudades*: la del atraso.[171]

Este edificio situado en el corazón de la zona sur (que hizo las veces, desde tiempos coloniales, no solo de depósito de mercadería, sino de lugar de encierro y de polvorín), cuyas condiciones edilicias deficientes parecen haber sido una constante,[172] funcionaba como cárcel pública. De hecho, de las numerosas fugas[173] registradas la mayoría fue por escalamiento y "horadamiento" de las paredes del patio o de la letrina:

---

[171] Desde ya, la situación de la Fortaleza no fue excepcional. La deuda en inversiones en infraestructura y personal fue reconocida por el gobierno al finalizar el siglo, atribuyéndola a "la situación angustiosa porque pasó el tesoro de la Provincia durante esos años de conmociones políticas y de profundo abatimiento económico". Memoria presentada por el ministerio de Gobierno, Justicia y Culto de la provincia a las Honorables Cámaras Legislativas en 1892, Santa Fe, Tipografía de *La revolución*, 1892, p. 8.

[172] Archivo de Gobierno, "Notas del Jefe de Policía de esta Capital", 13 de noviembre de 1866. Sobre lugares disponibles para alojamiento de presos, solo en mayo de 1877 se construyeron "algunas piezas y corredores en el departamento Central de Policía de la Capital (…)". *Historia de las instituciones de la provincia de Santa Fe*, Tomo VI, "Municipalidades", Santa Fe, Imprenta Oficial.

[173] En el Departamento Central de Policía también se registraron, y los métodos de escape fueron similares. Archivo de Gobierno, "Notas del Jefe de Policía de esta Capital", 4 de junio de 1869.

(...) a la una de la mañana de este día, han fugado de la Cárcel pública los presos Anacleto Garcilazo, Máximo Garcilazo y Cistino Coronel, músico de la Banda de esta Capital. Del calabozo donde estaban los dos primeros han salido oradando la puerta con una barrena y saliendo afuera del patio por una escalación hecha en la letrina. Cuando se notó la fuga hacía una hora que el cabo de cuarto había pasado la requiza de costumbre al colocar el centinela. La rotura de la puerta es trabajo hecho por afuera. Y el poco tiempo después de la requiza que han tenido hace creer que ya la letrina estaba escalada por el músico Coronel que estaba en el patio. La evación de este corrobora la creencia de lo ante dicho, pues de otro modo no hubiese fugado hallándose preso tan solo por una falta del servicio de la Banda.[174]

(...) en la noche del día de ayer ha fugado de la Cárcel Pública el preso Antonio López, escalando el sótano (donde se encontraba) por debajo de la escalera –se ignora la herramienta con que ha practicado la escavación–.[175]

(...) en la madrugada de este día ha sido herido por el oficial de guardia de la Fortaleza el preso Martín Mendez, conocido por el hijo de los muros, en momentos que trataba de evadirse por el albañal de la letrina que da al corralón. La salida del calabozo la efectuó sin ser sentido por el centinela, por encontrarse solo en el último calabozo. (...)[176]

En el último caso, incluso el apodo del preso fugado, "hijo de los muros", da una noción sobre cuán frecuentes eran estas proezas. Además, se sumó otro flagelo:

---

[174] Se han tomado las medidas necesarias a fin de capturarlos (...) [el 26 de agosto siguiente, Cistino Coronel se presenta a la Jefatura de Policía. A Anacleto Garcilazo lo capturan –no aparece ese parte– y vuelve a escapar, esta vez de la Jefatura de Policía, el 10 de septiembre del mismo año]. Archivo de Gobierno, "Notas del Jefe de Policía de esta Capital", 17 de agosto de 1869.
[175] Archivo de Gobierno, "Notas del Jefe de Policía de esta Capital", 17 de octubre de 1868.
[176] Archivo de Gobierno, "Notas del Jefe de Policía de esta Capital", 9 de noviembre de 1872.

El Sargento Mayor Dn José Zavala, encargado de la Fortaleza de la Duana , ha dado parte a este Departamento de haberse encontrado en la noche del 23 de 10 a 11, de la noche, escalando las murallas del cuartel al soldado de guardia Florencio Marquez y que según este ha sido inducido por el preso decertor del ejército nacional Juan Gatica.[177]

La ayuda brindada por los hombres que formaban la guardia de la cárcel[178] (especialmente la nocturna)[179] no puede verse de manera aislada, sino dentro de un conjunto integrado por prácticas como el amotinamiento o la ayuda individual a los presos, como abrirles la puerta para que salieran.[180]

Otros desórdenes que tuvieron lugar en los alrededores de este edificio fueron los levantamientos armados de la oposición política al iriondismo, que se vivieron con mayor intensidad en la zona sur, dado que allí estaban también la Casa de Gobierno, la Jefatura de Policía y la plaza principal, objetivos primordial de estos ataques (Gallo y Wilde, 1980). La Aduana no solo estaba ubicada en el centro político de la ciudad, sino que representaba un bastión del poder del gobierno, por lo que fue escenario de "todas las revoluciones que caracterizaron el período posterior a la sanción de la Constitución", incluyendo el levantamiento liberal del 4 de abril de 1878, durante el cual soldados apostados en

---

[177] Archivo de Gobierno, "Notas del Jefe de Policía de esta Capital", 2 de febrero de 1866.
[178] Archivo de Gobierno, "Notas del Jefe de Policía de esta Capital", 25 de diciembre de 1874.
[179] Archivo de Gobierno, "Notas del Jefe de Policía de esta Capital", 13 de agosto de 1872.
[180] Avalando la solicitud de más personal para la cárcel de detenidos de Rosario, se argumentaba que "así se independizará la guardia, prohibiéndole tener tratos contratos ni conversaciones con los presos, como sucede en las cárceles bien organizadas de modo que la vigilancia mutua de todos los guardianes de los presos, redunda en su mayor seguridad. Esto es tanto más conveniente cuanto que en la nueva Cárcel es necesario implantar un régimen severo de moral y disciplina, que haga de ella lo que debe ser". Memoria de la Exma. Cámara de Apelación de la 2ª circunscripción judicial, 14 de abril de 1893, Imprenta Oficial, p. 101.

este edificio repelieron el ataque y protagonizaron la represión de los insurrectos (Gianello, 1992). Los alzamientos se patentizaron precisamente en el lugar de la ciudad donde estaban las casas de los vecinos notables, de las familias tradicionales; donde latía el corazón de la ciudad *tradicional*, vemos cómo surgen matices respecto de otro gran fantasma del orden público: los hombres pobres inmorales.

Los alzamientos opositores se concentraron en tres años de la década de 1870: en 1872, existieron tres, uno de los cuales se desarrolló en la capital; en 1877 hubo cinco, incluyendo un intento de asesinato del gobernador Bayo; en 1878, tanto por el número de personas involucradas como por su desarrollo, se destaca el intento armado de tomar los edificios de Gobierno y Policía en Santa Fe. Conducidos por los oroñistas, unos trescientos hombres armados atacaron el edificio de la Aduana, la Jefatura de Policía y el Cabildo. Sobre el hecho, Gallo y Wilde relatan que

> El 14 de abril [de 1878, 7 días desde que Iriondo fue elegido gobernador] estallaba en Santa Fe una revuelta que el gobierno esperaba hiciera eclosión en Rosario. Alrededor de 300 hombres que vivaban a Mitre, a Oroño y a la conciliación atacaron la Aduana, la Policía y las comisarías de sección. La casa de Iriondo fue asaltada, y amenazada su familia y algunos visitantes ocasionales. Los trabuqueros –cuerpo de amigos armados que custodiaban la policía– rechazaron a los atacantes, al tiempo que los Guardias Nacionales controlaron la situación luego de una hora y media de combates. La oposición perdió unos 20 efectivos, entre ellos jóvenes de familias conocidas, como Justo Leiva y Candioti (Gallo y Wilde, 1980: 201).

La revolución fue derrotada y la victoria oficial se logró poniendo en marcha dos de los pilares del poder iriondista, que le valdrán a esta facción la continuidad en el gobierno provincial hasta la década de 1890: la Guardia Nacional y el cuerpo de gendarmes (Gallo y Wilde, 1980: 164; Damianovich, 1992: 246), integrado también, este último, por presos.

La necesidad de repeler estas intentonas hizo que en la prensa afín al gobierno emergieran argumentos que relativizaron el efecto negativo que la presencia de esos inmorales tenía en las fuerzas del orden. En definitiva, ilustran el posicionamiento ambivalente que primó en torno a esta cuestión, ya que, aunque las quejas por la inmoralidad de estos hombres se mantuvieron, también aparecieron opiniones como la siguiente:

> En estos días han traído bastantes presos los cuales han permanecido algún tiempo a disposición del ejecutivo y ahora han sido destinados a servicio militar en el Batallón "7 de Abril".
> De esta manera ha aumentado el número de soldados; bueno sería también que se reforzara el cuerpo de gendarmes que hace el servicio de policía y que a la 2º y a la 3º sección se les aumentase también el personal de individuos de tropa.[181]

Los hombres arrestados (que se temía fueran cooptados o forzados a participar en levantamientos de la oposición) y los que integraban los refuerzos a las partidas de Policía (encargas de controlar individuos sospechosos) provenían ambos de sectores subalternos locales, pobres, en algunos casos sin arraigo domiciliario estable en la ciudad (Sedran, 2013) y, en muchos casos, como se deja ver en el fragmento anterior, se trataba de los mismos individuos, lo cual ligó indisolublemente, en esos años, la cuestión de las faltas al orden público con el trasfondo de violencia política, que no se superaba.

Los alzamientos provocaron el refuerzo de la presencia de estos cuerpos militarizados y su involucramiento en el control de la ciudad. Ahora bien, ello no repercutió en una disminución de las faltas. Por el contrario, ya en 1872, pero fundamentalmente de 1876 a 1878, fue anotada una cantidad importantes de casos de riña, ebriedad y escándalo

---

[181] *El Santafesino*, 22 de mayo de 1877.

en las lindantes primera y segunda sección de Policía,[182] en las que estaban comprendidos el puerto[183] y la Plaza San Martín (ex Plaza Libertad, que nació junto con la ciudad, como parada de mulas y carretas). En la década de 1870 se repitieron las denuncias de esta plaza como lugar de ocio y de desorden:

> El domingo por la noche fueron conducidos al Departamento Central de Policía muchos individuos que se dice estaban ocupados en juegos prohibidos en una casa de la plaza "San Martín". El número de presos era considerable. Bueno es que la policía abra siempre los ojos y siga la pista a los malentretenidos[184]

En estos arrestos grupales, motivados en muchos casos también por riñas, ebriedad y juegos prohibidos, aparecen nombres de policías,[185] lo que no debería resultar llamativo dado que, como veremos en el capítulo siguiente, del total de arrestos por faltas contra el orden, casi un 20% correspondió a efectivos de la fuerza.

En estas representaciones, se construyeron dos sentidos convergentes: el de qué conductas serían aprobadas, toleradas, rechazadas, penadas en la sociedad civilizada; y el de qué sujetos sociales eran inherentemente peligrosos para el orden que se estaba construyendo. Resta, ante ello, establecer si efectivamente existió una correlación entre estas

---

[182] Particularmente, en los años 1875 y 1876, se anotaron con asiduidad los lugares de los arrestos. La mayoría de los arrestos fueron realizados en la segunda sección, correspondiente a la zona del puerto y la Plaza San Martín. Archivo de Gobierno, "Notas del Jefe de Policía de esta Capital", 28 de mayo de 1870; 1 de enero de 1871; 6 y 8 7 20 de enero de 1873; 9, 14, 25 de febrero de 1873; 14 de abril de 1874; 18 de enero de 1875; 17 y 20 de febrero de 1875; 24 de marzo de 1875; 15 de enero de 1876; 21 de enero de 1876; 7 de marzo de 1876; 18 y 30 de abril de 1876.
[183] Archivo de Gobierno, "Notas del Jefe de Policía de esta Capital", 22 de julio de 1876, folio 542.
[184] *El Santafesino*, 14 de mayo de 1877.
[185] Archivo de Gobierno, "Notas del Jefe de Policía de esta Capital", 21 de junio de 1876, folio 452.

representaciones y las prácticas de control que se institucionalizaron en la ciudad; si estas representaciones sobre el orden y sobre el otro dieron o no la tónica a dichas prácticas. Ello supondrá no solo reponer la dinámica material de la imposición de un orden burgués en las calles santafesinas, sino también la posibilidad de revisitar el lugar de la normativa y del Estado en su construcción.

3

Prácticas de control

Mecanismos, sujetos y coyunturas en la institucionalización de una norma social

> Paso de Santo Tomé, marzo 8 de 1865
> Al Sr. Gefe del Departamento sentral de policía, Coronel
> Dn. José M. Ávalos
> (…) El Sargento de la partida a mi cargo entregará al Sargento Lionardo Mollán preso por haber pegado un achaso al yndibiduo Cour Pino dicho yndibiduo hasia un momento que había llegado con una carreta de carbón y estaba atando los buelles cuando sintió el golpe de atrás y se bio que estaba erido a cullo punto había llegado lla a este punto y había mandado a mi Sargento porque el dicho Lionardo bino a decir que este yndibiduo lo había querido peliar lo que habría sido falso como U. lla lo presumiera por la erida que también se lo remito como el cuchillo con que fue erido.
> Dios Guarde a S.E.[186]

Tres años antes de que el comisario Pizarro escribiese ese parte, los convencionales que reformarían la constitución provincial se dieron cita en una ciudad que los cronistas acordaron al llamar quieta. Entre ellos, circulaban vigilantes del cuerpo de Policía, ofreciéndoles agua para mitigar la sed en los mediodías y tardes del verano santafesino (Gianello,

---

[186] Parte de Indalecio Pizzaro, Comisario del Paso de Santo Tomé, ante el requerimiento de informe por parte del Jefe de Policía de la Capital, Coronel José M. Ávalos. Archivo de Gobierno, "Correspondencia del Departamento Central de Policía", 8 de marzo de 1865.

1980: 75). Ese mismo cuerpo de vigilantes era ya objeto de múltiples sospechas y de críticas que tuvieron un factor común: su dudosa moral. Como vimos en el capítulo anterior, la prensa se hizo carne de esta cuestión y denunció que la tropa no estaba a la altura de sus funciones, que dormía, jugaba y reñía, más de lo que vigilaba.

El parte de Pizarro grafica dos cuestiones representativas de la agenda de discusión en torno a la Policía. Por un lado, que numerosos integrantes de los distintos cuerpos de la Policía (cuerpo de gendarmes, Partida Celadora, cuerpo de serenos, cuerpo de vigilantes) tenían las mismas costumbres que los sujetos que cotidianamente se denunciaron como peligrosos (de hecho, eran frecuentemente los mismos individuos); por otro, que la composición social de la institución fue dicotómica: las autoridades (cuyos cargos eran de naturaleza política) pertenecían a la elite socioeconómica, mientras que la tropa se formaba con hombres pobres, por lo general analfabetos.

Ello condicionó especialmente el devenir institucional, y las relaciones que se dieron entre las autoridades y sus subordinados, haciendo de la distancia de clase (que en los documentos policiales adquiere un sesgo cultural excluyente) uno de los mayores escollos para la afirmación de la institución policial. Fue "esta" Policía la encargada de velar por el orden público, transgredido por *las malas costumbres y vicios*.

En la práctica, la priorización que se hizo en las representaciones de los cuestionamientos de índole moral tuvo su correlato en el énfasis puesto en controlar determinadas inconductas por sobre otras: aquellas que perjudicaban el decoro. Como vimos, la particularidad de que el Estado no portase un discurso autónomo en torno a la transgresión, como se consolidó hacia finales de siglo, en gran medida uniendo el discurso propio al científico (Campos, 1997; Huertas García Alejo, 1991; Portelli, 2016; Sozzo 2011) incidió en el peso que estos discursos sociales tuvieron sobre las prácticas efectivamente observables de control de las conductas. En dicho contexto, aunque en los discursos se hablara del apego al ocio y la inexistencia de una moral del trabajo, este no fue el elemento que determinó la estructuración de las opiniones sobre el orden en la ciudad o, al menos, no fue el que concitó el mayor número de alusiones.

Ahora bien, existe un consenso ampliamente fundado sobre que, en el marco de la instauración de una sociedad capitalista, el disciplinamiento de las clases populares y la formación de una cultura del trabajo para la creación de una mano de obra ajustada al nuevo modo de producción fueron objetivos primordiales de los sectores dominantes. El vínculo entre el establecimiento de relaciones sociales capitalistas y los esfuerzos por transformar las conductas de determinados sujetos han sido señalados con justeza para distintas regiones, principalmente en el espacio de la campaña (Fradkin, 2007; Yangilevich, 2007; Flores, 2007). Estos trabajos han mostrado la necesidad de considerar los roles sociales de determinadas conductas que, a primera vista, podrían aparecer como triviales (o, mejor todavía, que se desdibujan frente al sentido común, instalado ya por los contemporáneos, de que se trataba apenas de rémoras de tiempos pasados). Melina Yanguilevich afirma, en su análisis de la bebida y el convite en la campaña bonaerense, que

> Cuando las relaciones capitalistas se consolidaron en la campaña hacia fines del siglo XIX el criterio económico primó como rasgo de distinción social por las posibilidades de ostentación que el mismo facilitó. Hasta entonces, la consideración a la que las personas se pensaron acreedoras se asentó en otros preceptos. Por ello, resultó posible que algunos propietarios y la mayoría de los peones tuvieran estilos de vida similares, compartieran hábitos y espacios de sociabilidad. Según William Mc Cann los propietarios que mantuvieron "las costumbres del país", no se diferenciaron de sus peones, salvo en la calidad de la montura y el dinero del que dispusieron para dilapidar en el juego. Esto pudo implicar que

el lugar social que cada hombre ocupó requirió de ciertas actitudes y características que excedieron la condición económica (Yanguilevich, 2007: 7).

En Santa Fe, predominó una mano de obra elusiva e itinerante, si se analiza especialmente el espacio de la campaña (Bonaudo y Zonzogni, 2000), lo cual se consolidó desde el período tardocolonial e independentista (Garavaglia, 1999) y se profundizó con la precariedad económica y la militarización de las décadas que siguieron (Garavaglia, 2003).

Sobre el estado del trabajo hacia mediados de siglo, Leoncio Gianello realiza un comentario pintoresco, refiriéndose a una frase del preámbulo redactado para la reforma constitucional de 1863: "inocular el amor al trabajo, fuente de prosperidad y riqueza". Dice el autor (citando un debate de convencionales puntanos sobre si incluir o no dicha frase en la Constitución de esa provincia) que "los constituyentes señalaron que podrían acceder a [incluir el término] inculcar, inspirar, pero no inocular, porque esto 'significa introducir en el organismo algo que aún no existe'" (Gianello, 1992: 80 y 81). A partir de ello, Gianello infiere que debió tratarse de un error de imprenta —y probablemente así fue—. Sin embargo, introducir una moral del trabajo "que aún no existe" parece ser precisamente lo que la elite persiguió como uno de los requisitos indispensables para el progreso. Al abordar las fuentes que el Estado y otros actores como la prensa produjeron, se torna claro que el amor al trabajo no aparece solo sino que fue representado dentro de un conjunto de buenas costumbres, en un horizonte moral deseable, del que, en la mirada de la elite, carecieron los sectores populares.

Como vimos, en los documentos que se refieren al espacio de la ciudad, dicha carencia moral se concentró en los hombres criollos y pobres, grupo al que pertenecían los integrantes de la tropa policial. Comportamientos como el del sargento Mollán se repitieron asiduamente y se significaron como costumbres violentas que debían ser transformadas pues, de persistir, no podría alcanzarse el progreso. Allí radicó la idea principal de orden que, según los documentos, guio la praxis de la Policía.

Ahora bien, al considerar las faltas castigadas por la Policía, ¿qué lugar ocuparon el control del ocio, el de la moral, el de la violencia interpersonal, en ellas? ¿Con qué regularidad se controlaron y castigaron conductas inmorales y violentas? ¿Qué incidencia cuantitativa tuvieron en el total de conductas sobre las que intervino la Policía en la ciudad? En función de ello, analizamos las prácticas de la Policía en la ciudad, con el fin de reconocer qué comportamientos y cuáles sujetos fueron los delimitados como prioritarios en las necesidades de control.

En la ciudad de Santa Fe, existió un énfasis considerable en la voluntad de invisibilizar en los espacios comunes determinadas conductas, en cuya naturaleza se fundó la distinción social entre los ciudadanos decentes y los sujetos díscolos. En buena medida, ello se relacionó con que las distintas clases compartían espacios clave de la vida social, como plazas, calles y veredas, comercios y algunos lugares de esparcimiento (Damianovich, 1992; Cervera 2010; Perez Martín, 1965). Se asentaron prácticas de control, reconocibles y estables que estuvieron a cargo de la Policía: el retiro de los sujetos desordenados, en el momento en que se perturbaba el orden público (y su arresto y/o multa), que tuvieron por efecto inmediato la "neutralización" del *momento* y del *lugar* del desorden.

Estas medidas se caracterizaron por ser *momentáneas*, en términos de la mecánica de restitución del orden público (veremos cuán asidua era la comisión de ciertas faltas), a la vez que *estructurales* en la vida de los sujetos controlados. Los individuos arrestados permanecían, por lo general, uno o dos días presos (si no contaban con dinero para conmutar su pena) y son muchos los casos en que son nuevamente arrestados, por la misma falta, días después. Al no existir otros mecanismos de control desplegados de forma estable, el retiro de la visibilidad pública del infractor fue la forma central de institucionalización de nuevas pautas de conducta.

La institucionalización de pautas de comportamiento constituye una arista *visible* en una historia reconstruida "*desde* el delito" (Caimari, 2007: 10) de procesos sociales más amplios, que Norbert Elías ha llamado civilizatorios y que comprenden dos dimensiones interconectadas: la esfera externa y la interna del comportamiento social.[187]

Nos interesó el último aspecto señalado por Elías: ese aparato formativo exterior al sujeto, que sirve para inculcarle *la costumbre de dominarse*. Así, buscamos reponer los mecanismos concretos que actuaron para transformar los comportamientos en los espacios públicos y que lo hicieron en un doble registro: la constricción, supresión o represión efectiva de comportamientos de sujetos concretos, a la vez que la deslegitimación de estos comportamientos a los ojos de otros sujetos sociales (recorrida en los capítulos 1 y 2).

Nuestro objetivo es reponer los mecanismos que entraron en juego en el establecimiento de una nueva *norma* sobre los comportamientos en los espacios públicos de la ciudad, considerando que esta es fruto de la relación específica sostenida en el tiempo, entre las prácticas efectivas, la normativa, y otras representaciones que entraron en juego en las acciones realizadas.

---

[187] Elías afirma que "la estabilidad peculiar del aparato de autocoacción psíquica, que aparece como un rasgo decisivo en el hábito de todo individuo 'civilizado', se encuentra en íntima relación con la constitución de institutos de monopolio de la violencia física y con la estabilidad creciente de los órganos sociales centrales. Solamente con la constitución de tales institutos monopólicos estables se crea ese aparato formativo que sirve para inculcar al individuo desde pequeño la costumbre permanente de dominarse" (Elías, 2010: 453).

1.

Al llegar a la mitad del siglo, la ciudad de Santa Fe y su región presentaban un panorama de precariedad económica, de letanía, señalado por los cronistas de la época. Las descripciones de viajeros como Pablo Mantegazza y Lina Beck Bernal son ya retratos clásicos que describen la ciudad como un pago tranquilo, casi quieto, de construcciones bajas y de un ritmo sereno, que incluía siestas largas. Especialmente, ha sido destacado que en una ciudad pequeña que no alcanzaba los seis mil habitantes (Maeder, 1968),[188] eran profundas las huellas que había dejado en ella haber sido el teatro de innumerables batallas en las décadas previas.

A partir de la década de 1860, Santa Fe no fue ajena a las transformaciones que gatillarían el avance de la provincia, como el aumento demográfico, la urbanización y la expansión productiva (Bonaudo y Sonzogni, 2001). No obstante, quedó relegada en relación con el crecimiento de Rosario (De Marco, 2001; Bonaudo, 2005) en gran parte por los roles que para una y otra había trazado Urquiza, que apoyó el florecimiento económico del sur, en apoyo a Oroño y a sus propios negocios, y a la necesidad de fortalecer la frontera con Buenos Aires (De Marco, 1992). Griselda Tarrragó señala que

> la decadencia de Santa Fe, sumida durante 40 años en guerras constantes (...) [que generó que] excepto el Sur (...) a mediados del siglo XIX Santa Fe [siguiera] sumergida en el atraso, sin poder insertarse plenamente en los nuevos tiempos. Los compromisos políticos y militares la habían reducido a un plano muy inferior (Tarragó, 2006: 138).

---

[188] Carrasco, Gabriel, Primer Censo General de la Provincia de Santa Fe, 1887.

Esta situación no se transformó visiblemente con la experiencia de la Confederación, durante la cual se profundizó el contrapunto entre la villa del Rosario y la capital provincial que, como elemento central de la estrategia militar urquicista, acabó siendo lugar de paso y objetivo de los ataques de los ejércitos enemigos.

Entre 1856 y 1862, las luchas políticas entre Buenos Aires y la Confederación recrudecieron (Álvarez, 1910: 335). En función de la situación económica, política y social santafesina, 1856 fue importante. De hecho, en el mismo año se sancionó una Constitución liberal, que abrigó avances en educación y en salud (que comenzaron con el gobierno de Juan Pablo López), el gobierno nacional anuló los tratados suscriptos con Buenos Aires, lo cual significó la reanudación de los conflictos armados (Damianovich, 1992). En la dimensión económica, la ley de derechos diferenciales tuvo un fuerte impacto negativo sobre la economía santafesina, especialmente sobre la construcción de astilleros y afines.[189]

Políticamente, 1861 fue un año muy significativo dado que se resolvió militarmente el conflicto por comandar el proceso de unificación nacional. Ello repercutió en múltiples aspectos en la vida de una ciudad que en 1858 no alcanzaba los seis mil habitantes. Uno de ellos fue en relación con la presencia de los ejércitos –porteño o confederado–, que los autores señalan como importante, afirmando que Santa Fe fue un escenario central y que "no en balde esta provincia fue comparada al yunque donde, desde 1811, chocaban siempre las fuerzas del interior y de Buenos Aires (Gianello, 1955: 197)".

---

[189] Una de las medidas que contribuyó notablemente al despegue rosarino fue la política de entrega de tierras a quienes hubiesen prestado servicio en el frente de la Guerra de la Triple Alianza o la frontera, lo que propició una concentración de la propiedad en manos de un sector rosarino que se consolidaría en el comercio (Dallacorte, 2009: 23).

El impacto de estas luchas había sido notorio, lo cual se ilustra considerando que los ejércitos habían venido a invadir o transitar sobre un espacio cuya extensión propiamente urbana, "con sus calles arenosas apenas llegaba [hacia 1860] por el norte hasta la actual calle Irigoyen y por el Oeste, hasta calle Urquiza". Asimismo, la presencia de soldados en la ciudad tuvo otras formas, como los batallones de blandengues que participaban en fondas y reuniones (Pérez Martín, 1965: 138 y 24). En ese marco, jugó un rol fundamental la movilización y desmovilización de hombres inscriptos en los distintos cuerpos militarizados de la provincia. Juan Álvarez (1910) señaló con precisión que ello marcaría la vida social a lo largo de la segunda mitad del siglo, tanto por el rol central que Santa Fe tuvo frente a los requerimientos de hombres del gobierno nacional, como por los conflictos locales.

Exequiel Gallo y Josefina Wilde identificaron la guerra contra el Paraguay, los levantamientos intraelitarios locales y aquellos sitos en otras provincias, como los jordanistas en Entre Ríos (Gallo y Wilde, 1980), como tres tipos de conflictos que, al requerir del aporte de hombres armados, acentuaron la militarización de los lazos entre el gobierno y sus bases populares. La notoria concentración de poder político en la figura del gobernador[190] tuvo como herramienta (para sofocar intentonas opositoras, así como para posicionarse como bastión de apoyo del gobierno nacional) la movilización de contingentes militares, como la Guardia Nacional, el Ejército de línea y la Policía militar.

Se destaca cómo, en el transcurso de unos pocos meses, entre el punto culminante y la finalización del último estallido armado de la oposición, las opiniones en relación con

---

[190] Hacia mediados de la década de 1870, existieron algunas medidas que tendieron a aplacar el verticalismo, a la vez que persiguieron darle mayor estabilidad a la estructura política del Estado, como la sanción del sistema bicameral, del cargo de vice gobernador así como la ley orgánica de municipalidades, del año 1872. Sin embargo, estas no tuvieron una suerte inestable (Gallo, 2007).

el orden público variaron notablemente. En 1877, el jefe de Policía envió la siguiente circular a los comisarios de campaña:

> De algún tiempo a esta parte los robos en la campaña de este departamento se suceden con asombrosa rapidez perjudicando los vecinos honrados de cada distrito y sembrando la desconfianza en los nuevos pobladores y no obstante la autoridad policial apenas se hace sentir quedando los ladrones y asesinos con un campo vasto para sus fechorías confiados en la poca vigilancia.
> Este abandono aumenta la criminalidad y las órdenes que imparte esta jefatura quedarían burladas si el Sr. Comisario no pone mayor cuidado en el cumplimiento de su deber como delegado directo de la misma para la conservación del orden y seguridad de la vida y propiedad.
> Por cuyos motivos el infrascripto espera que en adelante V.D. recorrerá su distrito con la frecuencia que le sea posible capturando todo individuo sospechoso que transite por él, o aquel que aun siendo conocido no justifique el motivo que le mueve a ir de un lado a otro, las reuniones en las pulperías donde rara vez se proyecta cosa buena, y las jugadas que con frecuencia hay en varios puntos de su jurisdicción.[191]

Esta circular, publicada en *El Santafesino*, da cuenta no solo de la persistencia del problema de los vagos en la campaña sino del incumplimiento de la normativa, pues lo que el jefe ordenó a los comisarios estaba previsto en los artículos 13 y 95 del Reglamento de Policía. De guiarnos por esta mirada, el problema radicaría en que los comisarios no hacían su trabajo ("este abandono"), en el contexto adverso en que "aumenta la criminalidad" porque "la autoridad policial apenas se hace sentir". Existe un dejo de fastidio en las palabras de Echagüe, que cierra el escrito advirtiendo que "excusado es demostrar la utilidad de estas medidas por lo que el que suscribe cree con seguridad que sus órdenes serán cumplidas estrictamente dando así una prueba más

---

[191] *El Santafesino*, Santa Fe, 13 de marzo de 1877.

de patriotismo en bien de la comunidad".[192] Pocos meses después, sin embargo, *El Santafesino* publicó una nota en la que se evaluaba que "la situación de nuestra campaña es inmejorable. Los robos y los asesinatos que se sucedían con tanta frecuencia durante el período álgido de la conciliación hoy han cesado por completo".[193]

Este contraste entre una campaña apocalíptica y otra cercana a la perfección, a solo unos meses de distancia (pero habiéndose resuelto el conflicto armado de la oposición política), ilustra cómo la cuestión del orden fue de la mano con esas coyunturas específicas, como la violencia intraelitaria en relación con la consolidación del poder político iriondista.

Ahora bien, ciertos problemas fueron estructurales en el período y la falta de mano de obra armada para el Ejército y la Policía fue uno de ellos. En la provisión de hombres la Policía cumplió un rol destacado, directamente digitado desde el Poder Ejecutivo provincial, que instruía al jefe de la capital no solo que determinados condenados fuesen destinados al servicio de armas, sino también que envíe partidas a recorrer la campaña para hacerse de más hombres para el Ejército Nacional, como ocurrió en los comienzos de la guerra contra el Paraguay. En ocasiones, estas incursiones, muy efectivas en su cometido, generaban roces con las autoridades de las zonas visitadas por tomar hombres ya asignados a otros cuerpos.[194]

A diferencia de la Guardia Nacional, el Ejército y muy especialmente los cuerpos de la Policía (gendarmes, serenos, partida celadora, piquete de vigilantes y banda de música) estuvieron integrados por hombres pobres, locales y procedentes de otras provincias, reclutados o condenados a penas correccionales y penales. Y fue *esa* Policía la que se

---

[192] *El Santafesino*, Santa Fe, 13 de marzo de 1877.
[193] *El Santafesino*, Santa Fe, 26 de julio de 1878.
[194] Archivo de Gobierno, "Notas de los Jueces de paz de la Provincia", 30 de mayo de 1865, folio 448.

consolidó como la presencia armada del poder político en el espacio de la ciudad. Ello la transformó en un tema urticante de la agenda social por las dos cuestiones que se hacen patentes en el parte del comisario Pizarro, citado al inicio del capítulo: que los integrantes de la Policía protagonizaron episodios violentos y que su violencia se atribuyó a su inmoralidad o ignorancia.

Como se vio en el capítulo 1, las opiniones a favor y en contra de la Policía se organizaron sobre un consenso básico: que la institución policial realmente existente era una versión fallida de la Policía ideal. La oposición política dijo que estas falencias no eran corregidas porque los vicios, la ignorancia, la discrecionalidad y la violencia fortalecían los apoyos del gobierno ilegítimo del iriondismo; el oficialismo atribuyó los defectos de la Policía a unos pocos efectivos díscolos y señaló que se mejoraba cuanto lo permitían los recursos económicos. Unos y otros coincidieron en que los actos de violencia eran propios de la composición policial (necesidad o conveniencia).[195] Finalmente que, en este panorama, la normativa vigente solo entorpecía la labor policial, pues resultaba poco clara e incluso contradictoria.

Este consenso se vuelve llamativo si se alumbran algunas cuestiones puntuales en relación con cómo se manejó esta institución, sobre la que se depositaron tantas expectativas. Esto en el marco de la expansión de funciones estatales; de una necesidad creciente de mano de obra armada; del florecimiento urbano y de los problemas asociados a él; de una importante movilidad de la población entre la ciudad y la campaña; de una economía local que no avanzaba en la misma medida que la región sur; de una ciudad que concentraba riesgos políticos y militares por ser sede del gobierno. En ese contexto, si los problemas eran los citados,

---

[195] Hacia los años finales del siglo, los episodios de inconducta policial aún eran interpretados, por la oposición, como formas del situacionismo oficialista para reprimir a sus opositores, especialmente en el contexto de la intervención nacional de 1894. *El liberal*, 27 de noviembre de 1892, 147; *Unión Provincial*, 4 de marzo de 1894; *El Chaco Chico*, 7 de febrero de 1896.

¿qué explicación puede darse, entonces, a que el Reglamento de Policía no haya sido modificado o reemplazado y que no haya existido una respuesta integral a las transgresiones cometidas por la tropa? Lo que se desprende de la consulta de los documentos policiales es que la explicación que atribuye a los límites presupuestarios o a las costumbres de la tropa los rasgos más sobresalientes de la Policía no permite dar cuenta de algunas dinámicas en su práctica cotidiana. Por el contrario, veremos que esta fue constitutiva y funcional a las transformaciones que se estaban imponiendo.

Como institución social (Garland, 2009) las prácticas y características de la Policía deben ser consideradas a la luz de las relaciones sociales capitalistas que se pretendía establecer. Un punto en el que coinciden teóricos de vertientes muy distintas es en que, en las sociedades modernas o en vías de modernización, la institución policial no puede considerarse por fuera de este cúmulo de valores y prácticas sociales (Garland, 2009) y que la cuestión de las "funciones sociales" de la Policía es muy compleja, por lo que un análisis histórico que las contenga debe abordarse excediendo los márgenes estrechos del análisis institucional (Foucault, 2006).

Por ello recorrimos las acciones cotidianas de la Policía en los espacios públicos centrándonos en sus prácticas "inmovilizantes" y "movilizantes" (Neocleous, 2010: 50) para ponderar la distancia de sus prácticas con el discurso que construyó para sí misma esta institución. El autor define las prácticas inmovilizantes como aquellas que reprimían cualquier alteración del orden público; las movilizantes fueron, como corolario de las anteriores, las que transformaron los elementos díscolos en una fuerza de trabajo disponible para el mercado en formación.[196] Sin embargo, en Santa Fe el disciplinamiento de la mano de obra no

---

[196] Desde una perspectiva estrictamente materialista como la de este autor, "el control de la pobreza era considerado una necesidad debido a la vinculación que se percibía entre todas las formas de conducta desordenada como la

explica en su totalidad la lógica de las prácticas policiales modernas, dado que el control privilegiado de ciertos comportamientos ciertamente la incluyó entre sus causas pero la excedió.

En la ciudad, las prácticas "inmovilizantes" de la Policía fueron el retiro de los sujetos transgresores del lugar en que estaban generando el desorden y su arresto o multa, y estuvieron destinadas a impedir un conjunto determinado de comportamientos *desordenados*. Por su parte, la práctica "movilizante", más destacada, consistió en destinar a los arrestados por delitos contra el orden al servicio militar en el Ejército o en la misma Policía. En relación con la cuestión de la mano de obra, lo que muestran los documentos es que esta no se trató de una prioridad en la práctica policial.

En este sentido, si bien todas las infracciones que involucraban el ocio de los pobres estuvieron ligadas directa o indirectamente al control de la mano de obra (Neocleous, 2010: 166), es interesante considerar que –con la excepción del año 1881– los arrestos por infracciones que expresamente transgredieran pautas laborales (como los citados artículos 20 y 21) fueron llamativamente pocos frente a las otras causas de arresto; la vagancia, la otra infracción al orden que por antonomasia supone el control de la mano de obra, también lo fue.

La Policía debía hacer cumplir los contratos laborales (artículos 20 y 21 del Reglamento, faltas de incumplimiento del contrato laboral y de falta de papeleta de conchabo, respectivamente).[197] Sin embargo, entre 1856 y 1890 existieron 175 arrestos registrados por artículo 20, 169 de los cuales

---

mendicidad, los delitos, las apuestas y la bebida (...) Era casi como si todas las actividades de alteración del orden se resumieran bajo la categoría de ocio (Neocleous, 2010: 50 y 51)".

[197] Estos artículos pueden considerarse ejemplos de las prácticas "inmovilizantes" de una mano de obra reacia a adaptarse que fue prioritaria en las prácticas de control en el espacio social de la campaña (Alonso, 2007; Barral, 2007; Fresia, 2012). Aun así, esta cuestión requiere de un análisis más profundo al considerar la relación práctica-normativa, pues estas faltas estaban a su vez

se concentraron en 1881 y mantuvieron números más altos que la década anterior, en los años siguientes; por artículo 21, hubo 39 aprehensiones de las cuales 30 se realizaron ese mismo año. Por vagancia, hubo apenas 27 arrestos entre los años 1865 a 1881 (un 1,3% del total de los arrestos por faltas y delitos contra el orden), 21 de los cuales se concentraron entre 1876 y 1878,[198] años del llamado "ciclo revolucionario" (Gallo y Wilde, 1980).

Por el contrario, las causas más numerosas fueron aquellas que directamente infringieron la respetabilidad y la mesura de los comportamientos, encabezadas por la ebriedad, que supuso el 32,5% de los arrestos del período, distribuidos de una forma estable; la pendencia (8,1) y el escándalo (5%). Las infracciones que implicaban una amenaza de violencia física, como la portación de armas prohibidas (5,4%) o la falta de papeleta de enrolamiento (8,1%), también fueron más numerosas que las faltas contra el trabajo. Esos números, de la mano del énfasis hecho por la elite en que resguardar el orden era una tarea distinta en la ciudad y en la campaña, invitan a reconsiderar la cuestión del *matiz* en las prácticas de control policiales desplegadas en la ciudad.

En este nudo problemático formado por la normativa, los discursos institucionales y las prácticas cotidianas de la Policía, la definición del ocio incluyó la ausencia de trabajo o de voluntad de trabajar pero no se limitó a ella. Por el contrario, fue más amplia y eso puede verse en el énfasis puesto en el control de transgresiones que (como la ebriedad) suponían pero no se limitaban a la administración de la pobreza (Neocleous, 2010: 30) para la conformación de una mano de obra adecuada.

---

prescriptas en la sección del Reglamento destinada a la Policía de Campaña. Registro Oficial, Sanción legislativa aprobado el Reglamento de Policía Urbana y Rural, 31 de agosto de 1864.
[198] Datos construidos a partir del relevamiento exhaustivo de los partes diarios del Departamento Central de Policía de La Capital. Véase apartado 2 del presente capítulo.

2.

Desde su creación como tal en 1831 (Galvani Celso, 1992) y hasta comienzos del siglo XX, la praxis policial se recortó en la intersección de una normativa precaria, unos recursos materiales y una estructura institucional exiguos,[199] y una composición social polarizada, que exhibió en la cúpula a exponentes conspicuos de la élite sociopolítica local[200] y en las filas subordinadas a hombres pobres, poco arraigados o fuera de la ley. Esas características estuvieron presentes a lo largo de toda la *etapa* de "institución conflictiva" (Barreneche y Galeano, 2008), signada por problemas como la escasa o nula cualificación del personal, la insuficiencia de vestuario y armas, el abandono de los puestos, los bajos salarios y una distribución poco clara de roles y atribuciones.

Durante el período independentista, la Policía se compuso de ciudadanos voluntarios y los cargos de autoridad fueron el intendente o regidor general de Policía, y tres comisarios.[201] Algunos rasgos de esos años se acentuaron en las décadas posteriores, como la dependencia total de sus autoridades del Ejecutivo provincial (hasta 1832

---

[199] Hacia fines del siglo, hubo dos cambios importantes con miras a la reestructuración institucional de la Policía: la presentación del Código de Policía en 1895 y la creación de la Inspección General de Policía, en 1896. Registro oficial de la Provincia de Santa Fe, 1897 (Galvani Celso, 1993: 43).

[200] Tiburcio Aldao, jefe de Policía desde 1865 a 1866, luego fue municipal y en 1867 gobernador delegado así como presidente del club del orden, al igual que Manuel Echague, que también fue presidente de la Tercera Orden Franciscana y vicegobernador desde 1872 hasta 1878. Cándido Pujato fue médico de Policía desde 1864 a 1866; intendente de Santa Fe (en 1871, 1873 y 1881), vicegobernador (1882-7) y presidente del Consejo de Higiene de la Provincia en 1887; Dermidio Luna antes de ser jefe de Policía fue juez de paz del Cuartel tercero de la ciudad e integró la comisión directiva del Club del Orden de 1854 a 1860; De Diego, Mariano Bernardo, *ANALES. Contribución a la historia de Santa Fe.*

[201] La historia de la Policía provincial es una vacancia importante para el período. Existe una obra que compila, a modo de una descripción escueta, laudatoria, algunas características de la institución y mojones en su devenir. Se trata de Historia de la Policía de Santa Fe libro del comisario Galvani Celso, editado en 1992.

dependió administrativamente del Cabildo), la escasez de efectivos y la *doble* naturaleza de sus funciones, lo cual la ubicó, junto a otras Policías latinoamericanas del momento (Rosemberg, 2008; Buffington, 2001; Albornoz, 2015 y Cárdenas, 2015), dentro del paradigma de la *buena Policía* (Foucault, 2006; Neocleous, 2010). Supervisó el funcionamiento urbano (reguló el alumbrado, el barrido y las construcciones; el socorro ante incendios; la emisión de permisos varios); recaudó tasas y supervisó las condiciones de las escuelas municipales.[202] Además, tuvo a su cargo funciones de seguridad que consistieron en el control de los comportamientos (el control de la circulación y las reuniones, riñas de animales y juegos de azar); de la violencia interpersonal; y, en general, resguardó el cuidado de las buenas costumbres.

El Reglamento Provisorio de 1813 estipulaba que cada comisario tenía a su cargo un área: recaudación de impuestos; control periódico de los alcaldes en la campaña; servicio de calle, limpieza de pantanos y control de vagos. Por su parte, la regulación de las costumbres tuvo modificaciones parciales en 1816, 1826 y 1836 (en este último referido específicamente al funcionamiento de las pulperías volantes). Suprimido el Cabildo, el esquema de las funciones policiales no sufrió modificaciones, pero sí se amplió el número de funcionarios responsables. Se distinguió al jefe o juez de Policía de los jueces de paz y de primera instancia, del defensor de pobres y menores, y del alcalde de cárceles (Galvani Celso, 1992: 41 y 42), y comenzó un tímido recorte de las funciones que pasarían en las décadas venideras de la Policía al municipio, lo cual reafirmó el área correccional y de control del orden público (entendido cada vez más como

---

[202] La supervisión de la educación, dentro de las tareas que no tenían relación con el control de ilegalidades, siguió siendo parte de las responsabilidades policiales, pero ligada cada vez más al control estatal de la información, y no de manera regular, sino supeditada a medidas concretas del Ejecutivo provincial, como realizar censos escolares. Archivo de Gobierno, "Notas del Jefe de Policía del Departamento La Capital", 9 de septiembre de 1882.

la represión de los comportamientos transgresivos) como tarea principal de la Policía. Para la vigilancia de la ciudad, se creó la Partida Celadora en 1813, que pervivió durante todo el siglo y a la que se sumarán el cuerpo de gendarmes (1864)[203] y el de serenos.

Luego de los años de la Confederación, en 1864, se sancionó el Reglamento de Policía Urbana y Rural, primera reglamentación policial enmarcada en la Constitución nacional y provincial, que se probó insuficiente para organizar la institución y mejor delimitar sus funciones y competencias. Particularmente, el problema de la organización y distribución de funciones fue acuciante, dado que se entrelazó con la constante escasez de personal. Sin embargo, como tratamos en el capítulo 1, esto tuvo por efecto brindar un marco legal compatible con una praxis muy bien orientada, al menos en lo que se refirió al orden público.

A partir de 1864 y hasta comienzos del siglo XX, la organización del personal para la Policía provincial fue la prevista en la sección "Organización", inciso "Personal" del Reglamento, en la que se preveía:

> Art. 1: Las funciones policiales serán ejercidas por un Gefe en la Capital y un Oficial 1ro, bajo la inmediata dependencia del Gefe Político en la ciudad del Rosario, un Juez de Paz en cada una de las ciudades cabeza de departamento, Comisarios, Jueces y Tenientes Jueces para los Cuarteles de las mismas, un Comisario General para la campaña de cada Departamento y Comisarios subalternos en los diversos distritos, debiendo cada uno de estos funcionarios, como agentes de Policía, dar cuenta de sus actos al que les preceda en orden gerárquico; siendo oficinas centrales la de la Capital para el Departamento de esta, la de San Gerónimo y San

---

[203] Archivo de Gobierno, "Notas, leyes y decretos de la Honorable Cámara de Representantes", 6 de septiembre de 1865, folio 117.

José, la del Rosario para todo el Departamento de su nombre, estando una y otra Oficina bajo la dependencia é inmediata inspección del Gobierno.[204]

La sección se completa estipulando que

> la cantidad de efectivos de la tropa así como sus sueldos serán las señaladas en la ley de presupuesto de cada año; que las oficinas de vigilancia estarán abiertas hasta las once de la noche, salvo indicación del Gefe y que las rentas percibidas por la Receptoría "se invertirán con estricta sujeción a la ley de Presupuesto".

Es decir, a esta sección corresponden los aspectos más importantes de la organización policial, de los cuales, paradójicamente, dice muy poco. Esa vaguedad resultó en numerosas consultas del jefe de Policía al Ministerio de Gobierno sobre cómo proceder en distintas situaciones,[205] como escollo en el desempeño policial, estas indefiniciones estuvieron presentes de forma regular[206] y contribuyeron a moldear, también, una dinámica de acción y de consulta de las autoridades policiales.

Ese fue el caso del primer oficial Acisclo Niklison , quien en 1865, ante el pedido de informe del juez del crimen sobre el estado de unos presos, se dirigió al ministro de Gobierno para que le indicara qué decir, aunque "sé lo que se debe responder consulto a S.S.".[207] Estas prácticas resultaron en mecanismos de afianzamiento de las lealtades entre los funcionarios policiales con el Poder Ejecutivo, en el contexto de abiertas fricciones entre el Ejecutivo y los

---

[204] "Sanción legislativa aprobando el Reglamento de Policía urbana y rural dictado en octubre de 63", Registro Oficial de la Provincial de Santa Fe, año 1864, p. 210.
[205] Archivo de Gobierno, "Notas del Jefe de Policía de esta Capital", 4 de abril de 1866.
[206] *El Santafesino*, 20 de febrero de 1877.
[207] Archivo de Gobierno, "Notas del jefe del Departamento Central de Policía de esta Capital", 15 de mayo de 1865.

jueces al respecto de determinados procedimientos con los presos.[208] De lo contrario, ¿por qué el oficial primero preguntaría cómo hacer algo que ya sabía cómo hacer?

Como observó Gabriel Carrasco, "lo primero que debe saber un magistrado, son los derechos y deberes de su cargo, y una ley de Policía debiera contenerlo: nada de eso existe en este reglamento (...)".[209] Lo que sí estaba estipulado fuera de cualquier duda era la dependencia directa de la Jefatura de Policía del gobernador, plasmada no solo en la reafirmación del esquema vertical del funcionamiento institucional ("debiendo cada uno de estos funcionarios, como agentes de Policía, dar cuenta de sus actos al que les preceda en orden gerárquico") sino también en que cada oficina estará bajo "la dependencia é inmediata inspección del Gobierno". Quizás pueda parecer una observación ociosa, pero en el contexto de una normativa que no solo fue poco precisa, sino materialmente escasa (la inexistencia de ejemplares en las delegaciones fue constante) es interesante comprobar que lo que el Reglamento se preocupó por dejar en claro fue la subordinación de la institución al Poder Ejecutivo, antes que las atribuciones, deberes y funciones efectivas de sus miembros.

Los integrantes más liberales del gobierno señalaron que esta vaguedad era una falencia grave para un funcionamiento institucional transparente y no una "aberración

---

[208] Entre 1865 y 1868, las quejas de la Jefatura de Policía con respecto al proceder del juez del crimen fueron numerosas. En uno de los partes, el jefe relata cómo el ecónomo del Hospital dio aviso de que la madrugada anterior se había escapado de allí un preso, que el juez había enviado "para que se curen sus dolencias, a pesar de que éste Departamento ya había hecho presente al citado juez la inseguridad que se tenía para mandar presos criminales pues que no teniendo el Departamento cómo establecer allí una guardia, no podía responder de la seguridad de individuos de esta clase. Así pues el infraescripto tomó conocimiento de la fuga del citado Acuña, lo comunicó al Sr. Juez del Crimen y pasó circulares para conseguir la aprehensión de [este] individuo". Archivo de Gobierno, "Notas del jefe del Departamento Central de Policía de esta Capital", 12 de mayo de 1866.
[209] Carrasco Gabriel, Reglamento de Policía Urbana y Rural de la Provincia de Santa Fe. Rosario, Imprenta de Carrasco, 1882, p. 8.

normativa" y, dentro de este problema general, el margen discrecional (por abuso o por desconocimiento) era un elemento muy importante. Tal como se hallaba redactado ese artículo, según Carrasco, cualquiera de estos funcionarios "puede, actualmente, cometer una falta o una usurpación de autoridad y queda escudado diciendo –creí que estaba en mis facultades!".[210]

Estos comentarios fueron hechos en el año 1882, casi veinte años luego de la sanción del Reglamento, y se los señala como problemas vigentes en el funcionamiento policial y que, en 1895, fueron cuestiones abordadas con énfasis por la nueva propuesta de legislación, que prestó especial atención, como se dijo, a explicitar las prohibiciones para la tropa, que, en su especificidad, pueden entenderse como una solución pensada para los problemas que efectivamente aquejaron a la tropa en las décadas anteriores, muchos de los cuales supusieron faltas contra el orden público: "Ningún agente podrá participar de diversiones durante su servicio, ni asistir aún fuera de él, á aquellas de honestidad dudosa".[211]

Se trata de una "traducción" legal que dio cuenta de innumerables entradas referidas a la presencia de agentes en estos ámbitos (de la mano de sanciones por ebriedad,[212] pendencia y escándalo) y lo hizo muy específicamente al tratarse de una disposición para los "agentes", no para autoridades ni funcionarios.

---

[210] Carrasco Gabriel, Reglamento de Policía Urbana y Rural de la Provincia de Santa Fe. Rosario, Imprenta de Carrasco, 1882, p. 12.
[211] Carrasco Gabriel, Reglamento de Policía Urbana y Rural de la Provincia de Santa Fe. Rosario, Imprenta de Carrasco, 1882, p. 7.
[212] En el caso de la ebriedad, el art. 6 inciso 6° del Código explicita que quienes "abusaren habitualmente de bebidas alcohólicas" no podrán desempeñarse como policías". Carrasco, Gabriel y García González, José, Proyecto de Código de Policía Urbana y Rural para la provincia de Santa Fe. Buenos Aires, 1895, p. 5.

Al revisar el Registro Oficial [213] no se hallan precisiones sobre la tarea del jefe de Policía, ni de su oficial primero.[214] Algunas alternativas a este vacío provinieron de la Jefatura misma. En 1865, se estipula en un parte diario que

> Debo asimismo comunicar a S. Sa. que el servicio policial quedó establecido del modo siguiente:
> Una patrulla de a pie que vigila de las 7 hasta las 10 de la noche y dos de caballería que vigilan el centro y los suburbios de la ciudad de las 10 hasta el toque de diana. El servicio ha sido establecido del modo que queda espresado para dar más garantía y seguridad a los habitantes de esta capital.[215]

En 1895, Carrasco y González retomaron la certeza de que este vacío era un problema serio. De hecho, dedicaron a la organización y funciones policiales uno de los tres libros del Código, y detallaron no solo las funciones, deberes y atribuciones de cada cargo, sino también las formas debidas de proceder en situaciones específicas y cuáles conductas no eran compatibles con la función policial.[216] En la nota de remisión del Código, los autores afirman que "la omisión de una legislación expresa sobre el particular ha dado margen a que se critique la manera de proceder de la Policía; á que

---

[213] La "escasez" en materia de la presencia de los documentos administrativos en la práctica de las instituciones también incluyó el Registro Oficial. Gabriel Carrasco no dudó en calificarlo de "curiosidad bibliográfica" al decir que para 1880 no había "sino 5 copias del mismo en toda la provincia". Carrasco Gabriel, Reglamento de Policía Urbana y Rural de la Provincia de Santa Fe. Rosario, Imprenta de Carrasco, 1882, p. 12.
[214] Para el caso del jefe político, Carrasco reproduce un decreto de 1854, que no fue reformado en el período.
[215] Archivo de Gobierno, "Notas del Jefe de Policía de esta Capital", 22 de agosto de 1865, folio 1460.
[216] Carrasco, Gabriel y García González, José, Código de Policía, Imprenta Jacobo Peuser, Buenos Aires, 1895, p. 3.

en muchos casos se note su ausencia, la imperfección, ó lo contraproducente de sus medidas; y á que se desacredite la institución".[217]

Entre la implementación del Reglamento y la formulación del proyecto de Código, la *cuestión del orden* público intersectó la indefinición de la normativa y una práctica de administración del orden en las calles que muchas veces necesitó de dicha indefinición, desde el momento en que los recursos con que contó la Policía no posibilitaron una organización estricta y se *necesitó* cobrar multas sin emitir recibo, reprimir con golpes por falta de armas, "acollarar" presos "por falta de otras prisiones" y, fundamentalmente, que hombres poco aptos patrullaran las calles y mantuviesen el orden.

Dicha falta de recursos fue otro de los condicionamientos estructurales de la praxis policial. Casi un año después de sancionado el Reglamento, se creaba el cuerpo de gendarmes. En la letra de la disposición, se lee:

> Artículo 1: Créanse dos compañías de caballería para el servicio de policías y guarnición de toda la provincia con el nombre de Gendarmes. Artículo 2: cada una de estas compañías se compondrá del personal y sueldos siguientes:
> Un Capitán con cuarenta pesos mensuales
> Un Teniente con treinta id. Id.
> Un Alférez con veinticuatro id. Id,
> Seis Sargentos con siete pesos cincuenta centavos cada uno
> Doce Cabos a cinco pesos cada uno
> Sesenta soldados a cuatro pesos cincuenta id. cada uno.
> Artículo 3: El equipo, armamento y manutención de estas compañías pertenece al Estado.
> 4: El Gobierno distribuirá el servicio conforme lo exijan las necesidades en los distintos puntos de la provincia.
> 5: Comuníquese.[218]

---

[217] Carrasco, Gabriel y García González, José, Proyecto de Código de Policía Urbana y Rural para la provincia de Santa Fe. Buenos Aires, 1895, Nota de remisión, p. XI.
[218] Archivo de Gobierno, "Notas, leyes y decretos de la Honorable Cámara de Representantes", 6 de septiembre de 1865, folio 117.

Se trataba de sueldos muy magros, si se los compara con los de otras dependencias de la administración pública, como porteros de los juzgados (ocho pesos) o de la Cámara de Justicia (doce pesos) y que en no pocas ocasiones llegaban tarde en toda la provincia, inclusive en coyunturas críticas como la guerra contra el Paraguay.[219] Ese mismo año, la Cámara aprobaba la conformación de la Policía de la capital:

> 1: La policía de la Capital será servida por los empleados y con las dotaciones siguientes:
> Un Jefe de Policía con sesenta pesos mensuales
> Un oficial primero con cuarenta id. Id.
> Un Id. Auxiliar con veinte id.
> Un comisario de Órdenes con treinta y cuatro id. Id.
> Dos Id. de Sección con treinta id. cada uno
> Un médico de policía con treinta id.
> 2: Mientras conserve el Estado los ramos municipales de mercado y corrales, la Policía de la Capital tendrá además los empleados siguientes:
> Un comisario para la atención del mercado con cuarenta pesos mensuales
> Uno Id. para corrales con treinta id. id.
> Un dependiente para el cuidado y la conservación del [ilegible] Público con once id. id.(…)[220]

A partir de 1870 y durante toda la década, los rubros cuya percepción correspondía a la Policía serían motivo de pleitos con la corporación municipal. La reformulación de qué dependencia percibiría estos ingresos estuvo dada por la necesidad recaudatoria del Estado provincial, sobre todo en función de sus gastos militares. En 1872, ya sancionada

---

[219] Archivo de Gobierno, "Notas de los Jueces de Paz de esta Provincia", 21 de mayo de 1865, folio 447.
[220] Archivo de Gobierno, "Notas, leyes y decretos de la Honorable Cámara de Representantes", 6 de septiembre de 1865, folio 121.

la ley orgánica de municipalidades, Cándido Pujato (titular de la corporación municipal, ex médico de Policía e integrante del riñón iriondista) expresaba que

> en el deseo de levantar su crédito, la Corporación que el infraescripto preside (...) ha decidido eliminar por ahora de su presupuesto aquellas partidas que no sean destinadas a objetos de primera necesidad. Procediendo de esta manera, si bien no llena los fines de esta su institución podrá al menos (...) mejorar su crédito pagando religiosamente los compromisos que en lo futuro contraiga.[221]

Las causas de este estado de cuenta del municipio (que incluía un balance deficitario para 1871) eran, según Pujato,

> los crecidos gastos que tuvo que hacer esta corporación en las pasadas epidemias y la falta de derecho de corrales y lotería de beneficencia, destinadas a las municipalidades por ley de 19 de septiembre de 1865 y que en 1870 pasaron a figurar en el cálculo de recursos de la provincia importando anualmente una renta de aproximadamente 13000 pb.[222]

Luego de repetir que el déficit municipal no podría ser saldado con los ingresos "tal como se hallan hoy", Pujato subrayó que "en presentes circunstancias" de no percibir esos ingresos, el municipio se hallaba ante una disyuntiva:

> proponer nuevos impuestos con el fin de cubrir el déficit (...) socavando así la agricultura y haciendo más cara la vida del pueblo [puesto que] con todas las rentas que le agenció dicha Ley podría, como anteriormente lo ha efectuado, llenar perpetuamente las necesidades del Municipio.

---

[221] Archivo de Gobierno, "Notas de las municipalidades de esta provincia", 9 de febrero de 1872, f. 1689.
[222] Archivo de Gobierno, "Notas de las municipalidades de esta provincia", 9 de febrero de 1872, f. 1689.

El pedido al Ejecutivo fue claro: que se restauren el cobro de los derechos de corrales y lotería "que antes le pertenecieron" o se envíen partidas de otro origen.[223] La respuesta fue negativa, apelando a las mismas "presentes circunstancias" (en un año de fuerte agitación política opositora local y nacional) que llevaron al Ejecutivo a rechazar el pedido que la misma corporación hizo, para que se exonerara del servicio en las Guardias Nacionales al secretario del Consejo Ejecutor: "Contéstese es indispensable en las actuales circunstancias la asistencia general, y se tendrá presente lo expuesto en oportunidad".[224]

Por su parte, los salarios de los policías permiten ponderar otro costado de la administración diferencial del orden público. El Reglamento estipulaba que "los castigos correccionales de arresto ó trabajos personales podrán ser compensados por una multa equivalente en la proporción de cuatro reales por día de prisión y un peso por día de trabajo personal destinado al pago de la multa".[225]

Sin embargo, según el artículo 25, la persona que fuese hallada bebiendo o en estado de ebriedad en la vía pública sería arrestada por un día, o debía pagar una multa de cuatro pesos,[226] lo cual equivalía a casi la totalidad del sueldo de un soldado, por lo cual en muchas ocasiones se pagaba una parte de la multa (dos o tres pesos bolivianos)[227] y se cumplía un tiempo restringido de arresto (que variaba, y cuya forma de cálculo no hemos podido hallar anotada en ningún parte o documento). Asimismo, muchos hombres reincidentes de infracciones contra el orden público pagaban

---

[223] Archivo de Gobierno, "Notas de las municipalidades de esta provincia", 9 de febrero de 1872, f. 1690.
[224] Archivo de Gobierno, "Notas de las municipalidades de esta provincia", 2 de junio de 1873, f s/n.
[225] Registro Oficial, Sanción legislativa aprobado el Reglamento de Policía Urbana y Rural, 31 de agosto de 1864, p. 210.
[226] Registro Oficial, Sanción legislativa aprobado el Reglamento de Policía Urbana y Rural, 31 de agosto de 1864, p. 211.
[227] Archivo de Gobierno, "Notas del Jefe de Policía de esta Capital", 30 de mayo de 1865, folio 309.

en alguna ocasión la multa y en las restantes, cumplían el arresto.[228] En relación con su proporción en los ingresos de la institución, lo percibido por multas fue consistentemente menor, en todo el período, a las entradas por rubros como el marchamo de cueros.[229]

Este ramo de entradas en las arcas policiales motivó conflictos entre los integrantes de una fuerza que, como reiterados ejemplos muestran, no estructuraba sus relaciones internas en torno a modos de conducta sentados formalmente por la institución o a un sentimiento de pertenencia de los individuos.[230] Existieron tópicos recurrentes en los enfrentamientos entre policías (al menos de aquellos de los que tenemos noticia, porque dieron pie a sumarios internos) y la percepción del marchamo fue uno de ellos. El caso documentado de manera más extensa es una reyerta entre dos comisarios, de órdenes y de corrales, en 1880 en la ciudad de Rosario. Este enfrentamiento fue catalizado por una acusación de malversación, aunque afloraron otras dos cuestiones clave: el comisario acusado apuntó a la escasez de personal como causa de las "fallas" y "demoras" en su labor, mientras que quien lo acusó habló de inmoralidad

---

[228] Al tratar la efectividad de las penas por reincidencia, Carrasco anota que el problema de los "borrachos consuetudinarios" es grave y que "no se crea que es una suposición gratuita pensar que puede haber ebrio que reincida veinte veces; hay algunos en el Rosario, que se pasan el tal estado la mitad de la vida, y que, puede decirse, viven perpetuamente en la cárcel, porque no tienen cómo pagar la multa". Carrasco, Gabriel, Reglamento de Policía Urbana y Rural de la Provincia de Santa Fe. Rosario, Imprenta de Carrasco, 1882, p. 33.

[229] Archivo de Gobierno, "Notas del Jefe de Policía de esta Capital", "Estado demostrativo de las cuentas…", 1866 a 1869 (folios 684; 717; 754; 780; 818; 844); 1871 (31 de diciembre, folio 1338); 1872 (26 de enero, folio 1338); 1874 (1 de mayo, folio 162).

[230] También existieron múltiples decretos y prescripciones del Poder Ejecutivo ordenando a la Policía dar informe fiel de las entradas por marchamo, corrales y abasto. Registro Oficial de la Provincia de Santa Fe, tomo IV, 1863 a 1865, p. 119. Estos comenzaron a ser incluidos en los partes diarios de forma sistemática solo desde mediados de la década de 1870. Archivo de Gobierno, "Notas del Jefe de Policía de esta Capital", años 1874 a 1884.

y describió de él un comportamiento violento. El 25 de noviembre de 1880, se hallaba preso en la Policía de Rosario Jeline Jieno, comisario de Policía de 28 años. Preguntado

> qué aconteció la noche de ayer entre el declarante y el comisario de órdenes (...) Dijo: Que el 24 del presente recibió el declarante la nota (...) en que le hace reproches de no cumplir llevando al día el libro del despacho de guías y agregando que ya el comisario de corrales D. Néstor Fernández se había quejado el Sr. Gefe Político de las demoras que el declarante hacía sufrir al despacho del matadero (...). Que todo eso es inexacto pues el declarante lleva los libros al día, como puede inspeccionar, pues dichos libros están en la policía a disposición de quien quiera verlo, como también es falso que el declarante esté atrasado en el despacho de guías, pues también están al día como puede verse, y, por último, que falso es también que el comisario de corrales se haya quejado de la conducta del declarante, pues, por el contrario, fue el declarante mismo quien, abrumado por el trabajo excesivo que por perjudicarlo y hostilizarlo le daba el comisario de órdenes, pidió al Comisario de Tabladas comunicarle esto al Gefe Político para que se le descargara de un trabajo tan excesivo que era absolutamente imposible se cumpliera.[231]

En 1865, el Departamento Central de Policía contaba, según el inventario presentado al ejecutivo, con cinco cuartos amoblados (uno para el jefe, otro para el oficial primero, otro para los comisarios y dos más cuyo fin no se especifica). Los elementos presentes en el primero habrían sido: "un juego de cortinas, una lámpara de kerosene, seis sillas de esterillas, seis sillas de asiento de clin elástica, una silla de braso (...) dos botellas de cristal, un plato, un baso". A ello que se sumaban los siguientes "útiles de escritorio: una mesa de escritorio, un tintero, dos aplasta papeles de bronce, una carpeta, una papelera de ule y un plumero

---

[231] Archivo de Gobierno, "Notas del Jefe de Policía de esta Capital", años 1874 a 1884. Tomo 63, folio 115.

chico".[232] Asimismo, respecto del "Armamento" existente en la segunda sección de Policía, se enumeran: "cuatro caravinas fulminantes, dos sables, dos fusiles *inútiles*, seis lansas id.". Aparecen en esa misma lista "diez trosos de madera, en depósito en el puerto, seis tablones de madera en depósito en esta oficina".[233]

La escasez de recursos puede verse en la confección misma de los documentos En su abrumadora mayoría, los partes diarios, tablas mensuales de multados y de ingresos y gastos son manuscritos. Ello comienza a cambiar hacia 1881, cuando se difunde el uso de plantillas con categorías fijas (novedades, presos, marchamo, multas; corrales; bailes; segunda y tercera sección, entre otros) que los funcionarios completaban sobre una línea de puntos. Sin embargo, hemos hallado contados ejemplares de planillas confeccionadas para los informes diarios ya en 1869.[234] Es dable pensar que su escasa difusión tuvo que ver con falta de dinero para pagarlos, si se recuerdan los reiterados pedidos al gobierno para que remita ejemplares del Reglamento de Policía, del Código Rural, o solicitando dinero para poder hacer imprimir un mayor número de copias de los edictos dictados por la propia Policía, para su difusión.

Otra cuestión urticante fue la falta de personal. Las quejas por el número insuficiente de efectivos para cubrir las tareas policiales se reiteraron desde las autoridades y la prensa,[235] pero también desde los estratos intermedios de la jerarquía policial:

---

[232] Archivo de Gobierno, "Notas del Jefe de Policía de esta Capital", 24 de febrero de 1865, folio 1324.
[233] Archivo de Gobierno, "Notas del Jefe de Policía de esta Capital", 24 de febrero de 1865, folio 1327.
[234] Archivos, "Notas del Jefe de Policía de esta Capital", "Estado demostrativo de las cuentas...", 30 de abril de 1869, folio 818.
[235] *El santafesino*, 22 de mayo de 1877.

Tengo el honor de dirigirme a V.E participándole que con esta fecha el Sargento Mayor, encargado de la fortaleza de la Aduana, D[n]. José Zavala ha hecho presente ser sumamente necesaria la remonta de la fuerza de gendarmes que hace el servicio de guardia en la Cárcel Pública, expresando ser un número crecido de presos, y que el personal existente no alcanza a formar el número que se necesita para las guardias y que si se disminuyese resultaría que la guardia sería insegura. Al efecto me permito adjuntar a V.E. un estado y una lista nominal de los hombres existentes, y que demuestra la fuerza que debe tener esa guardia para que preste seguridad.
Espero que V.E. se dignará, si lo cree de utilidad, ordenar la remonta de la fuerza que custodia la cárcel pública.
Dios guarde a V.E.
Dermidio Luna.
Lista de la guarnición del cuartel desagregado en:
"Jefes Oficiales Tropa Total
Fuerza pronta para el servicio 1 2 19 19
Servicio diario 1 16
Falta para llenar el relebo 13
Se necesitan para la limpieza de armas 2"
Santa Fe, Mayo 4 de 1866
José A. Zavala[236]

El refuerzo que pedía el sargento Zavala llegó: proveniente del batallón republicano, apareció otro cuerpo militar. La práctica de reasignar los escasos efectivos a destinos distintos según lo requiriera la coyuntura se complementaba con la redistribución generada por individuos que pedían ser dados de baja o desertaban, y eran luego dados de alta en otros cuerpos.

Los hombres que completaron la guardia llegaron a cinco meses de hecho el pedido[237] y un mes más tarde se produjo un motín en la cárcel pública, en el que los presos intentaron forzar la puerta para escapar. La respuesta

---
[236] Archivo de Gobierno, "Notas del Jefe de Policía de esta Capital", 4 de mayo de 1866.
[237] Archivo de Gobierno, "Notas del Jefe de Policía del Departamento La Capital", 14 de octubre de 1866.

policial fue "acollarar" a los cabecillas porque no contaban con celdas en condiciones para evitar la fuga.[238] La precariedad material se esgrimió como la causa de que se impusiera un castigo que, quien escribe, no consideraba adecuado, impuesto por la falta de infraestructura para alojar a los condenados y por el riesgo de que volviesen a intentar la fuga.

Esta fue una situación que no necesariamente mejoró con el tiempo. En 1876, un conjunto de "vecinos y comerciantes del pueblo de Santo Tomé" (pueblo contiguo a Santa Fe, del otro lado del Río Salado, en el extremo sur oeste de la ciudad y que surgió como paso de mercaderías y hombres a la capital provincial) hizo llegar al Poder Ejecutivo un pedido desesperado.[239] Reclamaban personal policial para asistir al comisario, que se hallaba solo cumpliendo su labor y, además, lo hacía *ad honorem*. De hecho, la razón que los firmantes (y luego, el mismo comisario) dieron para la ausencia de personal era la falta de partidas para los sueldos. Afirmaron que "esto que exponemos Sr. Jefe sucede continuamente y tendrá que continuar por falta de jendarmes en la comisión de este pueblo", incluso a pesar de que "el inciso 7 del capítulo IX del presupuesto asegura una partida para los gastos de nuevos juzgados y subdelegaciones de Policía, partida a la que se puede muy bien imputar los sueldos de cuatro vigilantes para el servicio de la comisaría".

El tono del reclamo no era complaciente. Desde su punto de vista, no cabían dudas sobre quién era el responsable de la situación presupuestaria, sobre todo considerando

---

[238] Archivo de Gobierno, "Notas del Jefe de Policía del Departamento La Capital", 13 de noviembre de 1866. Sobre lugares disponibles para alojamiento de presos, solo en mayo de 1877 se construyeron "algunas piezas y corredores en el departamento Central de Policía de la Capital (…)". *Historia de las instituciones de la provincia de Santa Fe*, Tomo VI, "Municipalidades", Santa Fe, Imprenta Oficial.

[239] Archivo de Gobierno, "Notas del Jefe de Policía de esta Capital", 7 de abril de 1876, folios 414 a 417.

que no era la primera vez que realizaban el pedido, "hasta que hoy, en vista de los reiterados desórdenes que se cometen" se veían en la necesidad de reiterarlo:

> Máxime cuando por ley está designado un Juez de Paz para el pueblo de Santo Tomé, y que hoy es de imperiosa necesidad se llene ese empleo, ó por lo menos se den al Comisario los hombres necesarios para su comisaría. (…) No creemos ni por un momento que esta petición sea desatendida, ni que dé lugar al retroseso del pueblo que hoy se levanta a costa de tantos sacrificios.[240]

Además, al momento de señalar cuáles eran las mayores amenazas a la "seguridad individual", los vecinos apuntaron específicamente a las faltas contra el orden público, cometidas por quienes caracterizan de forma misteriosa como impostores, que se hacían pasar por personas decentes:

> peligros a los que diariamente somos amenazados, tal vez por personas que a título de jente decente son los promotores de escándalos y pendencias a las que el XXX fácilmente sigue ya sea por el estado de embriaguez en que se hallan, ya sea por seguir a ciertas jentes pretendientes del nombre de prestigiosos.

Es muy difícil no hacer una lectura política en la acusación de los vecinos, considerando que tuvo lugar en pleno desarrollo de los levantamientos facciosos para cuyo control el gobierno destinó hombres y partidas presupuestarias. Un reclamo velado al destino inequitativo de las partidas para seguridad.

---

[240] Archivo de Gobierno, "Notas del Jefe de Policía de esta Capital", 7 de abril de 1876, folio 414.

La faltante edilicia y presupuestaria fue una constante. Para fines del período, la necesidad de cárceles[241] donde recluir a los condenados se hizo urgente por el "aumento de la criminalidad" enunciado en las fuentes oficiales.[242] En Santa Fe, los condenados eran recluidos en el cuartel de la Gendarmería que, según el ministro de Gobierno, Justicia y Culto, se hallaba en muy malas condiciones.[243] Sin embargo, el proceso de modernización legal y administrativo[244] de la Policía permitió en 1888 las siguientes palabras del gobernador Gálvez:

> en cuanto a las policías urbanas de la provincia, hemos adelantado mucho. Tenemos la organización de las mejores de la república. La distribución del servicio, las facultades del agente policial, su carácter y significación, su disciplina, su responsabilidad, todo esto que constituye la institución está bien definido y bien determinado.[245]

---

[241] Las fuentes del departamento registran la aprobación del proyecto de construcción de la cárcel federal entre las provincias de Santa Fe, Corrientes y Entre Ríos. Archivo de Gobierno, "Notas de los Ministerios y demás reparticiones nacionales", 8 de octubre de 1877. Para una descripción del tratado suscripto entre las tres provincias y el gobierno nacional, véase Levaggi (2002: 81).

[242] Mensaje a las cámaras legislativas del gobernador Gálvez, 1888. En *Historia de las instituciones de la provincia de Santa Fe*, Tomo VI, Santa Fe, Imprenta Oficial, p. 331.

[243] Memoria presentada por el Ministerio de Gobierno, Justicia y Culto de la provincia a las Honorables Cámaras Legislativas en 1892, Santa Fe, tipografía de *La revolución*, 1892, p.8.

[244] Un punto importante de este proceso fue la escisión de funciones con otras agencias estatales. En primer lugar, la efectivización de la separación de áreas de injerencia con la municipalidad, establecida desde 1872 en la Ley Orgánica de Municipalidades pero largamente demorada. "Libro de actas del Consejo Ejecutor de la Ciudad de Santa Fe", tomo I, 21 de enero de 1873, Municipalidad de Santa Fe. En segundo término, la normalización administrativa que diferenció las atribuciones de la Policía y la Justicia, que solo comienza a cristalizar a comienzos de la década de 1890, de la mano de la reforma de la Constitución provincial de ese año. *Historia de las instituciones de la provincia de Santa Fe*, Tomo VI, Santa Fe, Imprenta Oficial, p. 330.

[245] *Historia de las instituciones de la provincia de Santa Fe*, VI, Santa Fe, Imprenta Oficial, p. 233.

El gobernador anunció avances administrativos, que sin embargo no tenían al momento de emitirse este mensaje cristalización legal.[246] El discurso sigue, señalando la continuidad de la faltante de hombres que había caracterizado las décadas anteriores: "Pero si tenemos organización en cambio no tenemos personal. En muchas partes es escaso y habrá necesidad de aumentarlo en la forma que permitan los recursos que voteis".[247]

En esta declaración aparecen los problemas presupuestarios, ya que el aumento de la población y el crecimiento de los centros urbanos volvieron necesaria una mayor cantidad de hombres, armas, uniformes y estructura edilicia[248] para la preservación del orden público.[249] El reclutamiento fue una tarea asumida por la misma Policía, y en el territorio urbano de la capital, entrada la década de 1880 los mecanismos de obtención de hombres se mantuvieron.[250]

---

[246] El Código de la Policía Urbana y Rural de la Provincia de Santa Fe fue presentado como proyecto ante las Cámaras siete años después de este mensaje; la división de esferas de injerencia con la Justicia comenzó a tratarse en 1888 y en 1982 todavía no estaba sancionada. *Historia de las instituciones de la provincia de Santa Fe*, tomo VI, p. 320.

[247] *Historia de las instituciones de la provincia de Santa Fe*, tomo VI, Santa Fe, Imprenta Oficial, p. 233.

[248] Sobre reclamos por más personal para la cárcel de detenidos de Rosario: "así se independizará la guardia, prohibiéndole tener tratos contratos ni conversaciones con los presos, como sucede en las cárceles bien organizadas de modo que la vigilancia mutua de todos los guardianes de los presos, redunda en su mayor seguridad. Esto es tanto más conveniente cuanto que en la nueva Cárcel es necesario implantar un régimen severo de moral y disciplina, que haga de ella lo que debe ser". Memoria de la Exma. Cámara de Apelación de la 2ª circunscripción judicial, 14 de abril de 1893, Imprenta Oficial, p. 101.

[249] "El P.E que desde hace años conoce esas necesidades no pudo antes de ahora ponerles eficaz remedio á consecuencia de la situación angustiosa porque pasó el tesoro de la Provincia durante esos años de conmociones políticas y de profundo abatimiento económico [en referencia a las sublevaciones radicales y de colonos y a la crisis del año 1890]". Memoria presentada por el Ministerio de Gobierno, Justicia y Culto de la provincia a las Honorables Cámaras Legislativas en 1892, Santa Fe, tipografía de *La revolución*, 1892, p. 8.

[250] Archivo de Gobierno, "Notas del Jefe de Policía del Departamento La Capital", 13 de noviembre de 1866.

En la misma intervención se señalan los avances realizados por la Policía (y su consolidación como agencia represiva, al menos en el balance realizado por las autoridades provinciales) enmarcados en el avance institucional de fines de siglo: "la aprehensión del delincuente es un hecho innegable que constata la estadística judicial. En materia de represión las policías llenan su objeto".[251]

Además de los problemas de escasez y poca cualificación del personal, otro flagelo para la Policía fue la falta de armamento. Desde comienzos del período los reclamos se vieron reflejados en los documentos administrativos de la Jefatura:

> Al Sr. Ministro Secretario General de Gobierno, Don Tesandro Santa Ana,
> Me dirijo a ud., poniendo en su conocimiento, que los empleados de este Departamento se hallan sin ningún arma, con que hacerse respetar, al desempeñar las diferentes comiciones que se originan diariamente, en su consecuencia, pido a S.S. se sirva proveerlos de alguna arma para los fines arriba expresados.
> Dios Gde. A S.S
> Dermidio Luna,
> Santa Fe, octubre 4 de 1867.
> Autorícese al Jefe de Policía para comprar cinco revolveres para que los distribuya entre los comisarios de policía, con la finalidad que cuando alguno de ellos dejase el empleo que actualmente desempeña, cualquiera sea la causa que motive su separación, dejará las armas que se le hayan entregado en la Policía para que sean destinadas al que le sucediere.
> Oroño
> Tesandro Santa Ana.[252]

---

[251] Esta opinión, que corre el eje del problema de la deficiencia punitiva de la Policía a la Justicia, fue enunciada durante una reestructuración del Poder Judicial (con la ansiada implementación del Código de Procedimientos y la Ley Orgánica de Tribunales). Memoria presentada por el Ministerio de Gobierno, Justicia y Culto de la provincia a las Honorables Cámaras Legislativas en 1892, Santa Fe, Tipografía de *La Revolución*, 1892, pp. 5-8.
[252] Archivo de Gobierno, "Notas del Jefe de Policía de esta Capital", 2 de octubre de 1867.

Confluyeron dos motivos predominantes en que la vigilancia en la ciudad se hiciera siempre con una cantidad insuficiente de armas: la falta de envío de estas de parte del gobierno; que los desertores se llevaran las armas consigo cuando huían; y que los efectivos en servicio las perdieran o vendieran.

Estos pedidos fueron más frecuentes en la Capital hasta mediados de la década de 1870[253] (luego, de las localidades cercanas, hechos por los jueces de paz) y en su mayoría se trata de solicitudes de armas y vestuario (lo que no era un problema menor, porque "se confunden policías con paisanos").[254] Algunos de los casos de faltante de vestuario son irrisorios, como la oportunidad en que, habiéndose apersonado a la inspección general de armas el jefe de Policía Echagüe a retirar la partida de calzoncillos para la partida celadora que había requerido al gobierno:

> revisé los calzoncillos que depositados existen allí. Los susodichos son de lienzo tablón de buena calidad, pero tan extremadamente cortos, que solo servirán para niños de nueve a once años siendo por consiguiente inútiles para la tropa. El inspector de ramos me espuso que el susodicho vestuario fue depositado en dicha oficina hace tres años.[255]

La respuesta que se registró en el parte fue confusa, pues ordenó que se archive la nota de Echagüe pero no indicó qué hacer respecto del vestuario faltante.

---

[253] Archivo de Gobierno, "Notas del Jefe de policía de esta Capital", 10 de octubre de 1865; 6 de mayo de 1869.

[254] El juez de paz de San José solicitó que el jefe de Policía intermedie su reclamo con el Poder Ejecutivo, dado que para los seis efectivos que había en la localidad, tenía armas y vestuario para dos: "Solo el Sargento y el Cabo cargan sable y los soldados en nada se distingue que lo sean". Archivo de Gobierno, "Notas del Jefe de Policía de esta Capital", 5 de mayo de 1865.

[255] Archivo de Gobierno, "Notas del Jefe de Policía de esta Capital", 27 de julio de 1881, folio 336, tomo 65.

Sumada a la escasez de armamento y la poca cualificación e inconductas, la falta de vestuario[256] contribuyó a que la aceptación social de la Policía fuera baja. Como vimos, la prensa difundió una miríada de imágenes negativas, en las que se pone de relieve un desconocimiento, una cierta extrañeza de la población hacia la fuerza, como vivió en carne propia un vigilante que, al devolver a una muchacha huérfana que había escapado de la casa donde era criada, quiso intervenir cuando "la señora la tomó del cabello y le dio tal cantidad de golpes que por suerte no la desmayó. El vijilante que la conducía [pretendió] quitar a esa desgraciada de garras de la cruel señora, pero esta, encolerizada, dá tal empellón al guardián que lo arroja sobre una cantidad de arena".[257]

Se denunció constantemente la inefectividad y la incapacidad de imponer respeto de la Policía en todo el territorio policial:

> Escándalos.
> El parte de policía se encarga de revelarnos que los escándalos continúan, y que los castigos correccionales de la autoridad no imprimen ningún respeto.
> Las que cometen estos abusos o escándalos son personas de mala vida en su mayor parte, es decir, que esta es la gente que no obedece a la Policía y se ríe de su autoridad.
> Anteayer se han aprehendido cuatro individuos por escándalo.
> Hablamos con datos fijos.[258]
> Descomunal desorden.
> Tiros a granel.
> Un descomunal desorden promovieron anoche a las diez en un almacén de las proximidades de Balcarce y San Luis, Vicente Guilla y Pedro Armón, ambos italianos.

---

[256] Archivo de Gobierno, "Notas del Jefe de Policía de esta Capital", 28 de marzo de 1866, tomo 27, folio 1881.
[257] *El independiente*, Rosario, 17 de diciembre de 1885, p. 1.
[258] La Capital, Rosario, miércoles 15 de abril de 1874.

El cabo del escuadrón, Tomás R. Perineta, al pretender detener a los desordenados fue desacatado y agredido por Guilla, que le hizo tres disparos de revólver a boca de jarro, afortunadamente sin herirlo.[259]

Un vestuario que distinguiese a los agentes de la ley era imprescindible, también, porque la conducta de estos no bastaba —y muchas veces perjudicaba— como ejemplo de rectitud porque, como se dijo, pertenecían a las "peores capas sociales".

Esto lleva directamente a la última de las tensiones que atravesaron la formación policial durante toda la segunda mitad del siglo: su composición social polarizada, que reprodujo al interior de la fuerza la cuestión de cómo controlar el orden público, dado que los agentes encargados de la vigilancia de las conductas fueron, incluso, en muchos casos los mismos individuos que días antes lo habían infringido.[260] Ello se traslució en las quejas del jefe de Policía, de su primer oficial y de comisarios y jueces de paz, que paradojalmente demandaban un comportamiento acorde por parte de los hombres que reclutaban, a quienes ponían a patrullar las calles como pena por sus infracciones.[261] Decimos que puede verse en ello una paradoja pues los documentos de las autoridades policiales abundan en el señalamiento de dos cuestiones: de una parte, la condición de

---

[259] *El Municipio*, Rosario (presumiblemente 1892/3).
[260] Archivo de Gobierno, "Notas del Jefe de Policía del Departamento La Capital", 23 y 25 de enero de 1867; 9 de abril de 1867; 30 de octubre de 1868; 2 de enero de 1869; 4, 5, 17 y 22 de febrero de 1869. También, casos de hombres que entrando como voluntarios en otros cuerpos militares entraban presos por infracciones al orden y eran dados de alta en la Policía. Archivo de Gobierno, "Notas del Jefe de Policía de esta Capital", 13 de enero de 1866.
[261] Las quejas de funcionarios policiales al gobernador a este respecto son numerosas a lo largo de la segunda mitad del siglo. Sin embargo, es interesante destacar que se hacen más espaciadas a partir de 1879 y 1880, años en que la resolución armada de las pugnas políticas dio paso a algunos años de estabilidad. AGPSF, Archivo de Gobierno, "Notas del Jefe de Policía del Departamento La Capital", 28 de mayo de 1870; 19 de agosto de 1872.

escasa o nula moral de muchos integrantes de la tropa;[262] de otra, la indignación por conductas *impropias de su condición* (de policías).[263] Ello tuvo mucho que ver con la incorporación sistemática de condenados por faltas contra el orden, a cumplir servicio de policía. En el parte que sigue, el jefe Echague da aviso de la baja de un oficial; enuncia para ello motivos de disconformidad que, aunque no fueron los únicos causales de bajas,[264] fueron frecuentes:

> Con esta fecha el infraescripto ha separado del Cuerpo de Gendarmes al ayudante don Facundo García, en atención a su mala conducta y abandono completo que ha hecho del cuerpo al que pertenece dedicándose a otros trabajos que son incompatibles a un oficial, gravando al gobierno, sin servirle, con la ración y sueldo que le da.[265]

El incumplimiento del servicio se mezcló frecuentemente con inconductas de orden moral, o al menos que según las autoridades ponían en jaque la moral que debía inculcarse a la tropa y esto aparece en los documentos internos de la Policía en todo el período. El 2 de abril 1881, el jefe de Policía Mariano Echagüe informó que

> Habiendo desobedecido órdenes por mí impartidas, el Comisario Justo Pedro Reyna, le he tenido detenido desde ayer a las doce a.m. habiéndolo suspendido con esta fecha. La moral en

---

[262] El subteniente Nicandro Yenio abandonó la guardia de la cárcel pública "lléndose a un baile dejando el punto en completo abandono". Archivo de Gobierno, "Notas del Jefe de Policía del Departamento La Capital", 23 de agosto de 1867; apresaron a un grupo de soldados que "han abandonado su guardia para embriagarse", 14 de julio de 1869.

[263] Archivo de Gobierno, "Notas del Jefe de Policía del Departamento La Capital", 10 de octubre de 1865; 22 de diciembre de 1865.

[264] Algunas otras causas fueron: la certificación de "ser inútil para el servicio" del médico de Policía (12 de marzo de 1867); la sospecha de robos reiterados en el cuartel. Archivo de Gobierno, "Notas del Jefe de Policía del Departamento La Capital", 1881, folios 348 a 362.

[265] Archivo de Gobierno, "Notas del Jefe de Policía del Departamento La Capital", 3 de enero de 1865.

el servicio público me ha obligado a tomar el paso del que doy cuenta a S. Sa. para que se digne ponerlo en conocimiento de S. E. el Sr. Gobernador.[266]

El 22 de marzo de 1867, fue dado de alta en el Piquete de Vigilantes Estanislao González, por el lapso de seis meses, por "incorregible en sus vicios".[267] Casos como el suyo[268] fueron causa de problemas con la población, como lo muestran las noticias que hacia fines de siglo seguían ocupando un lugar importante en la prensa:

> Policiales/ Fue destituido el empleado Granel de la Comisaría 6ta, por faltas cometidas en estado de ebriedad. Muy bien hecho, así debería hacerse con todos los que procedieran mal, si se quiere levantar la institución policial á la altura en la que debe encontrarse, hoy desprestigiada á causa de algunos malos empleados.[269]

Asimismo, se dio la queja por deserciones motivadas por robos, como las que denuncia el comisario Florencio Villalba en 1865:

> el martes a las doce de la noche se me han desertado tres individuos llamados Gervazio Mancilla Bernardo (...) y Juan Arenales (siendo una trampa) llebandose dos carabinas, dos sables y una [ilegible] con dos paquetes. Sé que estos viven en el distrito del Comisionado Mariano Candioti.[270]

---

[266] Archivo de Gobierno, "Notas del Jefe de Policía del Departamento La Capital", 2 de abril de 1881, folio 156.
[267] Archivo de Gobierno, "Notas del Jefe de Policía de esta Capital", 22 de marzo de 1867.
[268] Archivo de Gobierno, "Notas del Jefe de Policía de esta Capital", 31 de marzo de 1867; 30 de noviembre de 1867; 30 de octubre de 1868; 4 de febrero de 1869 (tres hombres que desertan el 5 de marzo siguiente); 16 de febrero de 1869; 22 de febrero de 1869; 2 de febrero de 1872.
[269] El Censor, diario de la tarde, Santa Fe, 21 de octubre de 1897.
[270] Archivo de Gobierno, "Notas varias", 28 de septiembre de 1865.

El comisario culminaba su nota señalando que "es muy necesario cumplir con la orden [de captura] dada para escarmiento de la tropa".[271]

Dichas conductas no solo dañaron la imagen que las autoridades deseaban proyectar sino que generaron conflictos al interior de la Policía, que se dieron en la forma de enfrentamientos (tanto durante horas de servicio[272] como de ocio). Hallamos casos como el enfrentamiento entre los tenientes Silvestre Zárate, de la Policía, y Domingo Camandela, de la Guardia Nacional, en el que se evidencian dos elementos que se destacaron como preeminentes en las representaciones sobre la violencia: la cuestión moral y la ebriedad. El 15 de mayo de 1874, Camandela denunció que, mientras se retiraba de una casa cita "en calle 25 de mayo, dos cuadras al sur de la Segunda Sección de Policía" en la cual acababa de alquilar un cuarto, llegó el teniente Zarate con dos soldados, "lo hizo llamar afuera, prontamente le quitó la espada, sacó la de él y en pública calle le pegó varias veces lastimándole en varias partes del cuerpo (...) y sin decir por qué lo hacía aunque no habría tenido derecho".

Camandela tilda el suceso de "una barbarie nunca sucedida en Santa Fe, como las mismas personas que estaban mirando decían".[273]

Luego, Zárate lo hizo llevar

> en cabeza, pues el kehpy se encontraba lleno de tierra, en calidad de preso como el criminal más culpable [ordenando a los soldados de guardia] que si simplemente hablaba o se

---

[271] Archivo de Gobierno, "Notas varias", 28 de septiembre de 1865.
[272] Como el caso de un soldado que se reveló contra la comisión de Policía que intentaba arrestarlo por estar ebrio durante el servicio, acto en el que logró robarle la carabina a un integrante de la comisión y herir al capitán. Archivo de Gobierno, "Notas del Jefe de Policía de esta Capital", 5 de enero de 1869.
[273] Archivo de Gobierno, "Notas del Jefe de Policía de esta Capital", 15 de mayo de 1874, folio 207.

quejaba del suceso lo pusiesen inmediatamente en la barra de los dos pies y le pegasen con los sables como el pícaro que era, indigno oficial.[274]

Este acto provocaba, según Camandela, "la desmoralización de la tropa y gravísimo escándalo ocasionado en público". No conforme con ello, al día siguiente y en presencia de la tropa formada, Zárate habría insultado y golpeado nuevamente a Camandela que denuncia, como consecuencia de ello, sufrir "el desprecio de sus subalternos" a causa del "temible ejemplo acontecido".

Inquirido en un sumario sobre lo sucedido, Zárate argumentó que Camandela "se encontraba borracho y pegándole a una mujer con su espada" (y no alquilando tranquilamente una habitación de lo que la dueña de casa, Fortunata Sosa, no dijo nada, aunque sostuvo la versión de que Camandela se hallaba ebrio). Según Zárate, Camandela quiso: "sacar a la fuerza a Julia Gutierrez 'á Pancha Chamuyo' [de la casa] la cual lloraba y no quería seguirlo porque sin dudas el oficial se valía de la chupa la quería sacar a palos, después que hacía días la había hechado".[275]

Al querer retirarlo, Camandela habría

> insultado de tuerto miserable y ante esto el declarante se bajó [de su caballo] ante las súplicas de las mujeres (…) para sacarlo de la puerta [ante lo que] éste se enfureció y sacando la espada atropelló al declarante, quien se vio forzado a hacer lo mismo, pero consiguiendo, por el estado de ebriedad en que se encontraba Camandela, que no podía caminar de ebrio, no sabe si en el primero, segundo o tercer palo que le pegó.

Es interesante, asimismo, ver que ambos, denunciante y denunciados (Zárate y los dos soldados que lo asistieron) invocaron a "las muchas personas", a "las sras. (…) y muchas

---

[274] Archivo de Gobierno, "Notas del Jefe de Policía de esta Capital", 15 de mayo de 1874, folio 207.
[275] Archivo de Gobierno, "Notas del Jefe de Policía de esta Capital", 15 de mayo de 1874 (subrayado en el original).

otras gentes", al público, como garantía de la verdad de sus dichos y, en el caso de Camandela, también como una de las víctimas principales del episodio ya que dijo que el escándalo y la barbarie afectaron a todos los presentes. Los testimonios fueron todos favorables a la versión de Zárate, aunque la insistencia con que este intimó a declarar a una de las vecinas, que terminó diciendo que "no la molesten más con este asunto", también resulta curiosa. Finalmente, no se dice por qué testificó Julia Gutierrez pero no Francisca, la víctima, de la que tampoco se listó la profesión.

Asimismo, se destacan dos cuestiones en relación con la praxis policial: por un lado, en estas situaciones está claro que la cadena de mando y la pertenencia a la institución quedaban en un segundo plano. *Ser* policía no parece haber condicionado la voluntad o capacidad de estos hombres de transgredir las normas. En todo caso, se valieron de esto; expusieron su autoridad para lograr su cometido con mayor facilidad. Ello generaba fricciones al interior de las fuerzas (en este caso, un enfrentamiento entre tenientes de la Guardia Nacional y la Policía) y contribuía a socavar la imagen de la institución ante la población. En este caso, ello se ve en el énfasis que los involucrados hicieron en la visibilidad pública del altercado; de manera más general, debe considerarse la cantidad de episodios registrados (así como las denuncias ya revisadas, que marcaban el comportamiento inmoral de los agentes de Policía). El comportamiento de la Policía dependió entonces, en buena medida, del comportamiento de los individuos que la compusieron.

Por otra parte, la denuncia de comportamientos inmorales e indebidos parece haber sido una estrategia recurrente de policías contra policías, que exploramos más detalladamente en el capítulo 4. En este incidente algunos indicios llevan a esa suposición, como por ejemplo, ciertas divergencias en las versiones dadas. Mientras Zárate afirmó que fue llamado por la dueña de casa para que retire a Camandela de la puerta, por las razones dadas, y la hermana de la víctima afirma que fue ella quien se dirigió ante el comisario a denunciar lo que estaba sucediendo y pedir presencia policial, la dueña de casa dice que mientras Camandela pretendía entrar, "pasaba en esas circunstancias el teniente Zárate a quien llamó pidiéndole que [lo] echase",

También, al preguntarle a Camandela si había existido un altercado previo, este lo negó. Sin embargo, Julia Gutiérrez afirmó que esta era la segunda vez que Camandela actuaba violentamente con su hermana, habiéndole pegado con su espada en la galería del Cabildo dos días antes de este último episodio. Estas divergencias en el relato formaron parte central de las acusaciones cruzadas: la moralización de la tropa estaba en juego en las acciones de Zárate (retirando a Camandela y cesando el escándalo) y de Camandela (que pedía se haga justicia para remediar el ejemplo inmoral que Zárate dio a la tropa castigándolo y humillándolo).

La lectura sobre la moral defectuosa de la tropa también se sustentó, para las autoridades, en el hecho de que soldados, gendarmes, vigilantes, serenos y sargentos resultaron reincidentes en este tipo de faltas. Como ha mostrado Sandra Gayol (1992) para Buenos Aires, la composición de la Policía tuvo una dinámica en la que las altas y bajas conjugaron motivos de intercambio con otros trabajos estacionales, la condena por faltas y delitos varios, así como la deserción[276] y recaptura.[277] En las fuentes policiales, los motivos registrados, aunque de forma irregular, son los últimos dos;[278] ello ha permitido hacer un seguimiento de altas, bajas y reincidencias. Entre ellos, sobresa-

---

[276] Archivo de Gobierno, "Notas del Jefe de Policía de esta Capital", 29 de febrero de 1872, f. s/n.

[277] Las reincorporaciones eran por captura y, en ocasiones, porque el desertor se presentaba voluntariamente, como el sargento José Sequeira en 1872. Archivo de Gobierno, "Notas del Jefe de Policía de esta Capital", 6 de febrero de 1872.

[278] Por escándalo, el 14 de febrero de 1866; por ebriedad, el 15 de enero de 1867; por ebriedad y pendencia, el 28 de febrero de 1867; el 4 de noviembre de 1868, fecha en que no se lista el motivo, pero es remitido al juez del crimen, y el parte anota que había sido arrestado, también, días antes. Archivo de Gobierno, "Notas del Jefe de la Policía de esta Capital", 14 de febrero de 1866; el 15 de enero y 28 de febrero de 1867; 4 de noviembre de 1868.

len casos como el del sargento Guardia[279] y, por el rango que tenía y la tenacidad de sus reincidencias, el primer oficial Acisclo Niklison, el capitán Basualdo y otros.

Esa tropa fue la encargada de controlar las calles, plazas y barrios de la ciudad. ¿Cómo lo hizo y a quienes controló?

3.

Los documentos administrativos de la Policía que aparecen con regularidad en los tomos del Archivo de Gobierno son partes diarios, informes de comisarios y jueces de paz, listados mensuales de multados; listas de pasajeros de los buques llegados al puerto; estados de cuentas mensuales; otros informes, *ad hoc*, sobre cuestiones o episodios puntuales; sumarios. Asimismo, un número alto de partes son acuses de recibo de notas y decretos del Poder Ejecutivo.

Entre los rasgos más desafiantes de los partes diarios para un análisis "seriado" sobresalen en primera instancia las diferencias notorias en la cantidad de partes conservados para los diferentes años. Frente a estas "irregularidades" optamos por reconstruir el ritmo de los arrestos basándonos en los años para los cuales contamos con más partes (presentamos esos datos en los gráficos, aunque el relevamiento exhaustivo fue realizado en todos los años del período). Un dato a destacar es que aquellos años en que los partes conservados son escasos en el total del año o pertenecen solo a ciertos meses, no arrojaron cantidades de arrestos que contradijesen las tendencias principales.[280]

---

[279] Arrestado por insubordinación (insultos al encargado de la Banda de Música) el 24 de febrero de 1865; por ebriedad el 4 de agosto de 1866 y el 28 de febrero de 1867. Luego de esta última falta es remitido, el 4 de marzo de 1867 a la Frontera, por dos meses. Archivo de Gobierno, "Notas del Jefe de Policía de esta Capital", 24 de febrero de 1865; 4 de agosto de 1866; 28 de febrero de 1867; 4 de marzo de 1867.

[280] Se tuvieron en cuenta dos criterios de selección para exponer las estimaciones cuantitativas: por un lado, que hubiese partes de al menos ocho de los doce meses del año y que, en cada uno de estos, haya partes de al menos la

Con respecto a los arrestos, consideramos faltas y delitos de dos tipos, ambos estipulados en el Reglamento de Policía Urbana y Rural. En primer lugar, contra el orden público, dentro de las que se incluyen ebriedad, escándalo, pendencia, vagancia, portación de armas prohibidas, incumplimiento de contrato laboral y juegos prohibidos. Por otra parte, los delitos contra el Estado (Salvatore, 2010), entre los que contamos la deserción, la insubordinación, la falta de papeleta de enrolamiento y las faltas en el servicio.[281]

Al reponer los números del control en la ciudad, dimos con algunas comprobaciones generales sobre qué y a quiénes se controló. Entre los años 1856 y 1890, un puñado de comportamientos fue castigado mediante el arresto correccional y la multa, de forma sistemática y, dentro de este grupo, algunos presentan ritmos más estables, mientras que otros vivieron "picos" en determinadas coyunturas.

En principio, las faltas y delitos contra el orden pueden agruparse, como se vio en el apartado anterior, según el tipo de afrenta al orden público que suponían; la moral, la violencia y el trabajo (en realidad, el ocio) son los tres ejes prioritarios, representados respectivamente en las faltas de ebriedad y escándalo, pendencia y portación de armas prohibidas, y vagancia, falta de papeleta e incumplimiento de contrato laboral. En los partes diarios de la Jefatura, estas transgresiones son las más numerosas (los casos de

---

mitad de los días. Este criterio, aunque arbitrario, nos ha permitido establecer ciertos parámetros de comparación entre las que, de otro modo, son fuentes muy "desiguales".

[281] Además de estas, tuvimos en cuenta ciertas transgresiones contra las personas (heridas, en situación de pendencia y/o acompañando ebriedad) o contra la propiedad (robo, y robo de ganado) que aparecieron ligadas o formando parte de arrestos por faltas contra el orden (o que en determinados casos fueron castigadas por la Policía, aunque esto correspondiera a la Justicia o al Poder Ejecutivo). Otro grupo numéricamente importante de arrestos realizados son aquellos de los cuales no se lista el motivo. En este grupo no se incluye a los realizados "por orden superior". Estos, aunque hechos por la Policía, no dependían de ella ni en su iniciativa ni en su castigo.

deserción fueron más numerosos en las coyunturas críticas de necesidad de mano de obra militar como la Guerra de la Triple Alianza y el bienio 1876-1878).

Dentro de este conjunto, los arrestos por faltas de ebriedad y escándalo crecieron de forma estable. La ebriedad fue, por un margen muy amplio, el motivo de la mayoría de las detenciones en la ciudad; los casos de pendencia y portación de armas también fueron numerosos, pero existieron coyunturas precisas en los que estos arrestos se incrementaron.

Relacionados con los momentos de mayor agitación política, especialmente en el caso de la portación de armas prohibidas, se dio un alza en los arrestos y multas por este motivo en los dos primeros y cuatro últimos años de la década de 1870, fundamentalmente por el temor del gobierno a que estos hombres armados fuesen reclutados por los opositores, preocupación que se insertó en el marco de las representaciones sobre la violencia y los sujetos pobres y desconocidos. En los números no hubo un correlato directo de estas representaciones con los delitos efectivamente cometidos, y eso fue así para la mayoría de las transgresiones.

Si puede transmitirse, para la ciudad, una primera impresión general, se trata de una en la cual los mayores temores de la elite respecto del orden y la violencia públicos no se condijeron, en magnitud, con los delitos efectivamente cometidos –al menos aquellos registrados por la Policía–.

El otro subgrupo de transgresiones incluye aquellas que iban específicamente contra el trabajo. La vagancia y el incumplimiento de contrato laboral presentan picos muy altos de arrestos en unos pocos años frente a una década y media de escasísimos o nulos arrestos. Si consideramos los números en sí mismos, prácticamente no existieron arrestos por estas causas sino hasta la década de 1880 en el ámbito urbano.

Que el control de estas faltas haya aumentado en momentos en que la estabilidad política y el crecimiento demográfico imprimían sus primeros efectos en la expansión urbana (Cervera, 2010; Collado, 1994) no resulta sorprendente. Sin embargo, en tres décadas de fuentes policiales, sí es curioso que unas faltas que precisamente dañaban uno de los pilares del discurso civilizatorio de la elite, el trabajo, hayan tenido tan poca incidencia cuantitativa en la capital provincial. Afirmaciones como esta resultan siempre relativas, construidas desde el registro que la Policía hizo de sí misma: el incumplimiento de los contratos laborales en la ciudad no fue una preocupación sino hasta la década de 1880. En la práctica, los detenidos eran peones y sirvientes (el número de mujeres arrestadas por esta causa es levemente mayor al de los demás motivos considerados en conjunto) pues, aunque el reglamento estipulaba sanción para ambas partes de la relación, no hay casos de patrones presos, pero sí algunos pocos de multados.

El análisis que realizamos sobre estos documentos no es cuantitativo. La cuantificación que tradujimos a los gráficos solo tiene objetivos ilustrativos, para estimar, de manera general, las tendencias más estables de qué comportamientos se controlaron y aquellas oportunidades en que estas se interrumpieron (como, se verá, es el caso de 1876 y 1878, y de 1881). Según estos parámetros, los años que presentamos en los gráficos son los de 1866, 1869, 1872, 1876, 1878 y 1881.[282]

---

[282] Los años revisados exhaustivamente (aquellos en los que existe el apartado "Notas del Jefe de Policía de esta capital") fueron: 1850, 1851, 1853, 1854, 1864-1879, 1881, 1883, 1884, 1890. En ellos, el total listado de arrestos realizados por transgresiones contra el orden público y contra el Estado fue de 2880.

A diferencia de los arrestos que aparecían en las notificaciones diarias, las multas están registradas en listados mensuales que la Jefatura elevaba al Poder Ejecutivo,[283] junto con el detalle de lo recaudado. Existieron ciertas características de esta forma de pena que, a los efectos de nuestro objeto, resultan relevantes. Respecto de la cantidad, en función de los arrestos, resulta muy difícil ponderarla dado que son muy pocos los listados que se conservan (y de forma mucho menos regular): a partir de estos, puede anotarse que la cantidad de multas oscila entre diez y treinta[284] y que, en el caso de aquellas infracciones contra el orden, se trató de faltas como "juegos prohibidos", "admitir juegos en su casa [de negocio]", "bailes sin permiso" o "falta de aseo en el mercado",[285] "galope" y "animales sueltos". Estas faltas fueron cometidas por ciudadanos respetables que se reconocen en las listas sea porque sus nombres nos son muy conocidos (miembros de las familias Iturraspe, Candioti, Crespo, que en su mayoría fueron multados por galopar o dejar animales sueltos) o porque fueron anotados con el epíteto de "Don".

Siguiendo la forma en que fueron anotadas muchas detenciones, confeccionamos categorías "combinadas" de "ebriedad y escándalo", "ebriedad y portación de armas prohibidas" y "ebriedad y heridas", tanto porque, dentro de la enorme cantidad de arrestos por ebriedad, los partes detallan cuándo existió más de una razón para la detención

---

[283] En algunas ocasiones, como en el caso de 1865 y 1866, hallamos listados correspondientes a varios meses del año. Archivo de Gobierno, "Notas del Jefe de Policía de esta Capital", 30 de septiembre de 1865, folios 308-312; multados de febrero, marzo, abril, junio, agosto y septiembre de 1866, folios 1882, 1200-1202, 1204, 1208, 1213 y 1216. En la mayoría de los tomos en que hay listas de multados, se trata de meses "sueltos", como de enero a abril y julio de 1867 (folios 2770 y 2808); mayo, junio, octubre de 1868; febrero de 1869. A partir de mediados de la década de 1870, los multados son incorporados más sistemáticamente en los informes diarios.
[284] En el mes de abril y mayo de 1865, hubo 14 multados; junio, 11; en el de septiembre, 17.
[285] Archivos de Gobierno, "Notas del Jefe de Policía de esta Capital", 31 de marzo de 1865, folios 1361 y 1362.

pero, además, porque ello nos permitirá reconocer, estimativamente, cuántos de esos casos fueron en situaciones de ocio grupal o de violencia interpersonal.

La información que brindan los censos de 1858, 1869 y 1887[286] permite un primer acercamiento a la incidencia numérica de los arrestos en la ciudad. La comparación es orientativa, dado que estos números son solo de la población total (salvo en el caso del censo de 1887) y los arrestos fueron realizados sobre adultos y en su abrumadora mayoría se trató de hombres.

Según esta información, en 1858 en Santa Fe vivían 6102 personas; en 1869, 10670, y en 1887, Santa Fe tenía 15099 habitantes. El primer censo con el que puede establecerse una comparación más confiable (por el número de partes disponibles para los años cercanos a su confección) es el de 1869. En la tabla 1 se muestra porcentajes estimativos.

Tabla 1. Porcentaje de arrestos, de acuerdo con una población de 10670 habitantes

	1867	1869	1872
Número de arrestos	358	204	276
Porcentaje sobre la población (según censo de 1869)	3,35%	1,91%	2,58%

Se trata de porcentajes muy relevantes, si se considera asimismo que los únicos delitos contra las personas y contra la propiedad que están computados en ese recuento son las capturas por "robo" y "robo de ganado" realizadas dentro de la

---

[286] Se trata del primer censo provincial, de 1858; el primer censo nacional, de 1869 y el censo provincial de 1887.

ciudad[287] y, contra las personas, las heridas en situaciones en que lo que motivara el arresto fueran faltas de pendencia o ebriedad.

La tendencia de los arrestos, si bien presentó fluctuaciones, fue ascendente (gráfico 2). Al considerar los 14206 habitantes que calculó el censo de 1887,[288] los 411 arrestos de 1881 (año en que la población era menor) suponen un 3,1% de la población. Si de ellos se recorta a los hombres entre 15 y 50 años, se obtiene que el porcentaje total de arrestados sobre el total de varones entre 15 y 50 años fue del 10%. De esta forma, la preocupación por regular los comportamientos desordenados creció a medida que nos acercamos a fines de siglo. Como se ve en el gráfico 1, aunque con fluctuaciones importantes, el número de detenciones fue en alza.

Gráfico 1. Cantidad de presos por año

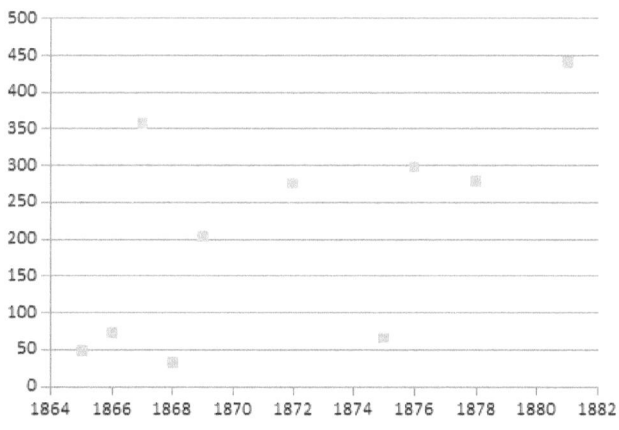

---

[287] Estos casos nunca estuvieron entre los más numerosos y se trata de situaciones muy variadas. Sin embargo, su número fluctuó de año en año. Por ejemplo, en 1867 los arrestos por robo y robo de ganado representaron el 3,9% y 2,2% del total, respectivamente (frente a un 38,8% de ebriedad y asociadas). En 1869, 7,3% y 7,8% (frente a 28,4%). En 1872, 5,7% y 2,5% (frente a 29,7%).
[288] Censo General de la Provincia de Santa Fe, 1887, p. 22.

Dentro de esta preocupación creciente, podemos delimitar algunas tendencias. En gráfico 2, puede verse el número de arrestos en todo el período según la causa, lo que permite comenzar a desagregar la presencia de estos comportamientos así como los "ciclos de atención" del control sobre ellos.

4.

Lo que primeramente sobresale en este gráfico es la gran cantidad de detenciones por ebriedad en comparación con los demás motivos. De un total de 2075 arrestos, 667 fueron por ebriedad; 76, por ebriedad y escándalo; 121, por ebriedad y portación de armas prohibidas, y 11, por ebriedad y heridas, lo cual asciende al 32% del total de arrestos del período. En adición a ello, se trata de detenciones que sostuvieron números regulares, frente a otros motivos como la falta de papeleta de enrolamiento o el incumplimiento de contrato (artículos 20 y 21) que, aunque cuantitativamente relevantes, se concentraron en unos pocos años.

Como se desprende del gráfico 3, y si bien hubo variaciones, el camino general de los arrestos por ebriedad es ascendente. Comparando los gráficos 2 y 3, puede reconocerse cómo, en 1881, año en que tuvieron su pico los arrestos por incumplimiento del contrato laboral (45,1% del total del año), la ebriedad disminuyó notoriamente como causal de arresto (14,3%) respecto a 1878 (57,7%), ante lo cual es más probable pensar en un cambio de la atención policial más que en una repentina disminución en el consumo de alcohol.

Gráfico 2. Cantidad de arrestos en el período, según la causa

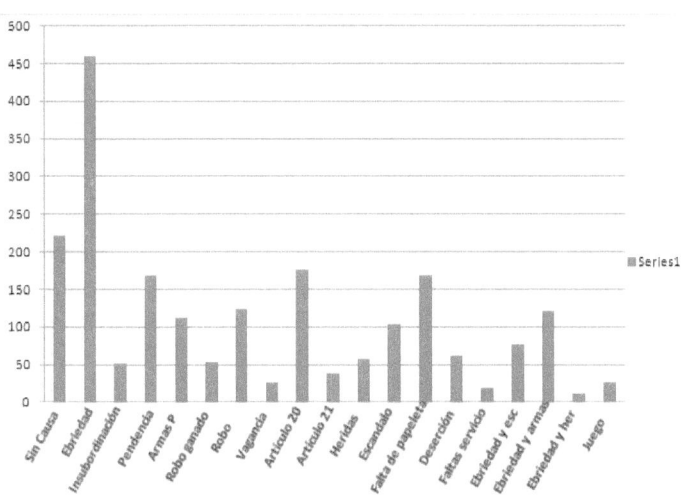

Gráfico 3. Porcentaje de arrestos por ebriedad por año en el total de arrestos

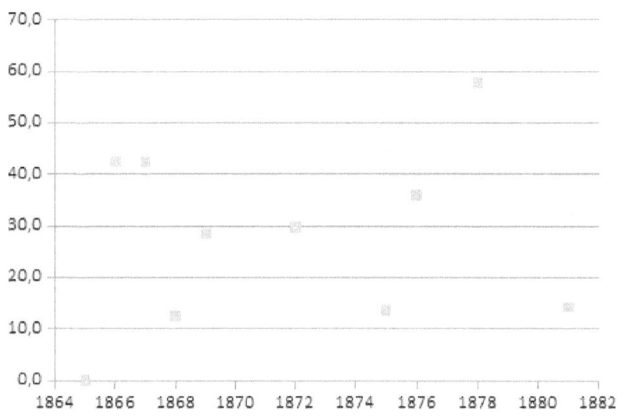

Si analizamos más de cerca las detenciones por ebriedad, comprobamos que "ebriedad y heridas" es, por un margen muy grande, el motivo menos numeroso dentro de esta categoría. Desde ya, no escasearon las situaciones de conflicto, de tensión y de violencia ligadas a la bebida y, de hecho, los números evidencian que la preocupación por esto resultó una constante.

En marzo de 1872, fue muerto Tomás Mendoza, un individuo que se hallaba, según el informe, "intentando pelear al dueño de la casa [de negocio] de Sirilo Basualdo". El jefe de Policía envía una comisión a aprehender a Mendoza, que (según consta en el parte final, pero no en el primer informe del comisario de sección) andaba "ebrio corriendo a mujer y otros vecinos con la intención de matarlos". Confrontado por los soldados, se resistió a la comisión "sin embargo de habérsele intimado orden de rendirse tres veces". En ese momento, "atropelló empuñando un puñal contra la comisión". Esta, "viéndose ultrajada por un insolente de esa manera, no hizo sino un tiro de defensa. Ha resultado de este incidente haber muerto dicho Mendoza".

El informe del jefe de Policía consigna que Mendoza logró arrebatar un revolver de uno de los soldados de la comisión y con él les apuntó; luego, sin embargo, se afirma que los atacó con un cuchillo. El parte del comisario de sección consigna que Mendoza tenía ya un arma, antes de la llegada de la comisión.[289]

Sin embargo, las situaciones públicas de violencia interpersonal que hayan resultado en arresto a causa de la bebida fueron sensiblemente menores a la cantidad de veces que se detuvo a sujetos "solo" por beber, e incluso menores a los arrestos por "heridas" donde no se consigna ebriedad (fueron 58).

Sin duda, la forma irregular en que los motivos fueron anotados incide en las cantidades que pudimos sistematizar. Ahora bien, algo que sobresale en los partes (que el gráfico no muestra) es que de los 58 casos de presos por heridas, más de la mitad corresponde a policías en servicio. En estos casos, sí, tenemos testimonio de un vínculo más directo entre la bebida y

---

[289] Archivo de Gobierno, "Notas del Jefe de Policía de esta Capital", 1 de marzo de 1872, folio 1316.

episodios de violencia entre los agentes, que, sin embargo, tampoco merecen una lectura lineal, pues muchas veces el estado de ebriedad fue más una herramienta acusatoria entre policías y un elemento de posicionamiento ante las autoridades que un hecho comprobado. A diferencia de lo sucedido con otras faltas, la presencia de la ebriedad creció tanto en los discursos de la elite como en la cantidad de casos sancionados por la Policía. Lo que sin embargo se destaca es que, en estas últimas, la incidencia cuantitativa de episodios de ebriedad y violencia es muy reducida frente a la entrada de presos por ebriedad como motivo único. En este sentido, el énfasis en la amenaza de violencia que suponía la figura del "ebrio" no parece haberse reflejado en las prácticas de los sujetos controlados.

Gráfico 4. Ebriedad. Porcentaje de arrestos por tipo de ebriedad

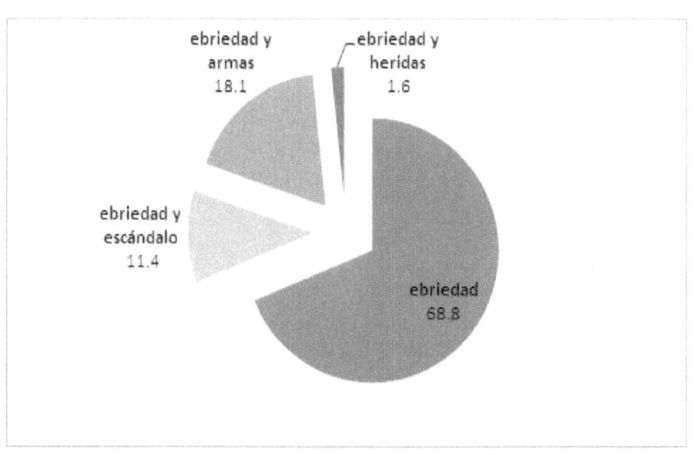

En relación con ello, las penas aplicadas a casos de ebriedad son de las más variadas que han quedado asentadas para una misma falta. Desde los cuatro pesos de multa o dos días de arresto que estipulaba el Reglamento, hasta

los treinta días de trabajos públicos que se le aplicaron a Felipe Basualdo en marzo de 1867,[290] pasando por la pena de servicio en la partida celadora de la Policía.[291]

5.

Otro *ciclo de atención* en que la ebriedad estuvo muy presente aunque ligada a otras faltas se desarrolló con el pico de alzamientos intraelitarios en la ciudad. Entre 1876 y 1878 se registran números altos en las detenciones por ebriedad y causas relacionadas, de la mano de un incremento notable en las detenciones por portación de armas prohibidas (respecto de esta misma falta para años anteriores). Frente al peligro de reclutamiento opositor, aumentó el control de portación de armas, a la vez que las detenciones grupales en lugares de ocio donde se consumía alcohol, y fue en dos coyunturas reconocibles (1872[292] y 1876-78) cuando existió un mayor control de estas faltas.

Los arrestos por estas causas, en 1872 fueron 89 (el 32,2% del total anual); en 1876 y 1878, de 577 detenciones por faltas contra el orden, 155 fueron por este conjunto de causas (el 26,9%).[293]

---

[290] Archivo de Gobierno, "Notas del Jefe de Policía de esta Capital", 4 de marzo de 1867.

[291] Existieron partes en los que no se detalla el tiempo de servicio, y otros, como el caso de Estanislao González, condenado a servir seis meses. En este caso, sin embargo, a la ebriedad que se imputó en ese momento, las autoridades agregaron el agravante de "incorregible en sus vicios". Archivo de Gobierno, "Notas del Jefe de Policía de esta Capital", 22 de marzo de 1867.

[292] Otro año en que son más numerosas las detenciones por portación de armas es 1869, en consonancia con el aumento de las advertencias por la presencia de hombres desmovilizados que retornaban del frente de guerra. Es muy probable que este año haya sido el comienzo de una curva ascendente que llega a 1872, con la alarma que generaron los alzamientos.

[293] Frente a estos porcentajes, cabe considerar que los apresados sin causa listada fueron del 4,3 y el 6,7%, respectivamente.

Junto al aumento de arrestos por portación de armas vemos consolidarse, también en estos años, la tendencia de que las detenciones fueran realizadas en situación y lugares de ocio tales como bailes y casas de negocio. Es el caso del arresto de Esteban Piedrabuena y Benjamín Gordillo "por heridas inferidas a Elías Farías en la casa de negocios de Don Toribio Gálvez". En estas situaciones, no siempre se menciona la portación de armas prohibidas como causa de arresto, pero sí se consigna si las heridas fueron hechas por arma de fuego.

De los numerosos casos registrados, la gran mayoría tuvo lugar en reuniones en casas de negocio.[294] Algunas de las descripciones de los partes se detienen más en caracterizar a los sujetos que en la descripción de los hechos. Es el caso del arresto de Juan P. Navarro, quien, en una casa de negocio del norte de la ciudad, hirió a un vecino con una lanza. En este parte, se dice del agresor que

> No es la primera vez que este individuo comete esta clase de delito; y á más no hay quien lo vea emprender trabajo de ninguna clase, no tiene bienes que le aseguren su existencia y la de su familia; pero ellos viven como otros con recursos, por lo que todo el vecindario tiene sospechas que vivirán de raterías, como es justo presumir. Se hará un servicio al vecindario colocando a este individuo donde no pueda volver a la vida bagabunda que ha llevado hasta hoy.[295]

---

[294] Archivo de Gobierno, "Notas del Jefe de Policía de la Capital de esta Provincia", 12 de abril y 8 de agosto de 1863; 28 de diciembre de 1863; 22 de marzo de 1866; 1 de marzo de 1872; 12 de agosto de 1872.
[295] Archivo de Gobierno, "Notas del Jefe de Policía de la Capital de esta Provincia", 22/3/ 1867. AGSF.

En otras ocasiones, las notaciones eran más austeras en la información que brindaban: el 20 de febrero de 1875, once individuos fueron "remitidos presos por el comisario de la segunda sección por armas proividas y escándalos cometidos en las calles públicas de esta ciudad".[296]

Estos episodios tenían lugar, sobre todo, en el extremo norte de la ciudad, en cercanías del puerto y de dos de las plazas de carretas que funcionaban en sus inmediaciones. Allí existían también prostíbulos (los que, sin embargo, no son anotados como tales en numerosos partes policiales que dan cuenta de incidentes dentro o cerca de ellos), aunque había lugares de reunión "tradicionales" que congregaban una cantidad importante de hombres armados sobre una base casi diaria en pleno barrio sur lindante con la sede del gobierno (Pérez Martín, 1965).

La diferencia más tangible en los ciclos de atención del control policial entre las dos coyunturas emerge al considerar otras fuentes. Lo que se percibe, y fue desarrollado en el capítulo 1, es una consolidación de la idea de que la violencia civilizada de la elite ya no es la amenaza primordial, sino la incivilizada de los sectores populares. Decíamos que luego de 1878 se distendieron, en los discursos públicos, las amenazas sobre que la barbarie sobrevendría de la mano de los adversarios internos y la construcción de sentido se hizo a partir de este consenso. Las advertencias se dirigieron con mayor consistencia a los sectores "externos" o fronterizos y ello reforzó el tópico de que la garantía del orden estaría dada por la labor de las autoridades. Es decir, finalizado ese último ciclo revolucionario de violencia *interna*, la violencia social se proponía discursivamente como proveniente del *exterior* de la sociedad. Los sujetos que la generaban no

---

[296] Archivo de Gobierno, "Notas del Jefe de Policía de la Capital de esta Provincia", 20 de febrero de 1875; *El Santafesino*, 2 de mayo de 1877.

pertenecían a la sociedad civilizada, la que —podía ya afirmarse— había superado sus "funestas tradiciones de violencia y anarquía".[297]

Este mensaje del gobernador Servando Bayo fue emitido con posterioridad al segundo alzamiento armado de 1877 que se desarrolló en Rosario (los protagonistas del primero habían sido indultados). Más allá de que la política nacional de la "Conciliación"[298] haya establecido para el gobernador el imperativo de moderar los embates facciosos, y aun a pesar de su fracaso, pueden reconocerse en este mensaje los consensos culturales en torno a la cuestión de la violencia que intentaban plantearse en el terreno político. En esta clave, ubicar las razones de la violencia en actores externos puede leerse, entendemos, como una salida *negociada* al interior de las elites para establecer un sentido sobre el ya *pasado* violento de la sociedad. Una construcción de sentido que no solo exculpara a los sectores rebeldes, sino que permitiese situar simbólicamente a la violencia como algo pasado.[299] En estos discursos, ello se ve en dos formas: los

---

[297] Mensaje de Servando Bayo a las Honorables Cámaras Legislativas (apertura de sesiones ordinarias de 1877), en *Historia de las instituciones de la provincia de Santa Fe*, Tomo VI, Mensajes del Poder Ejecutivo (2° parte), Santa Fe, imprenta oficial, p. 22.

[298] La política santafesina se vio influida por la "Conciliación" puesta en práctica por el presidente Avellaneda, para aplacar el enfrentamiento que había permanecido luego de la fracasada rebelión de Tejedor en Buenos Aires. Este acercamiento fue visto "por los 'oroñistas' o liberales como una oportunidad para un gobierno compartido, mediante un reacomodamiento de fuerzas en los cargos ejecutivos y legislativos de Santa Fe. Pero desde el autonomismo local, Servando Bayo, fortalecido tras el fracaso de las sucesivas sublevaciones de 1877" no lo consideró conveniente. "Las condiciones planteadas por la oposición planteaban, en lo político, amnistía a los revolucionarios, procesados o emigrados, pedían una intervención más limitada de las milicias en cuestiones políticas y por ende elecciones con mayores garantías (Damianovich, 1992: 246)".

[299] Los indultos brindados a un conjunto de insurrectos fue la medida de la política conciliatoria que más discusión provocó: "los hijos de la revuelta y del desquicio han intentado dar otro golpe en la ciudad de Rosario. Sin tiempo para más ni para aducir comentarios, que lo haremos en el siguiente número, solo interrogaremos ¿ES POSIBLE ESPERAR ALGO DE LOS NOMBRES QUE DESPUÉS DE UN CRIMEN DE LESA PATRIA A LAS 24 HORAS DE ESTAR PAGANDO SU CUL-

alzamientos ya no tienen lugar, se los ha abolido; los sujetos sociales que les dieron su impronta (criminales y salvajes) no forman parte de la sociedad presente, civilizada, pacífica.[300]

6.

Vale mencionar el número reducido de arrestos por deserciones, considerando las lamentaciones constantes de los funcionarios. Sin embargo, en este caso incide notablemente el recorte previo realizado sobre los partes, de los cuales solo listamos las detenciones realizadas dentro de la ciudad. Existió una causa también numerosa de entrada de presos, "por orden superior", en la que es de suponer que hayan sido incluidos casos de desertores apresados. Algo similar ocurre con el delito de vagancia, uno de los que menor incidencia tuvieron en la ciudad (como hemos mencionado, existieron 27 presos listados por vagancia, el 1,3% del total).

Otro contraste entre los casos efectivos y las representaciones más acuciantes emerge al considerar el juego ilegal. Amén de volverse objeto de reflexiones, denuncias y admoniciones varias conforme se acercaba la década de 1890, existieron pocos arrestos (y también multas) por este motivo (26 detenciones en todo el período, de las cuales 11 pertenecen a 1881). Sí comenzó a tener mayor relevancia hacia 1890 y en adelante, pero menos en la capital provincial que en pueblos y

---

PA EN UNA CÁRCEL PÚBLICA, EL GOBIERNO, CON UNA INDULGENCIA QUE NO TIENE EJEMPLO, LOS PONE EN LIBERTAD, DEJÁNDOLOS IR TAN TRANQUILOS A SUS HOGARES?". *El Santafesino*, 13 de abril de 1877.

[300] De todas maneras, la lectura enteramente negativa de la prensa hacia ciertos sectores no puede tomarse linealmente ya que, en un contexto de escasez de mano de obra, la presencia de delincuentes en las fuerzas públicas fue resignificada: "NUEVOS SOLDADOS - En estos días han traído bastantes presos los cuales han permanecido algún tiempo a disposición del ejecutivo y ahora han sido destinados a servicio militar en el Batallón '7 de Abril'. De esta manera ha aumentado el número de soldados; bueno sería también que se reforzara el cuerpo de gendarmes que hace el servicio de policía y que a la 2° y a la 3° sección se les aumentase también el personal de individuos de tropa". *El Santafesino*, 22 de mayo de 1877.

colonias más pujantes (como Rafaela), según los partes de jueces de paz y las denuncias de la prensa. En el período revisado, el juego ilegal tuvo poca incidencia en las prácticas de control de la Policía en la ciudad, de guiarnos por los documentos de esta institución.

Con respecto a los sujetos apresados, en la gran mayoría de los casos no existe información sobre su profesión, edad o procedencia. Son contados los partes en que se consignan esos datos. En la tabla 2, se ofrece un esquema de qué información puede recogerse de los partes revisados entre 1859 y 1865. Cabe destacar que, luego de estos años, la información sobre los sujetos aparece más espaciadamente en los partes diarios[301] (salvo que se trate de extranjeros o de policías)[302] y debe buscarse en algunos informes de comisarios y jueces de paz, así como en sumarios. El inconveniente que ello presenta es que no puede establecerse un paralelo directo entre los arrestos y ciertas características sino solo una estimación de cuáles son los datos, de los que sí existen, que predominan en las fuentes policiales.

Tabla 2. Procedencia y ocupación de sujetos arrestados

Fecha	Motivo	Presos	Género	Ocupación	Procedencia	Consideraciones
11/01/1859	deuda	1				
17/02/1859	pendencia	1	hombre	Carretillero		

---

[301] Una excepción a esta ausencia de información está alojada en los "cuadros estadísticos del movimiento de presos que ha tenido este Departamento en los años 1868, 1869, 1870 y 1871" publicados en 1873. Archivo de Gobierno, "Notas del Jefe de Policía de esta Capital", 19 de julio de 1872, folio 1479.
[302] Por lo general, la procedencia de los infractores se consignó cuando eran extranjeros. Archivo de Gobierno, "Notas del Jefe de Policía de esta Capital", 3 de septiembre de 1881, folio 91.

01/06/1859	deserción	1	hombre			individuo
05/07/1859	pendencia	1	hombre			ciudadano
1/1/1865						
18/1/1865						preso criminal/individuo
15/2/1865	vagancia	1	hombre			vago incorregible
	ebriedad y vagancia	1	hombre			
25/2/1865	heridas	1	hombre	vigilante		
	pendencia	1	hombre	sargento		
4/3/1865	falta de papeleta	2	hombre			indígenas
1/1865	deserción	1	hombre			individuo
		1	hombre			Don
26/01/1866	heridas	1	hombre	sargento		

En los partes diarios y las listas de multados, algunas de las ocupaciones nombradas son las de carrero, dueño de casa de negocio, peón y sirviente. El subgrupo que sí se consigna regularmente es el de los soldados en general y específicamente los efectivos de Policía, ya que constan los casos de alta en el servicio como castigo a faltas reiteradas; y de baja por infracción a artículos del reglamento (primordialmente: ebriedad y escándalo; ebriedad y pendencia; faltas en el servicio). Este tipo de casos son muy numerosos; en algunos de ellos, como el del soldado Sosa, se conjugaban todos estos motivos en un episodio:

> anoche como a las diez y media, teniendo conocimiento que dos soldados de los de la Guardia de esta Policía habían salido sin la previa licencia del Comisario de Servicio o Sargento de Guardia y se encontraban en una pulpería embriagándose, ordené al Mayor Narciso Navaja fuese a traerlos. No fue difícil conseguir de uno de ellos, pues a la orden del citado Mayor se vino a esta Policía, más el otro llamado Ramón Sosa lejos de obedecer se insubordinó negándose a venir como se le ordenaba y sacó un cuchillo para acometer a Navaja, diciéndole que lo había de matar, este se vio en la penosa necesidad de hacer uso de sus armas hiriendo a Sosa de una estocada en el costado, y un tajo en la cabeza. Inmediatamente de traído el herido a este Departamento, fue visto por el médico de Policía quien después de la primera cura ordenó se le pasara al Hospital, lo que se ha efectuado en la mañana de este día. Debo advertir a Su Señoría que a más de las repetidas faltas que comete el soldado Sosa, esta es la segunda vez que se insubordina al mayor Narvaja y entonces como ahora le ha puesto en el caso de hacer uso de sus armas.[303]

A Sosa se lo detuvo por abandonar el servicio, por embriagarse y por insubordinarse, a lo cual el primer oficial que firma el parte agregó que era reincidente. Algo que este informe tiene en común con la mayoría de los que relatan episodios de pendencia, ebriedad u otros problemas en la tropa es el detalle de explicitar por qué se halló justificado el accionar de la autoridad. Por lo general, como en este caso, tenía que ver con la irracionalidad del accionar

---

[303] Archivo de Gobierno, "Notas del Jefe de Policía de esta Capital", 7 de noviembre de 1869, folio 942.

de los reprendidos: "es la segunda vez que se insubordina (...) y entonces como ahora *le ha puesto en caso* de hacer uso de sus armas".

De los 2075 arrestos contabilizados en los diez años que se exponen en los gráficos, en 103 ocasiones se anotaron como efectivos policiales los sujetos apresados dentro de la ciudad (gendarmes, serenos, vigilantes, sargentos, comisarios e incluso un primer oficial), sin contar los presos por deserción, que se descuenta pertenecían a alguno de los cuerpos militares.

De ellos, al menos 65 fueron por los motivos combinados de ebriedad y abandono del servicio e insubordinación o escándalo. Sin embargo, es probable que ese número sea de hecho mayor, teniendo en cuenta que dentro de las numerosas entradas "por orden superior" (unas 230) presumiblemente muchas de ellas se trataron de efectivos de los distintos cuerpos militarizados. Sí es sensiblemente menor la cantidad (listada) de efectivos presos desde 1881, aunque existieron casos en los que fueron apresados sujetos que habían sido dados de alta en meses y años anteriores.

Como se trataba de períodos de trabajo cortos, que generalmente terminaban en el abandono del puesto, no puede saberse si, aun no habiendo sido anotados como tal, se trataba de sujetos activos en la fuerza al momento de ser apresados. Sin embargo, sí se refuerza la noción, planteada ya por Sandra Gayol (1996) para el caso bonaerense, de que el universo de hombres que era apresado y el de los que integraban la fuerza policial en buena medida se superponían.

A la luz de los números expuestos, que delinean un paisaje en el cual los que presumiblemente eran los mismos hombres presentan (desde las prácticas identificadas y controladas por la Policía) números muy dispares de actos violentos dependiendo de si estaban dentro o fuera del servicio policial, volvemos, seguidamente, sobre ejemplos de relato de los episodios dentro de la fuerza que involucraron situaciones de violencia, dado que, en esta diferencia, algo habrá por decir sobre el rol que la ebriedad, la pendencia, la violencia cumplió para estos hombres, puestos a vigilantes. Además porque, al persistir notoriamente en el tiempo (vimos cómo, en vez de difuminarse, esta cuestión se acentuó hacia el cambio de siglo), puede inferirse también que dejó una "huella" en el proceso de conformación de las relaciones sociales al interior de la Policía santafesina.

4

La moral dentro y fuera de la Policía

> Seamos perezosos en todo, excepto en amar y en beber,
> excepto en ser perezosos.
> Lessing[304]

Como se dijo, algunas conductas se presentaron (en la prensa, en la ley, en el gobierno) como el estilo de vida, elegido libremente, de sujetos viciosos. Dentro de este conjunto la ebriedad y el juego, como muestras incontestables de inmoralidad y como causas de violencia, se hicieron más visibles que otras transgresiones en la ciudad. Las fuentes abundan en alusiones literales a esta relación causal y directa: "Sabido es que las causas impulsoras de la criminalidad son muchas y muy complejas, figurando entre ellas principalmente las pasiones; el amor, los celos, el odio, la venganza, la codicia, etc., y también la miseria, la ignorancia, la pésima educación moral, la riña, la embriaguez, etc.".[305]

Los primero que se destaca es que estas conductas fueron reunidas bajo la categoría de "vicio". De un lado la ebriedad, consolidada como amenaza al orden público y a la moral, se acentuó como madre de los vicios; por otro, el juego ilegal hizo su "entrada" en las representaciones más difundidas en las década finales del siglo; de forma muy explícita, se construyeron dos sujetos en torno al juego: los sujetos populares, instigadores del juego, por seguir a su

---

[304] Lafargue, Paul, *Situación del trabajo, derecho a la pereza, la religión del capital*, Editorial Fundamentos, Madrid, 1991.
[305] Memoria del Ministro de Gobierno, Justicia y Culto de la Provincia de Santa Fe. Año 1893. Santa Fe. Tipografía de *La Revolución*.

vicio, y los ciudadanos decentes que, frente a la proliferación de estas costumbres nocivas, sucumbieron (fueron víctimas del vicio).

1.

Dentro de ese marco, la lectura que predominó en la elite sobre la ebriedad la ubicó como una de las explicaciones incuestionadas del delito. En 1892 el gobernador Caferatta atribuye el delito en la provincia a la voluntad viciosa de las bajas capas sociales:

> de los instrumentos de que se han valido los autores de los delitos de homicidio y heridas, especialmente armas de fuego y blancas, y en general, el estado de ebriedad en que se han encontrado, se deduce la costumbre de llevar armas y de entregarse a la embriaguez, por falta de acción policial. Y sabido es que en esas circunstancias, excitados por las bebidas alcohólicas y disponiéndose de armas que envalentonan a los que las llevan, las más insignificantes cuestiones, tienen generalmente un fin trágico y sangriento.[306]

La reafirmación de estas nociones en el contexto legislativo merece dos observaciones: una es que refrenda los cincuenta años anteriores, en los que una normativa y un accionar policial criticados severamente no fueron, sin embargo, reformados. Aunque las autoridades sí señalaron falencias institucionales y normativas, estas fueron eclipsadas en el balance del siglo (y la voz de los mismos actores) por otras explicaciones sobre desorden social. Incluso Gabriel Carrasco dijo a propósito de la ebriedad que

---

[306] Memoria presentada por el ministro de Gobierno, Justicia y Culto de la Provincia de Santa Fe a las Honorables Cámaras Legislativas en 1892. Santa Fe, tipografía de *La Revolución*, p. 108.

La embriaguez es el más perjudicial de todos los vicios, y está tan desarrollado que origina LAS DOS TERCERAS PARTES de la entrada de presos, ya sea por embriaguez simple, ya todos los delitos, peleas, escándalos, que cometen los ébrios: es necesaria, una legislación especial y severa al respecto, pues nada se consigue con las disposiciones vigentes.[307]

Si Carrasco reclama una normativa que específicamente castigue la ebriedad, basado en la convicción de que la ebriedad es la mayor causa de violencia, lo cual, como se vio, no se refleja en el control cotidiano de la Policía, ello, sin embargo, no hizo mella sobre la asociación entre ebriedad y violencia que se afianzó, también, hacia fines de siglo, cuando comenzaba a ganar terreno en los documentos oficiales otro registro de términos, más ligado a la ciencia positivista.

Aun en ellos, sin embargo, se refrenda la idea de vicio como acto moral. En un informe a las Cámaras Legislativas de 1893, el gobernador reflexionaba sobre los orígenes de la "criminalidad" en la región:

> Desde algunos años las estadísticas oficiales de varias provincias como también las de Santa Fe, demuestran que la criminalidad es mucho más elevada que la que correspondería a nuestra población si la comparamos a la de otros países. No existiendo en la Provincia las causas de miserias, pauperismo, climatología y excesiva densidad de la población que son el principal origen de la criminalidad en Europa, ella debiera ser entre nosotros mucho menor que en aquellas naciones y extraordinariamente menor que la que actualmente existe.[308]

---

[307] Reglamento de Policía Urbana y Rural de Santa Fe. Comentado y anotado por Gabriel Carrasco, Imprenta de Carrasco. Rosario, 1882, Archivo General de la Provincia de Santa Fe (AGPSF).

[308] Memoria presentada por el ministro de Gobierno, Justicia y Culto de la Provincia de Santa Fe a las Honorables Cámaras Legislativas en 1893. Santa Fe, tipografía de *La Revolución*.

Emergen, articulados como explicación del fenómeno, términos que son esporádicos en documentos de años anteriores, como "climatología" o "pauperismo". El texto no responde a cuáles son las causas locales de la "criminalidad", ya que se afirma que las que se comprueban en Europa (exceso de población, "miserias") no son de peso. No obstante, sí se establecen como referencia las condiciones que la ciencia criminológica identificó y refrendó como necesarias para el aumento de los hechos delictivos, dentro de las cuales la "moral" adquiere otro sentido. En adición a ello, en una intervención más amplia del mismo año, se listaban las falencias del sistema judicial junto a "la falta de instrucción y a la perversidad moral de algunos individuos" como causas más importantes del "aumento de la criminalidad".

Convertida en una suerte de sentido común, era una explicación "sobreentendida" para cualquier incidente disruptivo en la ciudad, y la prensa utilizó esta estrategia con regularidad. En una crónica de 1888 sobre el desarrollo de la fiesta de Guadalupe, el periodista anotó lo que sigue:

> Función de Guadalupe
> (...) Durante la fiesta no hubo ningún desorden, pues, las jugadas no fueron permitidas, á escepción de uno que otro ébrio, que no falta nunca en esta clase de reuniones en donde se aglomeran y reúnen todas las capas sociales.[309]

---

[309] Periódico *La Revolución*, Santa Fe, 17 de abril de 1888, p. 3. El resaltado es nuestro.

Asimismo, cuando el tópico de la ebriedad se tocaba,[310] era para hablar de peones, pobres, trabajadores, inmigrantes, aunque no se tratara de transgresiones explícitas al orden:

> No conviene
> Hemos notado que entre la peonada que se emplea en los trabajos del adoquinado hay gente que se encuentra algunas veces en estado de embriaguez. El capataz de las obras hace mal en admitir gente en ese estado. Antiyer el tramway estuvo a punto de matar á uno de estos, lo que muy fácilmente hubiera sucedido, a no ser por la pericia del cochero. Se trabaja con gente que está como debe y no en aquel estado.[311]

El mismo periódico también denunciaba que los ebrios no dejaban de estar presentes en la vía pública con la tolerancia de las autoridades, por ejemplo en el *tramway*: "Vemos con disgusto la complacencia de los mayorales de tramway en admitir ébrios en los coches. No está lindo eso, especialmente cuando van señoras".[312]

Lejos de menoscabar la presencia que la práctica de emborracharse –*públicamente*, en lugares de ocio o en la calle– tuvo entre las clases populares, resultó sugerente el hiato señalado en el capítulo anterior entre esta gran alarma sobre un fenómeno al cual se le atribuían características catastróficas (la ebriedad traía un fin "trágico y sangriento") y la cantidad de sujetos arrestados. Entonces, ¿por qué se destacó entre otras la representación de la ebriedad como una de las principales causas de la violencia social?

---

[310] Otra novedad hacia la última década del siglo es la mención a una ebriedad que tiene lugar en el ámbito doméstico, cuando denuncian que "Necesita correctivo". "Hemos sido testigos varias veces de la intranquilidad en que vive una desgraciada familia de la calle 25 de mayo, que habita una casa cercana al molino de Crespo producidas por las borracheras del gefe de ella. No hay noche que no se produzca allí un escándalo, viéndose obligadas madre e hija a pedir hospitalidad al vecindario continuamente". *La Revolución*, 10 de mayo de 1888.
[311] Periódico *La Revolución*, 26 de abril de 1888, p. 4.
[312] *La Revolución*, Santa Fe, 26 de junio de 1888, rollo 507, p. 2.

Una de las pistas más interesantes radica en la forma misma en que la ebriedad fue descripta. Enunciada desde un lenguaje de los afectos, la ebriedad era desmedida, despreciable, violenta, viciosa, ociosa, exaltada, todos términos que encarnaron el total opuesto a los valores que identificaban a los ciudadanos de bien (*sagrados* para la sociedad que se modernizaba, como el trabajo, la mesura, la razón, el refinamiento). Pero, también, las alusiones a la ebriedad sin esconder su rechazo, dejaron entrever una fascinación morbosa por estos sujetos que podían, en un acto que los ponía entre la razón y el delirio, poner en entredicho lo que Georges Bataille (2009) define como *el instante siguiente* a la borrachera, que era, precisamente, el instante de trabajo. La ebriedad era, sí o sí, excesiva, y ello se comprueba en la forma en que se la describió, de forma consistente, a lo largo del período, amén de nuevos rasgos que fueron emergiendo hacia fines de siglo, por parte de discursos (sobre todo médicos) que se incluyeron en el discurso oficial.[313] En otras palabras, al recorrer las descripciones, prima una impresión fuerte sobre que realmente se trataba de un fenómeno que excedía la capacidad de simbolización de las elites; que no se limitaba a un desprecio "racional" por una práctica "negativa".

Esta condición de "excesiva" de las imágenes sobre la ebriedad se completó con una mirada *sustantiva* (Caimari, 2009) o *trascendentalista* (Garcés, 1999: 58) sobre el delito, en la que lo que estaba en juego era el orden social mismo.[314]

---

[313] Santa Fe tuvo en puestos del poder político a médicos que activamente empujaron la constitución de su campo, como Cándido Pujato, cuyo enfrentamiento con un sanador espiritista no solo tomó estado público sino que supuso demandas cruzadas entre Pujato y Quinteros, el sanador (Carbonetti, Sedran, Allevi, en prensa).

[314] En tal sentido, la resignificación de la ebriedad como causa de la violencia estuvo ligada tanto a una tradición jurídica y cultural que unía embriaguez a extranjería y a desorden, parte de un continuo de "malas costumbres" que podía "socavar la base cultural de la sociedad" (Garcés, 1999: 56). Carlos Alberto Garcés recoge una disposición de las Leyes de Indias que en 1598 establecía: "contra los que se embriagan y emborrachan, bebiendo vino

Como hemos visto, las nuevas necesidades del mercado laboral y del Estado –especialmente en lo que se refiere a la mano de obra militar– se expresaron en un lenguaje compartido de valores trascendentes, de prescripciones morales sobre las que, se dijo, se asentaría la sociedad civilizada. Es en ese registro en que puede comenzar a indagarse en la embriaguez como un *chivo expiatorio* (Girard, 1989: 150), en el sentido de ser una práctica que con su existencia recondujo, que permitió simbolizar, los restos de violencia social hacia un estereotipo contra el cual se afianzó la identidad de los ciudadanos decentes y civilizados (y que con ello contribuyó de forma importante a la institucionalización de prácticas de control).

Uno de los lugares que las fuentes destacan como sitio de conflictos en relación con la ebriedad –y donde su condición de transgresión se agigantó– fue la Guardia de la Policía urbana. En ella, los soldados, gendarmes y vigilantes que se embriagaban estando de servicio o lo abandonaban para ir a tomar fueron muy numerosos.[315] Los documentos transmiten fuertemente un tenor de hastío, de fastidio de las autoridades por las conductas de sus subordinados. Las formas en que esto aparece discursivamente son variadas; entre las más frecuentes, aparece un contraste entre la irracionalidad, desmesura, violencia, de las acciones de los subordinados y la pertinencia y tranquilidad con que responden las autoridades. El efecto que ello genera es que, en la mayor parte de estos documentos, se describa

---

demasiado dañosamente haciendo juntas y chacras y que lo tienen de costumbre, condenándolos a destierro perpetuo, y al que hallaren ebrio en la calle, que lo suban en un caballo flaco, las manos atadas, y los pies asimismo atados, y de la cintura para arriba desnudo y den doscientos azotes por las calles públicas con voz de pregonero manifestando su deshonra para que sea pública su infamia" (Garcés, 1999: 209 y 745).

[315] Archivo de Gobierno, "Notas del Jefe de Policía del Departamento La Capital", 6 de mayo de 1881.

a estos sujetos como *por fuera* de la Policía (o, más precisamente, por fuera de la idea de Policía que sostenían los funcionarios).

Fueron cuantiosos los casos en que los policías ebrios responden con violencia, especialmente desde la década de 1860: "ha entrado preso (...) el sereno Carlos moreno, que a ir a aprenderlo por ebriedad estando en su puesto, hizo fuego dos veces sobre la comisión de Policía".[316]

En documentos como estos puede observarse cómo determinadas estrategias discursivas generan *efectos* de veridicción (Focault, 2006) en relación con las representaciones sobre el orden, que vemos replicarse en diversos registros discursivos y que reforzaron la representación de la *condición* de inmoralidad de la tropa (toda vez que las razones del incumplimiento de su trabajo son el vicio y la violencia que este acarrea). Pero además, estrategias como esta permitieron a los funcionarios posicionarse como agentes efectivos del orden, dado que no solo resolvían estas situaciones sino que eran luego alabados por ello en la prensa,[317] que ensalzaba públicamente su gestión. Los informes repiten un determinado orden: describen una situación inicial (de cumplimiento del deber de la Guardia), que es interrumpido por una transgresión (viciosa, violenta) y restituido por una acción (intervención mesurada, adecuada) de las autoridades. Es con esta respuesta con lo que se refuerza el *sentido de los que dominan* (Scott, 2000): que existía un orden, no respetado por estos individuos y restituido por la institución mediante el castigo.

Por otra parte, no se describe de la misma manera a los ebrios que a los ciudadanos alegres, aunque estos fueran extranjeros. En 1889, *La Revolución* relata cómo un mozo sufrió quemaduras por servir a unos caballeros:

---

[316] Archivo de Gobierno, "Notas del Jefe de Policía del Departamento La Capital", 2 de noviembre de 1866, AGPSF.
[317] *El Santafesino*, 12 de marzo de 1877.

Quemando por un ponche.
Un mozo del hotel de Londres ha esperimentado las fatales consecuencias de servir a gente que no anda como dios manda.
Antenoche llegaron al Hotel varios individuos, ingleses todos, y pidieron ponche. Este corrió a servirles presuroso, llegando á poco con una bandeja que venía despidiendo llamas azuladas. Los parroquianos iluminado cada vez más, pegaron en ella bañando al desgraciado mozo con el quemante líquido.
La llama y el cognac hirviendo le abrasó todo un costado produciéndole serias quemaduras.
No hay que descuidarse con la gente alegre y esto lo deben tener en cuenta muy especialmente los mozos de café para no salir pelados como un pavo.[318]

La noticia no dice en ningún momento que los "individuos", "parroquianos", "ingleses" fuesen ni estuvieran ebrios. Si bien se anota que no andaban "como dios manda", solo se dice de ellos que eran "gente alegre". A diferencia de los *otros* ebrios, estos no parecen ser peligrosos, salvo para el mozo que los atendía, pero aun así, la responsabilidad del accidente parece radicar en la falta de precaución del muchacho, dado que "no hay que descuidarse con la gente alegre", lo cual debían tener "en cuenta muy especialmente los mozos de café".

Una crónica aparecida en 1887 en *El Mensajero*, diario rosarino, señalaba que

Crónica amena.
Notas de un corresponsal. De una carta de un corresponsal europeo tomamos los siguientes párrafos.
París, diciembre de 1886
Os llamo la atención hacia el informe de un cónsul norte americano sobre el consumo de cerveza en Alemania, cuyo total no bajó en 1885, a ojo de buen cubero, de mil cien millones de galones (o sea muy cerca de 4400 millones de litros) en todo el imperio germánico. Y, sin embargo, este Amazonas de

---

[318] *La Revolución*, 24 de enero de 1889.

cervezas no ha causado en su curso los estragos que eran de suponerse, solo porque su corriente ha sido encausada y su raudal absorbido con precauciones dignas de ser recomendadas a los bebedores de ambos mundos. En otros términos, porque los alemanes conocen y practican el arte de beber.
El arte de beber consiste pura y simplemente en la lentitud con que se procede a esta operación. En Alemania se bebe de todo, pero principalmente cerveza, a pequeñas dosis, un alemán no es borracho de profesión; suele emplear media hora en tomar un vaso de cerveza. Los efectos de este método obran tan lenta y gradualmente sobre la circulación que no se produce trastorno brusco alguno en el sistema: el bebedor tiene todo el tiempo de pararse cuando comprende que va llegando a los límites de lo permitido. Es precisamente todo lo contrario a lo que se observa, dice el informe, con nuestros alcoholizados americanos, los cuales vacían la copa de un golpe y no dejan mediar entre trago y trago más tiempo que el preciso para llenar de nuevo el vaso(...).[319]

El título ya delimita el talante que tendrá la "crónica amena" sobre la bebida. Nada hay en ella de violencia y de crimen; sus protagonistas son "bebedores" que "conocen y practican el arte de beber" (y no *ebrios*). En esta nota, que habla sobre la sociedad europea y sus costumbres, la clave para evitar los efectos negativos del alcohol no estaría en beber menos ("cerca de 4400 millones de litros") sino en hacerlo con *mesura* y tranquilidad, como un arte, a diferencia de la manera descontrolada, rápida con el fin de embriagarse, con que lo hacían "nuestros alcoholizados americanos, los cuales vacían la copa de un golpe y no dejan mediar entre trago y trago más tiempo que el preciso para llenar de nuevo el vaso".

---

[319] *El Mensajero*, 10 de enero de 1887.

Más adelante, se explicita cuál es el vínculo entre la ebriedad, como vicio, y el juego ilegal (una contraposición entre unos *viciosos* que instigan y unas *víctimas* que ceden al vicio). Al describir el rol de las mujeres en la moderación de las costumbres, se dice que

> Otra influencia benéfica contra el alcoholismo es la que ejerce el bello sexo en los países donde, como en Alemania, puede una mujer honrada entrar en una taberna. Con efecto, el vicioso busca el aislamiento y la oscuridad: la luz, la concurrencia, especialmente de mujeres honradas, refrenan si no vencen por completo las tentaciones del que no ha llegado aún al estado de beodo consuetudinario. Esta es observación que ya se había hecho en Suecia y aplicádose allí con el mayor éxito, fomentando la fundación de tabernas decentes, bien aireadas y cuyo interior es visible desde la calle y persiguiendo sin descanso los abrevaderos clandestinos y demás antros donde el vicio se esconde y se agazapa (…).[320]

Se plantea una división clara entre el "vicioso" y el que "no ha llegado aún al estado de beodo consuetudinario" y la diferencia está dada por la presencia de la figura moral de la "mujer honrada".

En este fragmento existen elementos discursivos que no se hallan en documentos de años anteriores y que se relacionan con la difusión de un lenguaje *científico*, a instancias del cual se incorporan nociones como la ventilación y visibilidad de ambientes como práctica de salubridad. Ahora bien, aquí la salud se asocia principalmente a la moral, pues lo que se trata de evitar es el contagio del "vicio", que amenaza, agazapado y escondido. Sin embargo, este trasfondo moral no fue una excepción en el lenguaje de los higienistas y otros médicos y científicos que evaluaron en esos años problemas ligados a la cuestión social en construcción (García Huertas Alejo, 1999).

---

[320] *El Mensajero*, 10 de enero de 1887.

A diferencia de la ebriedad, el juego fue visibilizado como una actividad presente en todas las clases, las descripciones diferenciales que se hicieron de él de acuerdo con quien lo practicara permiten indagar en cómo la valoración antagónica de una misma práctica contribuyó a la delimitación de identidades sociales en relación con el orden y la civilización.

2.

El tópico del juego fue otro ejemplo de cómo la impugnación de costumbres y hábitos se erigió en tema de debate público. A diferencia de la manera constante en que se denunció la ebriedad, el juego ganó visibilidad hacia fines del siglo. En esos años, las adscripciones políticas y de nacionalidad se volvieron particularmente urticantes, dados el aumento de la radicación de inmigrantes en colonias cuyo modelo comenzaba a ser puesto en cuestión;[321] el aumento y la diversificación socioeconómica de la población; el debate sobre los derechos políticos de los extranjeros y el amplio apoyo que los levantamientos radicales de 1894 y 1905 recibieron de la población inmigrante (Gallo, 2004 y 2007; Álvarez, 1910).

En el marco de estos conflictos, la prensa provincial visibilizó el juego como un flagelo. Se lo describió como un vicio; como una de las causas por las que "el espíritu de asociación, barómetro con que se mide el adelanto de los pueblos, no se ha podido conseguir aún arraigar (...)".[322]

---

[321] Hacia fines de siglo, aun con propuestas y resultados variables, el modelo inmigratorio mediante empresas colonizadoras seguía siendo defendido por la elite provincial. Gabriel Carrasco dio, según él mismo cuenta, un encendido discurso en defensa de "la inmigración libre" en la Exposición Universal de París, "contra los intereses de las grandes potencias coloniales" (Carrasco, 1896: 381).

[322] *Unión provincial*, 14 de octubre de 1896.

Existieron dos grandes tópicos que organizaron las representaciones sobre el juego, que convivieron, dialogaron y también chocaron. Por un lado, que se trataba de un vicio transformado en epidemia, dada la magnitud de su extensión: se dijo que no solo era inmoral sino que *irradiaba* inmoralidad. La fatalidad que ello representaba para una sociedad con expectativas de progreso estaba muy clara para Gabriel Carrasco. En su reflexión sobre el juego en Mar del Plata decía de forma lapidaria que, por su causa, "los suicidios han dado ya comienzo".[323] Carrasco también prestó atención al juego como forma de vínculo social y se ocupó de marcar que era inmoral en sí mismo para cualquiera que lo practique, aunque diferenció claramente en su descripción las casas de juegos de "ricos" y "pobres". En el caso de los primeros: "¡Todo es pelarse! Por un lado, la mujer bailando. Por el otro, su marido, que sin duda no encuentra ya la felicidad en los castos brazos de su esposa, la busca más ardiente en los azares del juego".[324]

Aunque reprueba lo que ve, la enunciación es moderada. Por el contrario, cuando habla de los lugares de juego de los pobres dice que "el espectáculo es igual, pero algo más repugnante, allí el vicio tiene hasta mal olor". Más allá de la distinción clara que realiza en su descripción del juego de ricos y pobres, Carrasco establece en sus prescripciones que se trata de un azote para toda la sociedad, presente en todas las clases, el juego es un "cáncer social" ante el que su "alma indignada no puede mantener la calma". Era una práctica que desplegaba sus "hediondeces de ramera" en medio del "bullicio", con gente reunida en torno de una "mesa fatal"[325] cuyo peligro moral solo se remediaría con mayor intervención estatal. Carrasco insistió con la advertencia de que, sin la complicidad de las autoridades, el juego no se hubiese diseminado; incluso, las acusó de hipócritas

---

[323] Carrasco, Gabriel, *Cartas de Viaje*, p. 27.
[324] Carrasco, Gabriel, *Cartas de Viaje*, p. 23.
[325] Carrasco, Gabriel, *Cartas de Viaje*, pp. 22 y 20.

y denunció que encerraban y reprimían a los gauchos y sus pulperías volantes, pero hacían la vista gorda ante el juego en la ciudad.[326]

Por su parte, la prensa hizo del juego un tema de interés por esos años. *La Revolución* se quejaba amargamente de que se permitieran sin restricciones las jugadas en Rincón, porque estas eran el comienzo de desórdenes y delitos mayores:

> Ladrones en el Rincón
> Lo habíamos previsto: la libertad dada por la autoridad en el Rincón par[a] que se juegue tenía que producir males sin cuento. Ya principian los robos. Días pasados han abierto el techo a la casa de negocio que tienen los señores Prendonés en la sección Norte del Rincón, substrayéndoseles un baúl donde había prendas de vestir y ciento y tantos pesos. Los ladrones condujeron el baúl a la costa del bañado y allí lo rompieron.
> Ya principiaron los ladrones; no será este el último golpe. Pero conste que la culpa la tienen las autoridades, el jefe político inclusive, por permitir que se corran carreras en todas partes y se juegue cuanto se quiere. Mientras en Santa Fe se persigue el juego, sépalo el gobierno, en el distrito del Rincón todos son permitidos.
> Resultados? Ya tienen uno![327]

Aquí se hace explícito el diagnóstico de cuán nocivo era el juego para la sociedad. Sin embargo, llama la atención que no se diga nada sobre cómo se conectó, efectivamente, el juego con ese "robo" en particular. Se da por sentado que la causa de los robos es la proliferación del juego y, además, se establecen como una consecuencia previsible y esperada. Al no obtener respuesta, retomaron el tema días después:

---

[326] Carrasco, Gabriel, *Cartas de Viaje*, p. 25.
[327] *La Revolución*, 29 de mayo de 1888.

Las jugadas en el Rincón
En qué quedamos ¿Se prohíben o no se prohíben? O es una república aparte el Rincón, donde no rigen las leyes de Santa Fe? Avisen para provocar... un enfrentamiento internacional.[328]

Es decir que para los redactores de *La Revolución*, el delito era una consecuencia directa de la permisividad (o la complicidad) de las autoridades con el juego, como explicitaban al tratar el caso de otra localidad aledaña a Santa Fe:

Jugadas en Colastiné
Es incalificable lo que pasa en Colastiné. La autoridad local deja a los jugadores de oficio y vagos, completa libertad para pasar día y noche en las carpetas. O aquella autoridad es ciega ó cómplice de lo que pasa en sus propias narices. Últimamente han pelado a un desgraciado, en un boliche, ganándole hasta las ganas de comer. Esto es verdaderamente escandaloso.[329]

Según el mismo periódico, el juego en la ciudad capital se reproducía porque las autoridades no eran lo suficientemente severas en su control. Además, se identificó claramente quiénes eran los responsables y dónde se localizaban:

Jugadores de taba
Un vigilante que estaba de facción en una calle de la sección 4°, sorprendió el Domingo una jugada de taba. Los que se encontraban entregados a este científico juego eran lo menos diez y ocho. El vigilante intimóles orden de prisión cumpliendo con su deber tomando al mismo tiempo las precauciones necesarias para que no escapase ninguno. Pero como esto no era fácil, como se notó inmediatamente, el vigilante pidió auxilio acudiendo los de la comisaría 4°, con los que se pudo reducir á los revoltosos.

---

[328] *La Revolución*, 3 de junio de 1888.
[329] *La Revolución*, 12 de junio de 1888.

Los amigos del hueso fueron conducidos a la comisaría y allí puestos en libertad por órden del comisario. Creemos y no lo dudamos que de este hecho no tiene conocimiento la policía central. Pocas son las casas del oeste de esta ciudad que no sean garitos, en donde tienen cabida y asilo todos los pervertidos que no tienen otro oficio que el juego y en donde se para rodeo de cuanto pobre artesano o peón, le gusta más pelar la oreja á una carta que cumplir sus deberes.
Si la autoridad no los persigue y les da carta blanca nada se podrá hacer por las buenas costumbres y por la sociedad cuyos intereses tan profundamente se hieren dejando echar raíces a vicios tan aborrecidos.[330]

Aquí aparecen nuevamente la connivencia policial y la condición inmoral de los jugadores ("pervertidos"), de quienes hay que proteger a la sociedad. Pero, también, la amenaza urgente que suponía el juego para las buenas costumbres; la proliferación del vicio en los barrios humildes; la aversión al trabajo de los pobres que los volcaba al vicio y la responsabilidad última del Estado que no perseguía de manera suficiente, e incluso "da[ba] carta blanca".

Publicaciones como *Nueva Época* también denunciaron enérgicamente la inmoralidad del juego. En abril de 1900, se decía que "hay instalada una 'Rifa Inmoral' en la plaza Pringles [de la capital provincial], el paseo favorito de nuestra sociedad".[331] Pero a diferencia de la acusación a las autoridades que hiciera *La Revolución* y que veremos también en publicaciones opositoras, aquí los redactores dieron aviso a las autoridades para que tomasen cartas en el asunto y pusieran fin a los estafadores de la buena fe de los vecinos, ya que las víctimas eran los niños y jóvenes incautos a los "que, de no contenerlos, estarían todo el día comprando cédulas fallutas".[332]

---

[330] *La Revolución*, 12 de mayo de 1888.
[331] *Nueva Época*, 12 de abril de 1900.
[332] *Nueva Época*, 12 de abril de 1900.

La prensa opositora asoció directamente vicio con oficialismo; sostuvo una "súplica ferviente y moralizadora" al gobierno provincial, para que atacase la raíz del problema que, desde esta perspectiva, eran las costumbres compartidas por "crápulas" profesionales y funcionarios locales.[333] *El Liberal*, de Rafaela, afirmó que "combatir la inmoralidad en esta época es peor que pedirle peras al olmo [porque] las autoridades policiales son las únicas responsables de que ese vicio, con todas sus inmoralidades, se halle hoy en pleno apogeo".[334] Por su parte, *Unión Provincial* reprodujo una denuncia de su corresponsal en San José del Rincón, en la que se exponía que "vivíamos sosegados hasta que llegó el desasosiego y la intranquilidad [con la llegada del] Comisario Murúa. Su primer paso fue rodearnos de jente de mala catadura (...) y el segundo, servir a éstos de tapadera".[335]

La cuestión de los espacios públicos y visibles también fue considerada. Se dijo que "los señores bocheros están convirtiendo en canchas de juego nuestras calles",[336] y que "en la avenida Lehman [en Rafaela] se juega a la taba, de día y de noche".[337] En estas descripciones, el jugador no formaba parte del pueblo civilizado y sobre él recaían acusaciones graves: "El jugador, en la mayoría de los casos, llega a convertirse en criminal y si esto continúa dentro de muy poco tiempo el pueblo presenciará espectáculos indignos de su cultura y muchos serán los hogares, hoy felices, en que la miseria imperará soberana...".[338] Su presencia perniciosa podía, incluso, transformar gente de bien "degradándola y conduciéndola por el funesto sendero del crimen".[339]

---

[333] *El Liberal*, 20 de octubre de 1915; *El Liberal*, 22 de octubre de 1915; *El Liberal*, 10 de diciembre de 1907.
[334] *El Liberal*, 10 de diciembre de 1900.
[335] *Unión Provincial*, 4 de marzo de 1894.
[336] *El Comercio*, 11 diciembre de 1892.
[337] *El Liberal*, 10 de diciembre de 1915.
[338] *El Liberal*, 10 de diciembre de 1915.
[339] *El Liberal*, 10 de diciembre de 1906.

De esta forma, el juego fue incluido entre las razones que impedían el desarrollo de formas civilizadas y en ello coincidieron las voces oficialistas y de oposición; de la elite y de los colonos. Sin embargo, existieron algunas particularidades discursivas que brindan indicios sobre cómo las posiciones y objetivos de los sujetos influyeron en las representaciones que estos construyeron sobre el orden social. Del juego se dijo que era un vicio, se enfatizó su carácter de práctica grupal en lugares públicos y se afirmó que por ello era un problema que incumbía a la moral pública. No obstante la idea de "el jugador" no fue una sola, sino que se distinguió a *víctimas* y *victimarios* del juego. De forma general, frente a los viciosos, las víctimas retratadas en las noticias eran "la juventud", la "gente decente", los "vecinos honrados" y las "familias de bien".

Al atribuir sentidos distintos a la misma práctica, la conducta de jugar se transformó en una consecuencia de una condición inherente del sujeto que la realizara: el juego era una trampa en la que caían las víctimas y una depravación que fomentaban los viciosos. Ello tuvo como efecto transformar a un grupo social indeseable en el culpable de una conducta practicada también por los sujetos sociales honorables, civilizados, productivos. En los fragmentos que siguen, el contraste es claro. Por un lado, se describe a los jugadores-víctima, de los cuales el principal es "la juventud":

> "Un grupo de madres de familia se presentaron hace días en la Jefatura Política, denunciando que SUS PROPIOS HIJOS menores de edad concurren a cierto cafetín, donde se juega descaradamente...".

> "... un jovenzuelo perteneciente a una familia honesta y trabajadora, llegó hasta EMPEÑAR LOS BOTINES QUE CALZABA para continuar jugando...".[340]

---

[340] *El Liberal*, 5 de julio de 1915.

"los jóvenes son los que jeneralmente están más abandonados. Ellos, en los boliches y en las carreras, etc., etc., invierten continuamente un gasto más o menos de diez pesos mensuales".[341]

Asimismo, existe en Santa Fe un "rancho (...) en el que se reúnen muchos menores á jugar enviciándose".
Por otro lado, se identificó a los jugadores-victimarios:

"El crapulismo de jugadores y estafadores que viajan en los trenes".

"... hasta los empleados de policía cometiendo un verdadero delito de lesa moralidad juegan descaradamente...".[342]

El vicio llegaría a la calle y a los lugares de ocio como fondas, casas de negocio o cafetines, por responsabilidad de autoridades que toleraban a los inmorales o lo eran ellas mismas. De esta manera, para los sectores opositores, la cuestión de la pertenencia o no a la cultura civilizada fue un arma política sorda que encontró en un gobierno ilegítimo la causa de las costumbres inmorales que amenazaban a la civilización. Hartos de "clamar" por soluciones a estos desórdenes, los redactores de *El Liberal* amenazaban desde su páginas con publicar nombre y apellido de cada jugador. Aun allí, sin embargo, la distinción entre culpables e incautos se mantenía firme. Al advertir que imprimirían los nombres de todo quien fuese visto jugando, distinguieron a "todos los tahúres desvergonzados [y] viciosos empedernidos que, sin miramientos de ninguna especie, están fomentando ese vicio funesto y depravado" de "los hijos siempre amados que se hallan hoy en la pendiente fatal y resbaladiza que ha de conducirlos del vicio al crimen y a la degradación irreparables".[343]

---

[341] *Unión Provincial*, 14 de octubre de 1896.
[342] *El Liberal*, 10 de diciembre de 1907.
[343] *El liberal*, 3 de diciembre de 1895.

La discrepancia principal entre la prensa afín al gobierno y la opositora (si las autoridades eran cómplices o, por el contrario, intentaban combatir el vicio) no obstó su coincidencia en que una parte peligrosa de la población estaba instalando prácticas con las que tentaba a la parte decente y que ello tendría efectos culturales catastróficos.

Al caracterizar el juego como la "pendiente perniciosa que lleva *del* vicio *al* crimen"[344] se lo asoció muy estrechamente, también, con el consumo de alcohol en los lugares de ocio. Sobre esto, es interesante comprobar que las noticias sobre juego y vicio no mencionan que los hombres respetables bebieran. Se denunciaba la ebriedad cuando los bebedores eran hombres pobres como jornaleros, carreros, vagos, soldados, criollos las más de las veces (que por lo general no integran el público lector).[345] Cuando sí se la mencionaba, adquiría a veces el tono de una sanción cálida, similar a la que Carrasco utilizó para describir el juego de los ciudadanos respetables en Mar del Plata. *La Unión*, periódico opositor de la ciudad de Esperanza, publicó en 1896:

> Certificado de borrachera.
> Avisamos al vecindario que el *Doctor Don Daniel Alonso Criado* espende certificados gratuitos de embriaguez a quienes lo soliciten.
> Esta novedad especialísima de la ciencia médica ha sido introducida al mundo científico por nuestro aventajado galeno local.
> Los interesados pueden consultarse, en las horas de costumbre establecidas en el consultorio del doctor Criado, y especialmente de noche...[346]

---

[344] *Unión Provincial*, 5 de julio de 1897 (el resaltado es nuestro).
[345] Sin embargo, hacia fines de siglo la preocupación por la bebida en hombres respetables toma una forma distinta: la publicidad. Entre otros productos medicinales, comenzaron a promocionarse las "Píldoras Descott" que "curan el alcoholismo" y "son recetadas diariamente por los principales médicos". *Unión Provincial*, 5 de noviembre de 1898.
[346] *La Unión*, 8 de octubre de 1896 (el resaltado es del original).

La otra forma en que la ingesta pública de alcohol será visibilizada desde la década de 1890 será en el discurso publicitario que crecientemente propuso imágenes de bebida respetable, hogareña y distinguida, sin mención al exceso ni al vicio.

La institución policial fue central en la materialización del orden que las élites imaginaron. En ese proceso, tuvo a su cargo la regulación de la cotidianeidad; es decir que, a medida que la Policía se formaba como tal, actuó sobre aspectos identificables de la agenda social y lo hizo desde sus propios condicionamientos. Se controlaba a los hombres en las calles de la ciudad a la vez que al interior de la institución y las causas del desorden se replicaban hacia dentro y fuera de la fuerza policial. En esta línea, la preocupación por la inconducta de la tropa y de algunos oficiales se transformó en un problema punzante y supuso un gran escollo en la institucionalización de la fuerza (Barreneche y Galeano, 2008).

Si se suma el total de arrestos por delitos contra el Estado (cuyos autores debían ser militares, entre ellos, policías) más el de los efectivos que aparecen presos por otras faltas contra el orden, se obtiene un total de 387 arrestos, lo que asciende a un 18,65% del total de los arrestos. Aun tratándose de estimaciones relativas, ello quiere decir que casi un quinto de los actos contra el orden penados por la Policía en la ciudad fueron cometidos por efectivos de esa misma fuerza u otro cuerpo militar.

Considerando esta magnitud, ¿qué aristas de estas acciones captaron más atención institucional? ¿Cuáles fueron más visibilizadas y castigadas? ¿Cómo se las interpretó? Para comenzar a indagar en ello analizamos un conjunto de sumarios sustanciados con base en distintas faltas grupales e individuales. Se han conservado partes que iluminan aspectos distintos de la mirada de las autoridades, lo que nos ha permitido reponer cuáles fueron los *mensajes* que dio, que puso por escrito la institución policial, sobre el comportamiento debido de sus efectivos, así como sobre la relación entre superiores y subordinados.

3.

> LLAMAMOS LA ATENCIÓN
> Sobre el reglamento de policía que a solicitud del Sr. Jefe de aquel departamento comenzamos a publicar en este número. Como el Sr. Echagüe se halla tan bien dispuesto a cumplirlo y hacerlo cumplir desea que se conozca por todos a fin de que no se alegue ignorancia aunque la ignorancia de la ley no excusa y entre nosotros se supone que todo el mundo lo conoce.[347]

Este anuncio, ya señalado, manifiesta un tema clave en la *cuestión del orden*. La cuestión del desconocimiento de la ley (que, como vimos, se ligó a las dificultades del Estado para garantizar su difusión y aplicación) no solo fue un problema social general, sino también uno muy fuerte al interior de la Policía. Se trata, a su vez, de uno de los primeros argumentos que surgen en los documentos; se les pregunta de forma explícita a los sumariados si desconocían la ley o deliberadamente elegían incumplirla.

Los presupuestos que subyacen a las preguntas y respuestas de los sumarios se distancian de los presentes en la nota anterior. En ella, no solo se presume que, una vez conocida la ley, esta se cumplirá (o será al menos garantía de la legitimidad del castigo recibido de no serlo) sino que se establece que, siendo la superioridad de la ley, tampoco su ignorancia absuelve de la transgresión. Es decir que puede identificarse en notas de este estilo (replicado en editoriales y noticias políticas y policiales variadas) un piso de entendimiento respecto de la ley, frente al cual el único problema

---

[347] *El Santafesino*, 28 de febrero de 1877.

concreto por subsanar sería la difusión del Reglamento, garantizar su conocimiento, hacerlo llegar a los ciudadanos. Por ello, se verá cómo las preguntas formuladas[348] se dirigirán explícitamente a instituir en la tropa ese conjunto de axiomas respecto del orden y de la normativa. En este sentido, establecer que el sentido de ciertas acciones era no solo contrario al orden sino, también, al comportamiento debido de un efectivo fue clave para poder arraigar en la tropa las prácticas que consideraban deseables.

Las prácticas puestas en tensión en estos documentos formaron parte de la pugna entre autoridades y tropa para establecer qué comportamientos serían o no tolerados dentro de la institución. Como en otros discursos, la línea divisoria entre la tropa y la superioridad se plantea como *civilizatoria*: se replican las exhortaciones a comportarse de forma respetable a esos mismos hombres cuya condición inmoral se señalaba como origen de la violencia social y ante los que se opone una respuesta institucional racional y mesurada.

Por otra parte, estas representaciones son producto de la *visibilización* hecha por las autoridades de ciertos comportamientos recurrentes, por lo que pueden considerarse como *transgresiones* en el sentido que les da James Scott (1996). Se trata de acciones que fueron registradas porque fueron vistas por parte del "otro" dominante; que *existen* porque son notadas por quien domina y que por ello no se explican "por las intenciones de los actores sino por sus resultados, por el 'ser notadas'" (Scott, 1996: 23). En ellas, aunque "la intencionalidad [de quienes transgreden] permanece como un interrogante, los hechos ocurren certeramente frente a quienes están siendo resistidos" (Domosh, 1998: 212).[349] Siguiendo a Scott, puede considerárselas prácticas políticas "dirigidas a renegociar discretamente las

---

[348] Archivo de Gobierno, "Notas del Jefe de Policía del Departamento La Capital", 17 de enero de 1872.
[349] En relación con ello, Mona Domosh utiliza la distinción elaborada por James Scott entre la transgresión y la resistencia, la que, a diferencia de la primera, "ocurre detrás de las espaldas de aquellos siendo resistidos" (Domosh, 1998: 118).

relaciones de poder"[350] (Scott, 1996: 112) y que tienen capacidad de hacerlo "*porque* ocurren delante de, y siendo notadas por, quienes son resistidos" (Domosh, 1998: 212).

En nuestro caso, los actos fueron identificados por "ser juzgados como cruzando una línea que no debía ser cruzada" (Domosh, 1998: 214), lo que ya se sugiere en el número escaso de preguntas por los motivos de la transgresión. Sin embargo, presentan una particularidad, dado que durante esos años, en Santa Fe, esa línea *que no debe ser cruzada*, esa esfera de sobre-entendimiento de los comportamientos legítimos (Bourdieu, 2015) era la que se estaba definiendo (lo cual se ve en el énfasis puesto en preguntar si los acusados conocían la ley y la gravedad de lo que habían hecho).

Se trató de hombres que integraban la Policía e infringieron la ley durante horas de trabajo y en lugares públicos y/o visibles. Las autoridades relataron, dejaron registradas, las conductas inadecuadas *con el propósito de establecer que eran inadecuadas.*[351] Lo que estos sumarios nos acercan es, entonces, pistas sobre el vínculo existente entre relaciones de sentido y de dominación, en este caso, al interior de la Policía.[352]

El 16 de enero de 1872 trece integrantes de la partida celadora de Policía, entre los que se contaban nueve soldados, un alférez, dos cabos y un sargento, se resistieron a entregar sus armas a la guardia entrante que llegó para relevarlos en el cuartel, "a pretexto de pedir la livertad de

---

[350] Como señala Scott, "(…) los estereotipos de los grupos dominantes son (…) a la vez un recurso y una forma de opresión para el subordinado" (Scott, 1996: 30).

[351] Frente a esa voz certera y consistente, las "voces", los motivos de los acusados aparecen en retazos, de forma fragmentaria y hasta contradictoria. Algo de ello podrá indagarse en el sumario sustanciado para elucidar quiénes fueron los autores de un robo a una dependencia policial en San Carlos, en 1881.

[352] En ese sentido, los sumarios pueden consideradas como "eventos políticos", en tanto en ellos se despliegan sentidos e interacciones sociales, en un tiempo y espacio determinados y en los que confluyen actores con desigual inserción y capacidad de intervención (Soprano y Fréderic, 2009: 54).

un individuo arrestado".[353] Según da cuenta un parte del día siguiente, se logró desarmar a los insubordinados, que quedaron a disposición del Poder Ejecutivo y a raíz de lo sucedido, se instruyó un sumario.

En él, el motivo del "amotinamiento" tiene un lugar secundario; a pesar de que (a algunos) se les preguntó el porqué de su accionar, esa línea de preguntas no se siguió, es decir: ¿por qué querían que se liberara a este hombre? ¿Era injusta su prisión? ¿Tenían lazos de amistad o parentesco con él? ¿Obtendrían algún beneficio si de lo dejaba libre? No podemos saberlo, porque las preguntas se dirigieron a echar luz sobre los detalles de la *transgresión visible*: a establecer si habían actuado a sabiendas de lo que se estaba haciendo, si fue premeditado, quiénes había sido los instigadores y, especialmente, si conocían la gravedad del hecho.

Mientras algunas de las respuestas dadas por los "amotinados" difieren en su contenido, todas se articulan en un lenguaje de obediencia y respeto al orden, sea porque afirman haber actuado respetándolo o porque dicen ignorar haberlo quebrado; y todas proponen salidas individuales ante la cuestión de la responsabilidad. La dirección de las preguntas y las respuestas diversas, de la mano de algunas inconsistencias en los testimonios, abona la idea de que en casos como este, "la intencionalidad es dejada como una cuestión abierta" (Domosh, 1998. 212); es decir que para los protagonistas no radicó en ello el principal sentido del episodio.

En el desarrollo de los interrogatorios hay tres líneas de tensión: si los involucrados conocían la causa de esta acción; la "gravedad" de lo que hicieron; quiénes lo idearon y/o instigaron al resto. Sobre la primera cuestión, hay tres grupos de respuestas. Los que negaron tener cualquier tipo de conocimiento, aun formando parte del grupo amotinado, entre los que se encontró al alférez Nemecio Cabral,

---

[353] Archivo de Gobierno, "Notas del Jefe de Policía del Departamento La Capital", 17 de enero de 1872.

que manifestó que "ignoraba la resistencia de los demás individuos de tropa". El soldado Antonio Gaitán, dijo "que nada savía y que tampoco les había oído conversar palabra alguna de este echo". Manuel Pachecho, también soldado, "preguntado si sabía algo acerca de lo ocurrido en el día de hoy. Dijo: que no, que todo ignoraba [y] si había oído decir cuál fue el promotor. Dijo: que nada sabía". Mariano Cañete y "Balentín Pesquín" también afirmaron no saber nada y, sin ser preguntados por ello, justificaron su presencia diciendo que "solo estubo parado por ser soldado y no podía el solo gobernarse en razón a que tenía sus clases quienes lo mandaban" y que "solo habían obedecido a sus clases observando que ellos diesen la voz de romper filas", respectivamente. Como se ve, los primeros interrogados justifican la participación individualmente y apelando a la obediencia que su rol de subordinados les imponía.

Quienes sí admitieron conocer el motivo de haber retenido las armas coincidieron en que se había decidido la noche anterior, aunque no sobre quiénes instigaron el hecho; algunos dijeron que se trató de una decisión grupal mientras otros señalaron al Sargento Astudillo. Más precisamente, el cabo Frías y el alférez Gaitán, que responsabilizaron al sargento "que anoche los había animado"; el soldado Hijinio Vera afirmó que "anoche habían quedado convenidos con el Alferes y el Sargento Astudillo y demás de la tropa"; y el propio sargento, que también señaló que se trató de una decisión grupal, aunque no reconoció ser el instigador.

Las diferencias desaparecen, sin embargo, en el punto crucial para las autoridades, pues todos coinciden en que no conocían la gravedad de la falta. El propio Astudillo dijo "que [la] ignoraban, que ellos jamás habían servido en cuerpo de línea" y que él no conocía "las instrucciones del Gefe sobre subordinación". Sin embargo, algo llama la atención de esta versión ya que, acto seguido, afirmó que "les había dicho a los de la tropa que se fuesen todos, que a ninguno de ellos necesitaba y que no distinguía oficiales ni clases para decírselos". Las palabras del sargento pueden sugerir que efectivamente se trató de una idea suya (al admitir tácitamente haber tomado la decisión) pero, sobre todo, ponen de relieve la tensión entre la ignorancia de la norma y la obediencia a ella, que se asentó en medio de la relación entre las *transgresiones* de la tropa y las demandas de deber y moralidad de las autoridades. Puesto que, si la libertad de ese preso era un "pedido"; si ignoraba la gravedad del hecho e incluso las "instrucciones sobre subordinación", ¿qué lo motivó a echar, a advertir al resto y querer emprender la acción por sí solo?

Otro interés visible en las preguntas realizadas fue establecer si se trató de un acto organizado. Sobre ello, como vimos, existieron respuestas diferentes: organización colectiva, instigación individual; distintos alcances de lo pautado (se les preguntó si sabían qué harían en caso de no obtener lo pedido), pero todas coincidieron en que fue un "pedido" y en que, de no obtener lo deseado, "se huviesen retirado".[354]

Una última línea de tensión es la que se presentó entre el acto mismo de la transgresión y los términos de respeto al orden ("pedido", "obediencia al superior") con que los protagonistas la enunciaron. La justificación del cabo Frías, en la que se plasman sentidos simultáneos y en apariencia contradictorios de la acción, la ilustra: "Preguntado qué motivos le indujeron para no querer retirarse después de haber recibido el servicio –y resistir la entrega de las armas–. Dijo: que estaban allí pidiendo la libertad del individuo arrestado llamado José María Martínez"; y "Preguntado si en caso de no haber venido fuerza mayor (…) huviesen ellos echo

---

[354] Archivo de Gobierno, "Notas del Jefe de Policía del Departamento La Capital", 17 de enero de 1872.

fuego para conseguir el objeto que dio lugar a la estadía de ellos. Dijo: que no, que lo que se habían resistido había sido una falta de comprensión de ignorancia".[355]

Estamos ante un testimonio que asume plenamente que *hizo* algo (pedir la libertad de un individuo) pero que, al entrar en juego la cuestión de la desobediencia o la transgresión, inmediatamente recurre a motivos de falta de comprensión o ignorancia. No podemos saber si el soldado mintió o no, pero más allá de ello, sí puede verse que hay un terreno gris, de los deberes de la Policía, que todos los protagonistas usan, de una u otra manera. Es decir, el terreno común es precisamente esa indefinición porque, tras un aparente desorden o incongruencia entre los testimonios, los reúne la noción común de desconocimiento de estar haciendo algo grave.

Al volver sobre las preguntas, la insistencia de las autoridades por aclarar si los infractores conocían la gravedad del hecho es la contracara de esta noción, ya que las preguntas apuntaron a establecer que se trató de un hecho grave. ¿Por qué esforzarse en ello si la línea divisoria entre lo debido y lo indebido estaba plenamente establecida? En tal sentido, el sumario puede considerarse como un acto de afirmación simbólica del orden, plasmado abiertamente en pasajes como el de las preguntas hechas al sargento Mancilla, quien no había formado parte de los hechos. Señalado, aparentemente de forma equivocada, por el alférez Gaitán como uno de los participantes, fue llamado para ser interrogado: "Preguntado en ese momento de barullo donde estubo él", el sargento Mancilla dijo "que ya andaba de franco y que había pertenecido a la guardia saliente y no a la que resistió". A continuación, sin embargo se le preguntó "en caso de haber alarma motín u otro desorden qué haría". La respuesta de Mancilla está en concordancia con la dada

---

[355] Archivo de Gobierno, "Notas del Jefe de Policía del Departamento La Capital", 17 de enero de 1872.

por los demás policías: "que él era siempre subordinado a su jefe y que en caso de motín se hubiese replegado a su Gefe Superior".

Es la pregunta en sí misma, a alguien que no había participado de los hechos, la que ilustra esta preocupación: lo importante era establecer ante todos los que *vieron* el hecho, qué línea había sido cruzada, no indagar en las intenciones que llevaron a cruzarla. A su vez, en las respuestas conviven una renegociación de las relaciones de poder con la reafirmación del orden: se pretendía la libertad de un preso y para ello se realizó un acto visible; pero, ante las autoridades, se lo explicó como un acto de obediencia (de los soldados que solo cumplían órdenes) y de respeto al orden (era un "pedido") o desde la ignorancia de estar transgrediéndolo.

Transcurridos once años de ese episodio, se dieron una serie de faltas en el servicio de la Partida Celadora y del cuerpo de serenos, asentadas con mayor detalle que otras en tres partes diarios, e involucraron la comisión de ebriedad, escándalo e insubordinación. Como en el sumario anterior, en estos casos puede reconocerse la prioridad de las autoridades en aclarar qué línea fue cruzada con esos actos; pero, además, permiten rastrear huellas de en qué clave fueron interpretadas las transgresiones de la tropa.

El 17 de abril de 1883, el jefe de Policía Mariano Echagüe informó al gobernador sobre las "novedades ocurridas en el servicio" del día anterior.[356] Relata la primera de la siguiente forma:

> La parada N° 3, de segunda apenas veinte minutos después de entrar al servicio se encontraba completamente ébrio cometiendo escándalo. Otros soldados que venían de sus paradas relevados le encontraron y trataron de traerle al Cuartel; pero este no hizo caso emprendiéndola a palos con el soldado M.

---

[356] Archivo de Gobierno, "Notas del Jefe de Policía del Departamento La Capital", 17 de abril de 1883.

> Dias a quien dio en tierra donde le asestó una puñalada con el machete, no alcanzándole la caja del cuerpo pero haciéndole una herida de escasa gravedad en el costado.
> Fue desarmado y está preso.[357]

En este fragmento, se caracteriza muy enfáticamente cada una de las acciones. En primer lugar, el soldado transgresor no solo estaba ebrio[358] sino *"completamente* borracho, cometiendo escándalo", *"apenas"* veinte minutos después de haber tomado la guardia. Es decir, no solo se embriagó de forma total, sino que se apuró a hacerlo. En esta descripción, lo que sobresale es la falta de prudencia; el soldado actuó de forma rápida y sin restricciones. Sin embargo, lo que llamó la atención y terminó en su castigo fue el escándalo que estaba cometiendo y su resistencia a ser llevado al Departamento. En este caso, fueron otros soldados los encargados de detener el escándalo y retirar al infractor, que la emprendió a palos contra ellos y logró herir a uno. En el relato, las acciones del agresor fueron enérgicas (*cometió, emprendió, asestó*), en contraste con la moderación con que se condujeron los otros soldados, que *trataron* de realizar lo debido: "traerle al cuartel".

En el segundo altercado, se repite el contraste entre unas acciones indebidas y desmesuradas, excesivas, y la respuesta pertinente y tranquila que se les dio. Esta vez, se trató de una intervención de un superior sobre los actos de un subordinado:

> Más tarde, la parada N° 6 (Cabo Taborda) fue encontrado por el Inspector de Vigilancia Subteniente Rovin dentro de un almacén consumiendo licores y ya algo ébrio. Le dio orden que saliera, desarmóle y le ordenó marchar; pero Taborda se resistió a marchar diciendo que No marchaba con ningún j...

---

[357] Archivo de Gobierno, "Notas del Jefe de Policía del Departamento La Capital", 17 de abril de 1883.
[358] Que, por otra parte, se trató de una práctica muy frecuente. *El Santafesino*, 14 y 22 de mayo de 1877.

falta grave de respeto a su superior. Entonces el inspector sacó la espada y le aplicó algunos planazos para obligarle a obedecer. Uno de esos golpes mal dados causó al ébrio una herida en un brazo: se encuentra actualmente en el Hospital y no tiene gravedad. – Se ha ordenado al dueño del almacén para aplicarle la multa.[359]

Aquí, la transgresión reprendida fue el abandono del servicio. Ante esto, la respuesta de la autoridad fue en sí misma un llamado al orden, enunciado en el parte como una sucesión de pasos protocolares (dar la orden de salir, desarmarlo, ordenarle marchar). A esa primera exhortación, el cabo Taborda respondió con una nueva transgresión, esta vez más violenta (el insulto, la "falta grave de respeto") y, solo obligado por esto último, el inspector actuó con mayor vehemencia. Pero, incluso en ese momento, se condujo de forma tranquila (*aplicó* un planazo) ante la desmesura de la provocación y lo hizo solo para "obligarle a obedecer". Así, la herida que le causó al cabo no solo estuvo justificada (su falta de respeto fue la única causa de la respuesta que obtuvo) sino que, además, se dice que se trató de un error, pues fue un golpe "mal dado".

También en estos episodios las motivaciones de los transgresores pasan a un segundo plano. Por un lado, no se las incluyó en las descripciones, refrendando la noción de que, por un lado, no era una cuestión importante de ser informada (o quizás más sugerentemente, que no hacía falta explicarlas, en el sentido de que se trataba de comportamientos esperables de estos sujetos). Pues, así como la repetición de ciertas nociones puede considerarse una estrategia discursiva cuyo efecto es el de reafirmarlas, la ausencia de algunas otras puede sugerir que no estaban en discusión; que no se abrió un terreno para que fuesen discutidas; que sus sentidos estaban ya establecidos.

---

[359] Archivo de Gobierno, "Notas del Jefe de Policía del Departamento La Capital", 17 de abril de 1883.

Desde ya, no conocemos los motivos del soldado y del cabo para embriagarse durante el servicio. Las suposiciones más verosímiles (que ponderan no solo la profusa cantidad de policías arrestados por estas causas sino también los ciclos cortos e inestables en que estos hombres *eran* policías) nos orientan a pensar que se trataba de prácticas de sociabilidad incorporadas, consumos cotidianos, que no eran interrumpidos mientras se cumplía esa función –¿por qué habrían de serlo?–. Si se atiende a las respuestas de los transgresores al ser llamados al orden, no parece que haya habido un reconocimiento de estar en falta (no en el sentido formal –queda en claro que se sabían en falta–, sino en el sentido moral, mediante alguna actitud de vergüenza, de recogimiento). Por el contrario, la desmesura de la primera transgresión se continuaba de forma intempestiva en las faltas de respeto subsiguientes.

Si consideramos estos eventos de *transgresión* como luchas por el sentido (de los deberes de los efectivos durante su guardia) en las que estos con sus acciones o los desconocían o elegían quebrantarlos vemos que, al hacerlo, hicieron visibles actos que, de no ser reprendidos, supondrían una renegociación de las relaciones entre ellos y las autoridades. La respuesta de estas últimas reforzó *el sentido de los que dominan* (Scott, 1996): que, efectivamente, existía un orden con anterioridad a la transgresión, restituido con el acto de castigarla. Hicieron visible la dimensión de las transgresiones por las cuales, a partir de una acción contraria al orden, este se reafirma como tal.

En los dos relatos anteriores, la tensión entre orden y desorden se resolvió mediante la intervención de actores policiales que, tanto porque interrumpieron la transgresión como por la manera en que lo hicieron, restituyeron el orden. Al estar formulados en tercera persona, predomina en los partes una mirada externa de lo sucedido (que podría figurarse como *vertical*) dado que se trate o no de un superior quien interviene, la versión final que clausura el sentido de lo ocurrido fue dada por el jefe de Policía. Por lo tanto, un aspecto que queda opacado, fuera del discurso, es el de las motivaciones y acciones propiamente dichas de los protagonistas.

En los casos que siguen, si bien no podemos acceder "plenamente" a ellas, al darse situaciones de conflicto o contradicción en las versiones de los hechos, se hacen más aparentes las estrategias en las prácticas de los individuos, aun con la amplia *mediación* discursiva.[360] Amén de la falta que el documento relata, existen pequeños rastros del sentido dado por los actores a sus conductas, los que, sin embargo, aparecen subordinados discursivamente a la *transgresión* que mereció la elaboración de los documentos.

En determinados episodios de *transgresión* no aparecieron solamente situaciones oposicionales entre los sujetos populares y los sectores dominantes (al interior de la fuerza, entre la tropa y sus superiores) sino, también, al interior de la tropa.

El primer caso trata de un episodio muy confuso entre el primer oficial Acisclo Niklison, asiduo visitante de la cárcel del cuartel por sus repetidas borracheras, y el comisario Robles, en una casa de familia en 1866. En ese altercado, el primero parece intentar mejorar su prestigio frente al jefe de Policía, retratándose como quien soluciona por sí solo el problema a la vez que agravando la conducta de Niklison, con lo que aumentó el valor de su intervención. Como se verá también, emergen algunos elementos que en los sumarios anteriores son más opacos, como el hecho de que, además de una transgresión *abierta* (el oficial 1° se emborracha, amenaza a una mujer y genera un escándalo) existió una *relativa* (Scott, 1996) –el comisario que, pasando por sobre rango superior del oficial, interviene y, luego, lo denuncia–.

---

[360] En los casos analizados, esta se identifica tanto en el hecho de que no todos los involucrados relatan lo sucedido sino que, los que sí lo hacen, fueron "traducidos" por un tercero que escribió sus versiones.

A las nueve de la mañana del 11 de febrero de 1866, el comisario de la segunda sección don Octavio Robles se presentó a la Jefatura a dar su parte diario. En ese momento solicitó que se registrara por escrito lo que "debía" relatar. Según su testimonio, al terminar su guardia a las siete de la mañana, le propuso al oficial primero Asiclo Niklison ir juntos a tomar una taza de café a la casa de don José Colombo. Luego de hacerlo, "pidió permiso a la dueña de casa para recostarse un rato" y "un momento después fue despertado por unos gritos o fuertes palabras". Niklison tenía tomada por los brazos a la sobrina de don Colombo mientras gritaba, amenazándola con llevarla presa o remitirla a un cantón "si no cedía a sus pretensiones".[361] Por último, declaró que ante "esta amenaza y reconociendo que el oficial 1° se hallaba en estado de embriaguez, trató de evitar un escándalo teniendo que desobedecerlo y no respetarlo en su carácter de oficial 1°" y que "habiendo conseguido calmarlo de las pretensiones que tenía" decidió "dar cuenta de este incidente al Sr. Gefe de Policía para sus resoluciones".

Además del contraste visto en los ejemplos anteriores, entre acciones decentes y moderadas (en este caso, Robles *propone*, *pide permiso*, *intenta*) con las violentas y desmesuradas del transgresor (que se embriaga, grita, amenaza, tiene "pretensiones"), en el testimonio de Robles existe un esfuerzo abierto por posicionarse positivamente frente a sus superiores, con base en dos estrategias: declarar su apego a las normas y sobrerrepresentar su rol en la resolución de la situación.[362]

Sobre lo primero, es interesante ver cómo el comisario neutralizó, de cierta forma, su propia transgresión (de no respetar el rango superior de Niklison). Planteó que se vio forzado a hacerlo ("debiendo desobedecerlo"); validó su

---

[361] Archivo de Gobierno, "Notas del Jefe de Policía del Departamento La Capital", 11 de febrero de 1866.
[362] Archivo de Gobierno, "Notas del Jefe de Policía del Departamento La Capital", 11 de febrero de 1866.

proceder diciendo que fue para restaurar el orden y cumplir con su deber; finalmente, completó la acción volviendo hacia una autoridad mayor para que resolviera la situación (informó al jefe de Policía "para sus resoluciones").

Existió un último intento por despegarse de Niklison. Según cuenta don Octavio, llegó a la casa de Colombo junto con el oficial primero. No menciona nada sobre que este haya estado borracho; luego, se recuesta y "un momento después fue despertado" y fue allí cuando, "reconociendo que el oficial 1° se hallaba en estado de embriaguez", intervino. Preguntado si sabía dónde se había embriagado Niklison, dijo que "cree haya sido en la misma casa durante él dormía". ¿Cómo se explica que en tan poco tiempo Niklison se haya emborrachado? ¿Y que ninguno de los habitantes de la casa haya manifestado facilitarle bebida?[363] ¿Dónde obtuvo el alcohol en ese corto tiempo? Las alternativas que pueden imaginarse (¿estuvo dormido más tiempo el comisario? ¿Llegó ya ebrio Niklison?) irían en desmedro del rol casi heroico que guarda para sí el comisario, dado que sería responsable de haber invitado a un ebrio a la casa de familia, y haberla dejado a su merced mientras él dormitaba. Porque, en adición a ello, el protagonismo exclusivo que se arroga en la resolución del altercado quedó puesto en entredicho según dos testimonios.

Mientras Robles declaró que actuó con resolución y aplomo y así logró por sí solo calmar a Niklison (*consigue calmarlo*; *toma la determinación* de informar a la Jefatura), la dueña de casa y la muchacha atacada dieron detalles que no coinciden enteramente con ello. Doña Francisca Villalva

---

[363] Ninguno de los testigos o protagonistas relató haberle convidado alcohol a Niklison. Estos testimonios y la ausencia de la mención al convite al primer oficial tienden a poner en cuestión la declaración del comisario. Sin embargo, si fuera cierto que Niklison llegó a estar ebrio en ese lapso que suponemos muy corto, pero que los declarantes mencionan con vaguedad ("un momento"), la ausencia de admisión de haberlo convidado formaría parte de una estrategia por parte de la víctima y sus familiares para deslindarse de los sucesos. Archivo de Gobierno, "Notas del Jefe de Policía del Departamento La Capital", 11 de febrero de 1866.

declaró que ella "trató de calmar al oficial 1° y hasta le hechó un poco de agua para que se refrescase, lo que consiguió un tanto moderarlo". Por su parte la joven agredida, Victoria Ayala, dijo que "después de cuestionar fuertemente con el Comisario Robles y habiendo salido éste a dar parte al Departamento de Policía fue recién entonces que se calmó el oficial 1° hasta un momento después que lo sacaron de la casa". Es decir que aplacar al ebrio fue un esfuerzo de más de una persona, a diferencia de la versión que relata el comisario.

En todo caso, más allá de los esfuerzos de Robles, esta tensión horizontal con otro oficial (en el sentido de que la verdadera verticalidad se haya planteada para con el jefe de Policía) no modificó el desenlace del problema, que culminó en un nuevo arresto de Niklison por ebriedad y escándalo.

Sin embargo, ello no siempre fue así. Como se verá en el ejemplo que sigue, en ocasiones las versiones encontradas, las acusaciones cruzadas pero también los vacíos en los testimonios afloraron dudas importantes. En el ejemplo que sigue esas dudas fueron tales que modificaron no solo la versión de los hechos dada por el funcionario superior involucrado, sino también el destino de los sospechosos (tenidos por culpables incluso antes de la sustanciación de las averiguaciones).

El último sumario analizado se sustanció para determinar quiénes fueron los responsables del hurto de la recaudación, en la subdelegación de Policía de la colonia San Carlos, que tuvo lugar en ausencia del subdelegado político. La particularidad de este documento es que, en sus averiguaciones, expone un conjunto de relaciones sociales, externas a la institución policial, que acaban siendo clave en la explicación de los hechos y, además, que se cuenta con el testimonio de los involucrados, hayan sido estos policías o no. La nota que acompaña la remisión de los dos soldados de la partida celadora, acusados de robar la recaudación del día de la caja de la Policía, está firmada por el subdelegado de Policía de San Carlos, el ciudadano italiano Zucci. En ella, el funcionario expresó que

> remito a los individuos Pedro Gonzales y Fermín Maldonado, los dos soldados de la partida celadora de esta Subdelegación de Policía los cuales con falsa llave habrieron el armario robando el dinero que contenía y recaudado por contribución directa y papel sellado; y en los días que V.S. me dio orden de trasladarme a la Colonia San Geronimo para entregar la casa de negocio de Domingo Saya a D. Julio Creton —Habiendo suficientes pruebas por este robo.[364]

A raíz de esta nota, el jefe de Policía indicó de manera enérgica[365] que debía sustanciarse un sumario para aclarar los hechos y sus responsables. En el transcurso de las averiguaciones, aparecen involucrados la novia chilena de uno de ellos, el teniente juez Domingo Barriera, su esposa y "una llavecita" (de la caja de recaudación). Develar quién tenía en su poder esa llave la noche anterior y el día del "robo" se transformó en el centro de las averiguaciones y generó los resquicios entre los cuales se colaron versiones muy distintas. Sin embargo, la confusión de hechos y de versiones encontradas fue tal que se decidió el sobreseimiento completo de ambos acusados.

Dos líneas problemáticas distintas confluyen en la cuestión del robo: de un lado, los hechos en sí (quiénes participaron, cómo y cuándo ocurrió el robo; cuánto fue sustraído); de otro, las relaciones y vínculos entre los sujetos y sus costumbres, que inciden notablemente en los hechos y que poco tenían del funcionamiento de una Policía formal, institucionalizada.

---

[364] Archivo de Gobierno, "Notas de los Jefes Políticos de esta Provincia", julio 17 de 1881, folios 348 a 362.
[365] Archivo de Gobierno, "Notas de los Jefes Políticos de esta Orovincia", julio 17 de 1881, folio 349.

En la subdelegación fue robada una cantidad de dinero que el teniente Juez Barriera dijo en un primer momento que eran 1300 pesos; luego, se rectificó y afirmó que fueron 40, para finalmente reafirmar que se trató de 1300. Barriera afirma que, sin la menor duda, los autores del hurto fueron Gonzáles y Maldonado, soldados de la partida celadora, que habían dormido en la sede policial la noche anterior. A eso suma el hecho de que estos fueron vistos con dinero con el que usualmente no contaban, lo cual refrenda con dos afirmaciones: que compraron "fideos y arros en el almacén nuevo de unos gallegos" y "se hallaban fumando cigarros de hoja", y que la novia de uno de ellos, una sirvienta chilena de dieciocho años y vida licenciosa, fue vista comprando tela y luciendo un vestido nuevo. Finalmente, porque los soldados habían sido vistos bebiendo y en estado de ebriedad la noche de los hechos y al día siguiente. Por ello, y por no haber otros sospechosos, el subdelegado político refrendó en su nota la versión del teniente juez y dio por hecho que los soldados eran culpables.

Las certezas de esta versión comienzan a ponerse en entredicho con testimonio del soldado Maldonado que

> Preguntado: si no tiene algún indicio por qué ha sido preso: Contestó: que se supone será porque habiéndose disgustado con su muger había ido esa noche (la del martes) ha dormir al cuartel con Pedro Gonzalez que era su amigo pero que el declarante sin embargo durmió en la cocina y Gonzalez en el cuarto donde están las armas: Que al otro día el Sr. Barriera, como a las doce, lo hizo poner en la barra: Que temprano el declarante había oído decir que se había perdido la llave del armario de la Subdelegación por cuya razón no quería retirarse: Que el declarante vio cuando Barriera dijo haber encontrado una llave que traía en la mano, la que fue

con el albañil, á probar en el armario, y que ha oído á ellos decir que venía bien; Que entonces fue cuando lo mando poner en la barra.[366]

Respecto del robo, Maldonado negó estar involucrado e introdujo en su declaración la cuestión de la llave del armario... Afirmó que el teniente juez llegó con una llave que abría el armario y que dijo haber encontrado. También, alegó en su favor que ante la primera noticia de que una llave se había perdido, optó por quedarse en la delegación, con lo que mostró preocupación además de inocencia, pues ¿por qué se quedaría, de ser culpable, a merced de ser arrestado?

Sobre la cuestión de los vínculos, es muy interesante que la perspectiva de Maldonado se centre en la pelea que tuvo con su mujer, por la que había terminado durmiendo en la oficina, así como el hecho de que durmió allí porque el otro soldado, Gonzáles, era su amigo. De la misma manera, en los testimonios que siguen, los lazos que se realzan no tienen que ver con la pertenencia de estos sujetos a la Policía; y en adición a ello, al ser inquiridos sobre su profesión los soldados respondieron ser jornalero y hornero, respectivamente.[367]

Luego, llegó el turno de Gonzáles, que manifestó "que sabe que está preso por sospechas de robo, porque así se lo dijo Barriera, el teniente Juez: Que fue reducido á prisión por el susodicho Teniente Juez el Miércoles de la semana pasada, en San Carlos". Amén de esto, su declaración

---

[366] Archivo de Gobierno, "Notas de los Jefes Políticos de la Provincia", San Carlos, julio 17 de 1881, folios 348 a 362.
[367] El primero dijo "llamarse Fermín Maldonado, de treinta y un años de edad, casado, hornero, argentino y domiciliado en la colonia San Carlos"; Gonzáles, por su parte se identificó como "Pedro Gonzalez, de cuarenta y ocho años, viudo, jornalero, argentino hijo de Tucuman, y domiciliado en la Colonia San Carlos". Folios 351 y 352.

fue la primera que sembró sospechas sobre la versión de los hechos que había dado el subdelegado y complicó al teniente juez:

> Como á las ocho de la mañana fue de la Subdelegación a casa del Teniente Juez Barriera a buscarlo para que estuviese presente á una entrega de prendas que iba a hacer: Que cuando venían, en el camino vió que Barriera se agachó como a levantar algo, pero que el declarante no vio si levantó: que cuando llegaron a la Subdelegación, Barriera mandó al declarante, que era soldado de la partida, a buscar las llaves que estaban en la casa de familia del Teniente Juez: Que cuando vino le mostró otra llave con la que Barriera decían le habían abierto el armario y le habían sacado como cuarenta pesos: Que Barriera decía otra vez que eran como mil trescientos pesos, aunque después volvió a decir: como cuarenta pesos: Que cuando tales cosas decía estaban Fermín Maldonado y Tristan Gaitán; Que dijo que la llave ó la había perdido Fermín ó el declarante; Que después le ordenó tomase preso a Maldonado que esa noche había dormido en la cocina, pero después le ordenó que ni uno ni otro se movieran de allí, y cuando vino el Señor Zucchi, subdelegado de San Carlos, como a las doce del día, lo puso preso al declarante y a Maldonado: Que despues no le han tomado declaracion: Que los fideos y arros los compró con dos reales que le había dado el Señor Zucchi el día martes.

González señaló un número de problemas sin resolver. En primer lugar, que la llave con que se abrió la caja había sido perdida (no se sabía por quién); que el teniente juez los acusó de haberla tomado pero, también, que de camino a la subdelegación este se agachó para tomar algo que había encontrado (presumiblemente la llave, aunque él no vio qué). Solo en lo último coincidieron su testimonio y el del teniente juez: una llave, que resultó ser la que abría la caja, había sido encontrada, tirada en la calle, en el camino a la delegación.

Luego, se preocupó por aclarar que compró con dinero obtenido de forma legítima las provisiones que se le acusaba de tener y, de manera sugestiva, puso nuevamente en duda a su superior, al decir que Barriera se desdijo sobre la cantidad que fue sustraída no una, sino dos veces. Si bien no hizo acusaciones directas, cuando se le preguntó si deseaba agregar algo a su declaración, manifestó "que nada mas tiene que declarar solo que el Señor Barriera alguna vez confiaba á la señora las llaves para que fuese á sacar plata del armario". A raíz de esta afirmación el comisario Silvia, encargado de la instrucción del sumario, determinó que "Resultando algunos otros individuos complicados en este hecho segun deposicion de Pedro Gonzalez, y necesitándose su comparendo, vuelva al Señor Gefe para sus efectos".

Las tres declaraciones restantes fueron del subdelegado Zucchi, de Barriera y de Apolinaria Gómez, "de dieciocho años, viuda, sirvienta", señalada como amante de Gonzales. La de Zucchi solo refrendó las sospechas sobre Barriera, al afirmar haber estado ausente durante los sucesos "en comisión encargada por el Sr. Gefe". Dijo que lo que sabía sobre lo acontecido era lo que Barriera le había informado: la pérdida de la llave, los gastos de los soldados y sus costumbres disolutas. Sobre ello, recalcó que

> Amas debe hacer notar que en los dos días que el declarante faltó de la Subdelegación, Maldonado y Gonzalez han estado continuamente embriagados y que, como ha declarado, los susodichos no tenían plata alguna, salvo un médio o un real que el declarante sabia dar a Gonzales.

Y, preguntado sobre a quién dejaba las llaves en su ausencia, dijo que "al Señor Barriera" y que no creía que nadie más manejara esas llaves. Finalmente desmiente, ofreciendo una respuesta poco firme, las acusaciones de Barriera sobre Gonzales, al decir que no recuerda si dio o no a este el dinero que gastó en el almacén, pero que sí era cierto que "todos los días le daba uno ó dos reales".

Hasta aquí, lo que puede verse es que la acusación firme con la que originalmente llegaron presos los soldados al departamento central mutó en un conjunto de afirmaciones poco claras que dirigieron las sospechas más y más hacia el teniente juez. La última declaración, tomada a domingo Barriera, alimentó aun más estas sospechas, pues no solo admitió que en oportunidades anteriores le había dado la llave a su mujer para que retire dinero, sino que hizo el particular relato que sigue sobre cómo encontró la llave del armario, camino a la subdelegación:

> Que estando el declarante encargado de la Subdelegación, el día catorce, cómo á las nueve de la mañana el soldado Pedro Gonzalez fue a buscarle a su casa habitacion para asuntos del servicio: Que yendo el infraescripto por un caminito que de su casa conduce á la subdelegación, por el cual había pasado de ida el soldado Gonzalez, más ó menos veinticinco varas de la Subdelegación encontró una llavecita, la que inmediatamente conoció que serviría para abrir el armario donde se guardaban las entradas de la Policía, y que volviéndose á Gonzalez que venía detrás le dijo que aquella llave debía haberla perdido él y que ella le había servido para abrir el armario y robar plata de allí: Que entonces llegó hasta la Subdelegación y con Francisco Gabriel y Pedro Gonzalez fue donde estaba el armario y probó la llave la que abrió el armario y entonces notó la falta de plata.

Las razones que dio Barriera forman parte de los mismos comportamientos que, como vimos en los casos anteriores, era habitual endilgar a quien se acusaba, para formar una imagen negativa del arrestado, estuvieran o no relacionados con el motivo de la detención, pues afirmó que

> cree que Pedro Gonzalez es el autor del robo porque había dado el día lunes á una chilena con quien vivía en mala vida, un peso y el martes doce reales, dinero que cree no haber tenido Gonzalez pues no había tenido ocacion de ganarlo:

Que amas Gonzalez y Maldonado estaban medio embriagados el día martes y fumaban cigarros de hoja, sin haber tenido antes plata.

Por el contrario, aquellos comportamientos que no se pusieron en cuestión en este sumario son aquellos que quizás, a nuestros ojos, resultan más llamativos: el soldado que duerme en la subdelegación porque tuvo una pelea con su esposa; el teniente que da a su mujer la llave de la caja; el subdelegado que abandona sus funciones para realizar encargos privados del jefe de Policía y que da dinero a sus subordinados de manera informal.

Más allá de la trama montada sobre quién cedió, quién encontró tirada y quién utilizó y luego descartó una llavecita (¿en el preciso lugar en que luego fue hallada por una autoridad?), no puede confirmarse si estas idas y venidas fueron como se las relata; de hecho, esa misma ausencia de certeza llevó al sobreseimiento de los acusados. Ello pone de relieve que la capacidad de la institución por elucidar los hechos, lo que habilitaría a aplicar el castigo a los culpables, se vio enfrentada a estrategias discursivas elusivas que, en esta oportunidad, resultaron exitosas. En ese sentido, la renegociación de las relaciones de poder tuvo, en esta oportunidad, un resultado más ambiguo. De un lado, las figuras que vimos en los casos anteriores como "prueba" o agravante (la embriaguez, la vida licenciosa, la violencia) son ratificadas como telón de fondo de los hechos. Sin embargo, el choque de versiones encontradas entre subordinados y superiores se resolvió en favor de los primeros, toda vez que, en definitiva, la acusación no prosperó y fueron exonerados.

Este último tramo del capítulo, de un análisis ferozmente cualitativo, tuvo por objeto profundizar en detalles, en inflexiones, en gestos, que los sumarios han conservado, sobre las situaciones de las que dan cuenta de forma nominal los partes diarios. En ese universo de faltas contra el orden público, que en un veinte por ciento fueron cometidas por los mismos hombres que debían resguardarlo, tampoco presentó frentes homogéneos. De un lado y de otro de la transgresión (que ya, en sí, fueron complejos e inestables en su composición) aparecen intereses, filiaciones y estrategias a las que, sin embargo, solo accedemos superficialmente.

Lo que sí puede reconstruirse con mayor firmeza son las preocupaciones de la institución policial sobre sus integrantes, a partir de qué problemas fueron visibilizados más sostenidamente por esta y qué sentidos sobre la transgresión se esforzó por establecer. Entre ellos, tuvo prioridad inculcar un comportamiento debido a la tropa, lo cual también habla de la medida en que esto era aún una faltante severa en la institucionalización policial.

Conclusiones

> De este lado del río, lo que no es presa es baldío.
> Jorge Drexler

Hasta aquí, como percibieron lxs lectorxs, se trató de un esfuerzo muy grande de resultados acotados, si se consideran las posibilidades que brinda el universo documental disponible. Cuando señalábamos que Santa Fe es un espacio de vacancia para la historia social del período, nos referíamos tanto al estudio de procesos como los que nos convocaron, como a la magnitud de la tarea que resta por ser emprendida.

Dicho eso, quisiéramos destacar algunas cuestiones, que esperamos servirán tanto como un aporte para la historia santafesina como para ponerla en juego con otros casos regionales. Estas se refieren, respectivamente, a qué temas, problemas y tópicos conformaron la "cuestión del orden" en la ciudad; qué actores fueron los protagonistas de estas particulares relaciones sociales instituidas en los espacios públicos; y por último, qué operaciones de disputa (qué relaciones de sentido y de dominación) y en qué "terrenos" se delimitaron (esto es, en las dimensiones simbólica y práctica).

Respecto de la delimitación de las representaciones de la cuestión del orden, emergen dos consideraciones. La primera hace a su contenido y subraya la moral como el sustrato común sobre el que se asentaron las representaciones dominantes acerca de qué conductas serían toleradas y cuáles no. Desde luego, como se vio en las relaciones discursivas y en la existencia de coyunturas específicas (como la de 1881 y años subsiguientes), ello no supone pensar que el mandato del control de la mano de obra no estuvo presente.

Sin embargo, no fue el lenguaje del trabajo, o económico, el que las élites utilizaron para referirse al problema de los sujetos que causaban desórdenes. Las representaciones sobre el vicio, que estructuraron la mirada sobre la cuestión del orden, incluyeron reflexiones sobre cómo este afectaba el trabajo; no obstante, fueron significadas de manera mucho más amplia que como la "ausencia de trabajo".

Los vecinos notables, que reclamaron el traslado del puerto, no se quejaron de que los nuevos pobladores no trabajasen, sino de que sus costumbres eran distintas e inmorales; al momento de ajustar el control, en momentos de exaltación política, la Policía vigiló la portación de armas (el peligro inmediato) y mantuvo el control sobre la ebriedad. Solo a partir de la expansión urbana y la prosperidad comercial (que, por otra parte, supuso el comienzo de otro tipo de conocimiento policial sobre la ciudad, como vimos con el relevamiento de "industrias y comercios" por sección) puede verse una aparición, por peso propio, del control de las faltas al trabajo (como el incumplimiento de contrato, o la falta de papeleta de conchabo).

El arco de sentidos construidos en torno del orden, en el cual estas transformaciones se dieron, siguió siendo el de la moral. El análisis de cómo los distintos actores (estatales y civiles) se apropiaron de él y lo utilizaron como argumento para sumar a sus posiciones en discusiones de distinto tipo refrenda la idea de que el lenguaje de lo moral constituyó la estructura principal por la cual se significó —pero también se implementó— el orden en la ciudad.

Respecto de los sujetos sociales que protagonizaron estos nudos de relaciones, hallamos un cruce de "clasificaciones". Por una parte, la de base; aquella que opuso a la elite (que en Santa Fe se mantuvo menos cambiante en su composición que en el sur provincial) a los sectores populares. De hecho, la base del discurso moral sobre el orden fue que existieron sujetos (hombres pobres criollos) que entre sus condiciones inherentes contaban la inmoralidad y que, por tanto, debían ser controlados y sus conductas transformadas, porque de ello dependía la posibilidad de alcanzar a las sociedades plenamente civilizadas.

Dicho de otra manera, la construcción de otredad sobre la base de estos procesos de estigmatización incidió fuertemente en la estructuración de la sociedad santafesina en momentos de creación del Estado y de implantación de la hegemonía de relaciones sociales capitalistas. Un ejemplo de ello fue cómo se significó socialmente el juego ilegal. Visibilizado especialmente en la prensa a fines del período, es notoria la construcción antagónica que se hace del "jugador víctima" y del "jugador victimario", dependiendo de a qué clase perteneciera el jugador. Según ese criterio, una misma acción (llevada a cabo incluso en los mismos lugares –plazas, calles y casas de negocio–) fue definida como un vicio propio de la condición inmoral del sujeto o como una tentación a la que el ciudadano de bien sucumbía. Eso nos lleva al tercer aspecto a señalar, pues esta construcción antagónica no hizo su aparición sino hasta fines de siglo, en medio de los crecientes enfrentamientos de un gobierno que no se hallaba dispuesto a aceptar la participación política de los extranjeros y un radicalismo que abrazaba el lenguaje del civismo. En ese sentido, el juego, inscripto en el horizonte más amplio del "vicio", formó parte de las conductas inmorales que estos nuevos ciudadanos respetables achacaron a los funcionarios policiales, delegados directos del Poder Ejecutivo en el territorio de la provincia. A la preocupación por el juego en sí mismo, se superpuso su utilización como una efectiva herramienta en la contienda política; efectiva, precisamente, porque remitía a un lenguaje compartido sobre qué valores debían imponerse en una sociedad civilizada.

A ese respecto, el tópico más desarrollado en el período, y con una intensidad que opacó a los demás, fue el de la ebriedad. De hecho, el conjunto de conductas y características que conformaron la idea de *vicio* remitía siempre, en los discursos, a la ebriedad como causa principal.

Las fuentes policiales dan muestras explícitas de ello (por ejemplo, en el número sostenidamente superior de arrestos por este motivo en todo el período). Al tiempo, permiten inferir cómo la preocupación por esta costumbre condicionó el funcionamiento interno de la Policía a la vez que sirvió como una manera de intervenir sobre la tropa (como testimonia la relevancia que tiene en los sumarios poder establecer que ante la violencia de un policía vicioso, la autoridad respondía con serenidad y adecuación para restaurar el orden interno).

Otro indicio de cómo la ebriedad y sus peligros se instaló como un sentido compartido lo da la manera en que sujetos fuera de la élite (y precisamente sujetos que pertenecían a los sectores señalados por la elite) se apropiaron de esta noción para posicionarse ante las autoridades en conflictos, confrontaciones o episodios poco claros. Una estrategia común fue la de intentar establecer que el otro individuo era vicioso, que se emborrachaba y, más aun, que se encontraba ebrio al momento de los sucesos en cuestión. Ello respecto de lo interesante que resulta considerar la dimensión representacional, simbólica de un tema vasto como el orden, en momentos en que las relaciones sociales de dominación y de sentido no estaban plenamente intermediados por el Estado (es decir, los mecanismos estatales de intervención no fueron los determinantes en la instalación de ciertas prácticas y nociones, y en la anulación o control de otras).

Por su parte, las prácticas concretas de control y las formas y dinámicas de su implementación constituyeron, junto con lo antes señalado, un mecanismo primordial de establecimiento de una nueva norma de conductas en los espacios comunes. En un contexto institucional y económico como el descripto, cobra otros sentidos que la normativa haya dado un paso atrás como guía de las prácticas policiales. Compuestas fundamentalmente de la interrupción momentánea del desorden cometido (el retiro del infractor del lugar público), las prácticas de control adquirieron su especificidad en la repetición de estos pequeños actos de control. En tal sentido y, aunque desde ya se trata de un punto que requiere mayor indagación, entendemos que ver en esto solo una nuestra de ineficiencia policial sería un análisis no solo incompleto sino errado.

Teniendo como contracara la reincidencia de los transgresores, así como en líneas generales la presencia cotidiana de las infracciones, el Estado en formación hizo viable un mecanismo por el cual resignificó estas conductas, poniendo a los infractores en lugar de controladores. En relación con esto, la cuestión de la intención del Estado no va en desmedro de unos determinados efectos logrados sobre las relaciones sociales que día a día se repitieron en la ciudad. Las prácticas de control, en conjunción con la normativa correccional ferozmente criticada, y guiadas por las representaciones antes expresadas, constituyeron una praxis adecuada del control de los comportamientos públicos que, como tal, mantuvo sus características durante todo el período estudiado. En este sentido, esta dinámica no parece poder ser explicada solo como un último recurso de un Estado carente de otros medios, aunque este es uno de los principales puntos a ser indagados con mayor profundidad, esperamos, ya con otras fuentes policiales en mano.

Por tanto, entendemos que las líneas que tiende, como punto de partida, esta investigación, hacen a dos cuestiones. De un lado, la vacancia empírica, imposible de saldar si no se emprende como una tarea colectiva. Existe un prejuicio importante que romper para ello, que liga el caso santafesino a una historia de anaquel. Lo que nosotros encontramos fue, por el contrario, un alud de documentos fascinantes (desde los exabruptos del primer oficial Niklison a la intempestiva indignación de los vecinos notables y la empecinada tozudez con que el oficial sumariante preguntaba a un grupo de amotinados si "conocían la gravedad de sus actos"). De aquí en más, la tarea del análisis documental –que presupone el acceso a los archivos–, necesitará ser un horizonte colectivo e institucional.

Luego, en términos de la perspectiva con que ciertos procesos son analizados en el período de formación estatal, creemos que el caso santafesino puso de manifiesto la necesidad de relativizar un discurso que comenzó en las fuentes, pero que sigue presente, en ciernes, en algunas interpretaciones historiográficas: aquel que piensa las características de la praxis institucional del Estado como "deuda" o "falencia" atribuida a la escasez de recursos o a una realidad adversa (que Halperín advirtió con tono admonitorio, hace mucho tiempo ya).

La forma en la que la Policía santafesina conjugó una normativa escasa con una composición de la tropa que escindía al medio la institución habla de una realidad más "aceitada" que "precaria" de la praxis de control. Nuevamente, estos interrogantes, apenas planteados como tales, deberán ser continuados.

Por último, creemos que futuras comparaciones con otros espacios de la Argentina (y Latinoamérica) permitirán confirmar como tendencia o ubicar en el lugar de excepción, la posibilidad otorgar, a la dimensión moral de los procesos sociales (donde habitan la violencia y otras emociones que en el siglo XIX –y hoy– se descontrolan), un lugar, en clave explicativa, en los procesos más generales de estructuración y transformación de las relaciones sociales de poder.

Bibliografía citada y fuentes primarias

Albornoz, María Eugenia, "Tensiones entre ciudadanos y autoridades policiales no profesionales. San Felipe, 1830-1874", Revista Historia y Justicia, Núm. 5, Santiago de Chile, 2015.

Alonso, Paula, *Entre la revolución y las urnas. Los orígenes de la Unión Cívica Radical y la política argentina en los años 90*, Universidad de San Andrés, Editorial Sudamericana, Buenos Aires, 2000.

Alonso, Paula, *Construcciones impresas. Panfletos, diarios y revistas en la formación de los Estados Nacionales en América Latina. 1820-1920*, FCE, Buenos Aires, 2002, p. 20.

Alonso, Fabian; Barral, María; Fradkin, Raúl y Perri, Gladys, "Los vagos de la campaña bonaerense: la construcción histórica de una figura delictiva (1730-1830)", en Fradkin, Raúl (comp.), *El poder y la vara. Estudios sobre la justicia y la construcción del Estado en el Buenos Aires rural*, Prometeo, Buenos Aires, pp. 99-128, 2007.

Álvarez, Juan, *Ensayo sobre la historia de Santa Fe*, Buenos Aires, 1910.

Anderson, Benedict, *Comunidades imaginadas*, FCE, México, 1993.

Ansaldi, Waldo, *Una industrialización fallida: Córdoba 1880-1914*, Ferreyra Editor, Córdoba, 2000.

Argeri, María, "Tensiones institucionales entre jueces letrados y jerarquías policiales (Territorio Nacional de Río Negro 1880-1930)", dossier "La policía en perspectiva histórica", *Crimen y Sociedad*, Buenos Aires, 2008

Barral, María; Fradkin, Raúl y Perri, Gladys, "¿Quiénes son los perjudiciales? Concepciones jurídicas, producción normativa y práctica judicial en la campaña bonaerense (178-1830)", en Fradkin, Raúl (comp.), *El poder y la vara. Estudios sobre la justicia y la construcción del Estado en el Buenos Aires rural*, Prometeo, Buenos Aires, pp. 129-153.

Barreneche, Osvaldo y Galeano, Diego, "Notas sobre las reformas policiales en la Argentina, siglos XIX y XX", *Cuadernos de Seguridad*, Buenos Aires, 2008, pp. 73-114.

Barriera, Darío (coord.), *La Justicia y las formas de la autoridad. Organización política y justicias locales en territorios de frontera. El Río de la Plata, Córdoba, Cuyo y Tucumán, siglos XVIII-XIX*. ISHIR CONICET-Red Columnaria, Rosario, 2010.

Darío Barriera, *Justicia y fronteras. Estudios sobre historia de la justicia en el Río de la Plata. Siglos XVI-XIX*, Universidad de Murcia/Red Columnaria, Murcia, 2009.

Bataille Georges, "Estructura psicológica del fascismo", en *La conjuración sagrada. Ensayos 1929-1939*, Adriana Hidalgo Editora, Buenos Aires, 2008.

Boixadós, Cristina, *Las tramas de una ciudad, Córdoba entre 1870 y 1895. Elite urbanizadora, infraestructura, poblamiento*, Ferreyra Editor, Córdoba, 2000.

Bohoslavsky, Ernesto, "El brazo armado de la improvisación. Aportes para una sociología de los policías patagónicos, 1880-1946", seminario "Por una historia de las instituciones estatales", UNGS, Buenos Aires, 2007.

Bohoslavsky Ernesto y Godoy Orellana Milton (eds.), *Construcción estatal, orden oligárquico y respuestas sociales. Argentina y Chile, 1840-1930*, Buenos Aires, UNGS – Prometeo Libros – Universidad Academia de Humanismo Cristiano (Chile), 2010.

Bonaudo, Marta (dir.), *Liberalismo, Estado y orden burgués (1852-1880), Nueva historia argentina*, tomo 4, ed. Sudamericana, Buenos aires, 2000.

Bonaudo, Marta, "Cuando las tuteladas tutelan y participan. La Sociedad Damas de Caridad (1869-1894)", Biblioteca Jurídica Virtual del Instituto de Investigaciones Jurídicas de la UNAM, México DF, enero-junio de 2006, p. 72.

Bonaudo, Marta, "Estanislao Zeballos, el hombre de acción política que no se haría jamás un profesional" en Historia Política, disponible en https://goo.gl/xrzCfY.
Bonaudo, Marta (dir.), *Los actores entre las palabras y las cosas*, tomo I, Prohistoria Ediciones, Rosario, 2005.
Bonaudo, Marta y Mauro, Diego, "What Should be Done with the Foreigner in Argentina?: From 'Object of Desire' to 'Enemie Within' Enemies Within: Cultural Hierarchies and Liberal Political Models in the Hispanic World", Newcastle upon Tyne, 2015; pp. 41-70.
Bonaudo, Marta, "Hecho jurídico... hecho político. La conflictiva relación entre poder y justicia en la construcción de la República Posible. Santa Fe 1856-1890", en *Cultura, Religión y Política. Siglos XIV-XIX. Homenaje a Reyna Pastor*, Rosario, 2005, 2005a, pp. 215-240.
Bonaudo, Marta y Sonzogni Élida, "Redes parentales y facciones en la política santafesina, 1850-1900", *Siglo XIX Revista de Historia*, Núm. 11, Monterrey, 1992.
Bonaudo, Marta, "Argentinos, ciudadanos, electores. Legisladores y publicistas en la búsqueda de alternativas para la construcción y representación de una comunidad política. Una mirada exploratoria", en *Instituciones, conflictos e identidades. De lo "nacional" a lo local*, Rosario, 2010, pp. 11-40.
Bonaudo, Marta; Reguera, Andrea; Zeberio, Blanca (coords.), *Las escalas de la historia comparada*, tomo I: *Dinámicas sociales, poderes políticos y sistemas jurídicos*, Miño y Dávila, Buenos Aires, 2008.
Bourdieu, Pierre, *Sobre el Estado. Cursos en el College de France (1989-1992)*, Anagrama, Madrid, 2015.
Bourdieu, Pierre, "Capital simbólico y clases sociales", *Journal of Classical Sociology*, 2013. En *Revista Herramienta*, 2013, disponibleen: https://goo.gl/hWp7GM.
Bourdieu, Pierre, *La distinción: Criterio y bases sociales del gusto*, Taurus, México, 2002.

Bravo, María Celia; Gil Lozano, Fernanda y Pita, Valeria, *Historia de luchas, resistencias y representaciones. Mujeres en la Argentina, siglos XIX y XX*, Tucumán, 2007.

Bravo, María Celia y Campi, Daniel, "Elite y sistema de poder en Tucumán, Argentina, a fines del siglo XIX. Una aproximación al problema", *Secuencia*, Núm. 47, México, 2000, pp. 75-104.

Briones, Claudia (comp.), *Cartografías argentinas: políticas indigenistas y formaciones provinciales de alteridad*, Antropofagia, Buenos Aires, 2008.

Buchbinder, Pablo (2004), *Caudillos de pluma y hombres de acción. Estado y política en Corrientes en tiempos de la organización nacional*, Prometeo-Universidad Nacional General Sarmiento, Buenos Aires.

Buffington, Robert, *Criminales y ciudadanos en el México moderno*, Siglo XXI, México, 2001.

Busaniche, Carmelo, *Hombres y hechos de Santa Fe*, Editorial Colmegna, Santa Fe, 1992.

Campos Marín, Ricardo, *Alcoholismo, medicina y sociedad en España (1876-1923)*, CSIC, Madrid, 1997.

Caimari, Lila, *Apenas un delincuente. Crimen, castigo y cultura en la Argentina, 1880-1955*, Siglo XXI, Buenos Aires, 2004.

Caimari, Lila (comp.), *La ley de los profanos. Delito, justicia y cultura en Buenos Aires (1870-1940)*, FCE, Buenos Aires, 2007.

Caimari, Lila, *La ciudad y el crimen. Delito y vida cotidiana en Buenos Aires 1880-1940*, Sudamericana, Buenos Aires, 2009.

Canciani, Leonardo, "Las Guardias Nacionales en Argentina durante la organización nacional: balances y perspectivas historiográficas", *Historia Unisinos*, Núm. 16, Vol. 3, pp. 391-402, 2012.

Carbonetti, Adrian, "La conformación del sistema sanitario de la Argentina. El caso de la provincia de Córdoba, 1880-1926", *Dynamis*, 25, Granada, España, 2005, pp. 87-116.

Cárdenas, Vanina, Tras los pasos del ordenamiento policial: oscilaciones en torno a la violencia, Valparaíso 1896-1920, Santiago de Chile, 2015.

Cecchi, Ana Victoria, "Formas de legalidad: juegos de azar, discusiones parlamentarias y discursos policiales. Buenos Aires, 1895-1905", *Intersticios*, Núm. 4, 2010.

Cervera, Felipe Justo, *La modernidad en la ciudad de Santa Fe, 1886-1930. Historia de un desarrollo incompleto*, Siglo XXI, Santa Fe, 2010.

Cibotti, Ema, "Del Habitante al ciudadano. La condición del inmigrante", en Lobato, Mirta, *Nueva Historia Argentina*, tomo V, Sudamericana, Buenos Aires, 2000, pp. 365-408.

Chartier, Roger, El *Mundo como Representación. Historia Cultural: entre práctica y representación*, Editorial Gedisa, Barcelona, 1992.

Collado, Adriana y Bertuzzi, María Laura, *Santa Fe 1880-1940. Cartografía histórica y expansión del trazado*, Universidad Nacional del Litoral, Santa Fe, 1995.

Collado, Adriana, *Santa fe. Proyectos urbanísticos para la ciudad 1887-1927*, Universidad Nacional del Litoral, Santa Fe, 1994.

Collado, Adriana, "Santa Fe a principios del siglo XX. Condiciones de habitabilidad e higiene pública", en *Revista de la Junta Provincial de Estudios Históricos de Santa Fe*, Santa Fe, 1996-1997.

Dallacorte, Gabriela, "La consistencia de la red social. El ferrocarril Oeste Santafesino", en Gómez Jordán, Pilar, *Dinámicas del poder local en América Latina, siglos XIX-XXI*, Universitat de Barcelona, Barcelona, 2009.

Dalla corte, Gabriela, *El archivo de señales del hogar del huérfano de rosario. Niñez, Identidad y Migración (1879-1914)*, Prohistoria, Rosario, 2013.

Dalla Corte, Gabriel; Ulloque, Marcelo y Vaca, Roxana, *En defensa del Hospital Madre. Mujeres de la Sociedad de Beneficencia de Rosario*, Prohistoria, Rosario, 2015.

De Diego, Mariano Bernardo, *ANALES. Contribución a la historia de Santa Fe*, disponible en https://goo.gl/Z2xEHP.
Delrío, Walter, *Memorias de expropiación. Sometimiento e incorporación indígena en la Patagonia (1872-1943)*, UNQ, 2005.
De los Ríos Evangelina, "Hacendados y colonos construyendo las normas a través de las prácticas cotidianas. Santa Fe, segunda mitad del siglo XIX", *Illes Imperis*, Núm. 15, 2013.
De Marco, Miguel Angel, *Historia de Santa Fe*, Librería Apis Rosario, 1992.
De Marco, Miguel Angel (h), "El paradigma del gobernador estadista en las gestiones transformadoras de Oroño, Gálvez y Silvestre Begnis", Conferencia brindada en la sede de la Junta Provincial de Estudios Históricos de Santa Fe, 5 de junio de 2006.
De Marco, Miguel Angel (h), *Santa Fe en la transformación argentina. El Poder Central y los condicionamientos políticos, constitucionales y administrativos en el desarrollo de la provincia. 1880-1912*, Museo Histórico Provincial de Rosario Dr. Julio Marc, Rosario, 2001.
Di Stefano, Roberto, "La excepción argentina. Construcción del Estado y de la Iglesia en el siglo XIX", *Procesos: revista ecuatoriana de historia*, Núm. 40, julio-diciembre 2014, 91-114.
Domosh, Mona, "Those 'gorgeous incongruities': Polite politics and public space on the streets of nineteenth-century New York City", *Annals of the Association of American Geographers*, Núm. 88 (2), pp. 209-226, 1998.
Durkheim, Émile, *Las formas elementales de la vida religiosa: El sistema totémico en Australia (y otros escritos sobre religión y conocimiento)*, Fondo de Cultura Económica, Buenos Aires, 2013.
Delumeau, Jean, *El miedo en occidente*, Taurus, Madrid, 2012.

Ricardo Falcón, Ricardo, "Los trabajadores y el mundo", en Bonaudo, Marta (dir.), *Nueva Historia Argentina, Tomo IV, Liberalismo, Estado y Orden Burgués (1852-1880)*, Sudamericana, Buenos Aires, 2000.

Falcón, Ricardo; Megías, Alicia y Prieto, Agustina, "Elites y sectores populares en un período de transición (1870-1900)", en Historia del sur santafesino, Platino, Rosario, 1993.

Falcón, Ricardo y Stanley, Myriam (dir.), *La historia de Rosario, Economía y sociedad*, tomo 1, Homo Sapiens, Rosario, 2001.

Fernández, Sandra Rita, *Identidad y vida cotidiana, nueva historia de Santa Fe*, La capital, Rosario, 2006.

Fernández, Sandra Rita (comp.), *Más allá del territorio. La historia regional y local como problema. Discusiones, balances y proyecciones*, Prohistoria, Rosario, 2007,

Fernández, Sandra; Geli, Oatricio y Pierini, Margarita, Derroteros del viaje en la cultura: mito, historia y discurso, Prohistoria Ediciones, Rosario, 2008.

Fedele Abatidaga, Javier, *Ciudad y río: la construcción histórica de un paisaje (Santa Fe 1886-1952)*, Thèse: Universitat Politècnica de Catalunya, 2010.

Ferrari, Fernando, "La sociedad de beneficencia y la locura en córdoba (1870-1916)", Actas del *XI Encuentro Argentino de Historia de la Psiquiatría, la Psicología y el Psicoanálisis*, Vol. 11, 2010, pp. 208-219.

Flores, Valeria, "Vigilar y servir. La formación de la institución policial en el territorio nacional de la pampa central (1884-1890)", en Di Liscia, Silvia; Lasalle, Ana María y Lluch, Andrea (eds.), *Al oeste del paraíso. La transformación del espacio natural, económico y social en la Pampa Central (siglos XIX-XX)*, Miño y Dávila, La Pampa, 2007, pp. 155-179.

Foucault, Michel, *El orden del discurso*, Tusquets, Buenos Aires, 1992.

Foucault, Michel, *Seguridad, territorio, población*, Fondo de Cultura Económica, Buenos Aires, 2007.

Fradkin, Raúl, *El poder y la vara. Estudios sobre la justicia y la construcción del Estado en el Buenos Aires rural*, Prometeo, Buenos Aires, 2007.

Fradkin, Raúl, "Procesos de estructuración social en la campaña bonaerense (1740-1840): elementos para la discusión", *Travesía*, Núm. 1, segundo semestre de 1998, pp. 41-62.

Fresia, Iván Ariel, *Urbanizar la campaña, modernizar las costumbres. Rodeo del Medio, una villa mendocina: 1900-1915*, Prohistoria, Rosario, 2012.

Freud, Sigmund, *Tótem y tabú. Algunas concordancias en la vida anímica de los salvajes y de los neuróticos* (1912-13), Amorrourtu Editores, Buenos Aires, 1991.

Galeano, Diego, "La ley de la policía: edictos y poder contravencional. Ciudad de Buenos Aires, siglo XIX", *Revista Historia y Justicia*, Santiago de Chile, abril de 2016, pp. 12-43.

Galeano, Diego, "Civilización y delito. Notas sobre cuatro criminólogos argentinos", *Revista de Historia del Derecho*, sección "Notas", Núm. 45, INHIDE, Buenos Aires, enero-junio 2013, pp. 265-277.

Galeano, Diego, "Las conferencias sudamericanas de policías y la problemática de los delincuentes viajeros, 1905-1920", en Bohoslavsky, Ernesto; Caimari, Lila y Schettini, Cristiana (orgs.), *La policía en perspectiva histórica. Argentina y Brasil (del siglo XIX a la actualidad)*, CDRom, Buenos Aires, 2009.

Galeano, Diego y Schettini, Cristiana (coords.), "Gobierno de la ciudad, policía y poder municipal en Buenos Aires, 1870-1920", Dossier, *Revista Historia y Justicia*, Núm. 6, 2016.

Garland, David, *Castigo y sociedad moderna. Un estudio de Teoría social*, Siglo XXI, Buenos Aires, 2006.

Gallo, Exequiel y Wilde, Josefina, *Un ciclo revolucionario en Santa Fe. 1876-1878*, Instituto Histórico de la Organización Nacional, Buenos Aires, 1980.

Garabedian, Marcelo; Szir, Sandra y Lida, Miranda, *Prensa argentina siglo XIX: Imágenes, textos y contextos*, Teseo, Buenos Aires, 2009.

Garavaglia, Juan Carlos, "La apoteosis del Leviathán: El Estado en Buenos Aires durante la primera mitad del siglo XIX", *Latin American Research Review*, 38 (1), 2003, pp. 135-168.

Garavaglia, Juan Carlos, *Poder, conflicto y relaciones sociales: el Río de la Plata, XVIII-XIX*, 1999.

Garavaglia, Juan Carlos, *La disputa por la construcción nacional argentina. Buenos Aires, la Confederación y las provincias, 1850-1865*, Prometeo, Buenos Aires, 2016.

Garcia, Valéria Eugênia y Bortolucci, Maria Angela, "Ordenação Urbana: As transformações espaciais da República brasileira", en Eduardo Kingman Garcés (comp.), *Historia social urbana. Espacios y flujos*, FLACSO Ecuador, Quito, 2009, pp. 189-209, 200 y 201.

Garcés, Carlos Alberto, *El cuerpo como texto. La problemática del castigo corporal en el siglo XVIII*, Editorial Universidad Nacional de Jujuy, San Salvador de Jujuy, 1999.

García Ferrari, Mercedes, *Ladrones conocidos / Sospechosos reservados. Identificación policial en Buenos Aires, 1880-1905*, Prometeo, Buenos Aires, 2010.

Gayol, Sandra, "Calumnias, rumores e impresos: las solicitadas en La Prensa y La Nación a fines del siglo XIX", en Caimari, Lila, La ley de los profanos..., pp. 80-81.

Gianello, Leoncio, "La constitución santafesina de 1863", *Revista de la Junta provincial de estudios históricos*.

Giddens, Anthony, *La constitución de la sociedad. Bases para una teoría de la estructuración*, Amorrortu Editores, Buenos Aires, 2003.

Gieryn, Thomas, "A place for space in sociology", *Annual Review of Sociology*, 26, 2000, pp. 463-496.

Girard, René, *La violencia y lo sagrado*, Anagrama, Madrid, 1983.

Girard, René, *La ruta antigua de los hombres perversos*, Editorial Anagrama, Buenos Aires, 1989.

Ginzburg, Carlo, *El queso y los gusanos. El cosmos, según un molinero del siglo XVI*, Muchnik, Barcelona, 1981.
Gorelik, Adrián, *Miradas sobre Buenos Aires. Historia cultural y crítica Urbana*, Siglo XXI, Buenos Aires, 2009.
Gorelik, Adrián, "Ciudad, modernidad, modernización", Universitas Humanística, Núm. 56, junio, Pontificia Universidad Javeriana, Colombia, pp. 11-27, 2003.
Guerra, François-Xavier y Lempérière, Annick, Introducción, en François-Xavier Guerra y Annick Lempérière *et al.*, Los espacios públicos en Iberoamérica. Ambigüedades y problemas. Siglos XVIII-XIX, Centro Francés de Estudios Mexicanos y Centroamericanos y Fondo de Cultura Económica, México, 1998.
Guha, Ranahit, *Las voces de la historia y otros estudios subalternos*, Crítica, Barcelona, 2002.
Halperín Donghi, Tulio, *Una nación para el desierto argentino*, Prometeo, Buenos Aires, 2009.
Harley, J. B., *La nueva naturaleza de los mapas*, FCE, México, 2005.
Joly, Fernand, *La Cartografía*, Oikos-Tau, Barcelona, 1988.
Kingman Garcés, Eduardo (comp.), *Historia social urbana. Espacios y flujos*, FLACSO Ecuador, Quito, 2009.
Hora, Roy y Losada, Leandro, "Clases altas y medias en la Argentina, 1880-1930. Notas para una agenda de investigación", *Desarrollo Económico, revista de ciencias sociales*, vol. 50, Núm. 200, enero-marzo 2011, pp. 611-630.
Ibarra, María Florencia, "El lugar de la moralidad en el pensamiento positivista en argentina: cuestiones sobre la culpa, la responsabilidad, la libertad y el determinismo", *XV Jornadas de Investigación y Cuarto Encuentro de Investigadores en Psicología del Mercosur*, Facultad de Psicología – Universidad de Buenos Aires, 2008.
Lafargue, Paul, *Situación del trabajo, derecho a la pereza, la religión del capital*, Editorial Fundamentos, Madrid, 1991.

Le Bretón, David, "Por una antropología de las emociones", *Revista Latinoamericana de Estudios sobre Cuerpos, Emociones y Sociedad*, Núm. 10, 2012.

Lefebvre, Henri, *The production of space*, Blackwell, Oxford, UK, 1991.

Levaggi, Abelardo, *Las cárceles argentinas de antaño (siglos XVIII y XIX), teoría y realidad*, Ad Hoc, Buenos Aires, 2002.

Liernur, Jorge Francisco, "La construcción del país urbano", en Lobato, Mirta Zaida (dir.), *El progreso, la modernización y sus límites, Nueva Historia Argentina*, tomo V, Sudamericana, Buenos Aires, 2000.

Lois, Carla, "La invención de la tradición cartográfica", en *Litorales. Teoría, método y técnica en geografía y otras ciencias sociales*, Núm. 4, 2004, disponible en https://goo.gl/7cLRs7.

Lois, Carla, "Imagen cartográfica e imaginarios geográficos. Los lugares y las formas de los mapas en nuestra cultura visual", *Scripta Nova, Revista electrónica de geografía y ciencias sociales*, Universidad de Barcelona, Barcelona, 2009.

Lois, Carla, "Técnica, política y 'deseo territorial' en la cartografía oficial de la argentina (1852-1941)", *Scripta Nova*, Universidad de Barcelona, Vol. X, Núm. 218 (52), 1 de agosto de 2006.

Lois, Carla, "La elocuencia de los mapas: un enfoque semiológico para el análisis de cartografías", *Documents d'analisi geográfica*, Núm. 36, Universitat autónoma de Barcelona, Barcelona, 2006.

López, María Victoria, "Figuras 'intelectuales' en Córdoba a fines del siglo XIX y comienzos del XX. Hacia una delimitación analítica de la fracción intelectual de la elite cordobesa", *Anuario de la Escuela de Historia*, Núm. 4, 2013.

Losada, Leandro, "Élites sociales y élites políticas en Argentina. Buenos Aires 1880-1930", *Colomb*. 87, 2016, pp. 219-241.

Losada, Leandro, *Historia de las elites en la Argentina. Desde la conquista hasta el surgimiento del peronismo*, Sudamericana, Buenos Aires, 2009.

Macías, Flavia, "Guardia Nacional, ciudadanía y poder en Tucumán, Argentina (1850-1880)", *Revista Complutense de Historia de América*, Madrid, 2001, pp. 131-161.

Macor, Darío y Piazzesi, Susana, "El Radicalismo y la política santafesina en la Argentina de la primera república", *Estud. – Cent. Estud. Av.*, Univ. Nac. Córdoba, Núm. 23, Córdoba, jun. 2010.

Maeder, E. J., *Historia y resultados del censo confederal de 1857*, La Plata, 1968.

Mauro, Diego, "De la prensa de círculo a los albores de la prensa comercial", en Barriera, Darío (dir.), *Nueva historia de Santa Fe*, tomo IV, Prohistoria, Rosario, 2006.

Micheletti, María Gabriela, "Inmigración y religión en Santa Fe: ¿unidad nacional y de creencias o liberalismo cosmopolita?", *Epocas, revista de historia*, Núm. 3, USAL, dic. 2010.

Micheletti, María Gabriela, "Criminalidad y extranjeros: ¿víctimas o victimarios? Una visión desde las elites santafesinas (1880-1900)", *Historia Regional*, Villa Constitución, 2007, pp. 133-157.

Molina, Eugenia, "Orden, seguridad y justicia en los comienzos de la autonomía provincial: delitos y política en Mendoza, 1820-1829", en Salvatore, Ricardo y Barreneche, Osvaldo (comps.), *El delito y el orden en perspectiva histórica*, Prohistoria, Rosario, 2013, pp. 25-46.

Montenegro de Arévalo, Liliana, "La Ciudad de Santa Fe en la visión de Floriano Zapata", *IV Congreso de Historia de los pueblos de la Provincia de Santa Fe*, Esperanza, 2005.

Moroni, Marisa, "Palabras del crimen. Prensa, delito y política en el territorio nacional de La Pampa, Argentina (1920-1930)", *Estudios del ISHiR. Investigaciones Socio Históricas Regionales*, Unidad Ejecutora en Red, CONICET, Rosario, Vol. 1, 2014, pp. 1-16.

Pita, Valeria, "Política, conflictos y consensos en torno al brazo asistencial del Estado argentino. La Sociedad de Beneficencia de la Capital, 1880-1910", en Eraso, Yolanda, *Mujeres y asistencia social en Latinoamérica, siglos XIX y XX. Argentina, Colombia, México, Perú y Uruguay*, Alción Editora, Córdoba, 2009, pp. 95-130

Palacio, Juan Manuel y Candioti, Magdalena (comps.), *Justicia, política y derechos en América Latina*, Prometeo Libros, Buenos Aires, 2007.

Palti, Elías José, Reseña de "Los espacios públicos en Iberoamérica. Ambigüedades y problemas. Siglos XVIII-XIX" de François-Xavier Guerra, Annick Lempèriére *et al. Historia Mexicana*, Vol. XLIX, Núm. 4, El Colegio de México, A.C. Distrito Federal, México, abril-junio, 2000, pp. 735-745.

Pérez Martín, José, *Itinerario de Santa Fe*, Colmegna, Santa Fe, 1965.

Pickles, John, *Ground truth*, Guilford, New York, 1995.

Pickles, John, "Geography, gis, and the surveillant society", *Papers and proceedings of applied geography conferences*, Núm. 14, 1991, pp. 80-91.

Portelli, María Belén, "Los intelectuales, la cuestión social y la construcción de políticas sociales durante el período de Modernización. Córdoba, 1890-1936", Tesis doctoral, Universidad Nacional de Córdoba, marzo de 2016.

Pratt, Mary Louise, *Ojos imperiales*, Fondo de Cultura Económica, Buenos Aires, 2010, pp. 33 y 213.

Pro Ruiz, Juan, "Mensuras, catastro y construcción estatal", en Garavaglia, Carlos y Gautreau, Pierre (eds.), *Mensurar la tierra, controlar el territorio. América latina, siglos XVIII-XIX*, Rosario, Prohistoria, 2011.

Rafart, Gabriel, *Tiempo de violencia en la Patagonia*, Prometeo, Buenos Aires, 2008.

Raisz, Erwin, *Cartografía general*, Omega, Barcelona, 1978.

Ramos, Ana, "'Otros internos', historias y liderazgos. Los usos de la marcación cultural entre los mapuches de Colonia Cushamen", Nuevo Mundo Mundos Nuevos, disponible en https://goo.gl/XprDFN, 2005.

Rosemberg, André, "Polícia, Policiamento e o Policial na Provincia de Saô Paulo, na final do Império: a instituiçào, prática cotidiana e cultura", Universidade de Sâo Paulo, Faculdade de Filosofía, Letras e Ciências Humanas, Departamento de História, Programa de Pos- Graduaçào em História Social, 2004.

Ruggiero, Kristin, *Modernity in the flesh. Medicine, law and society in turn-of-the-century Argentina*, Stanford University Press, California, 2004.

Sack, D., *Human territoriality: its theory and history*, Cambridge University Press, Cambridge, 1986.

Sábato, Hilda, *Historia de la Argentina, 1852-1890*, Siglo XXI, Buenos Aires, 2012.

Salessi, Jorge, *Médicos, maleantes y maricas*, Beatriz Viterbo Editora, Buenos Aires, 1995.

Salvatore, Ricardo, *Subalternos, derechos y justicia penal. Ensayos de historia social y cultural Argentina 1829-1940*, Editorial Gedisa, México, 2010.

Salvatore, Ricardo, "Reclutamiento militar, disciplinamiento y proletarización en la era de Rosas)", *Boletín del Ravignani*, Núm. 5, primer semestre, 1992.

Salvatore, Ricardo y Barreneche, Osvaldo, *El delito y el orden en perspectiva histórica*, Prohistoria, Rosario, 2013.

Santilli, Daniel; Gelman, jorge y Fradkin, Raúl (comps.), *Rebeldes con causa. Conflicto y movilización popular en la Argentina del siglo XIX*, Prometeo, Buenos Aires, 2013.

Scarzanella, Eugenia, Ni gringos ni indios. Inmigración, criminalidad y racismo en la Argentina, 1890-1940, UNQ, Buenos Aires, 2002.

Scottt, James, *Los dominados y el arte de la resistencia*, Era ediciones, México, 1992.

Sedran, Paula; Carbonetti, Adrian, yAllevi, Ignacio, "Juan P. Quinteros, espiritista. Disputas por los sentidos legítimos del arte de curar. Santa Fe, fines del siglo XIX", *Revista de Indias*, Madrid (en Prensa).

Sedran, Paula, "Orden y moralidad en los discursos periodísticos: la valoración del 'otro' en la región santafesina (1880-1915)", *Boletín Americanista*, Vol. 2, Barcelona, 2015, pp. 171-186.

Frederic, Sabrina y Soprano, Germán (comps.), *Política y variaciones de escalas en el análisis de la Argentina*, Prometeo Libros, Buenos Aires, 2009.

Terán, Oscar, *Historia de las ideas en la Argentina. Diez lecciones iniciales, 1810-1980*, Siglo XXI Editores, Buenos Aires, 2008.

Speckman Guerra, Elisa; Agostini, Claudia y Gonzalbo Aizpuru (coords.), *Pilar, Los miedos en la historia*, UNAM, México, 2009.

Sozzo, Máximo, "Los exóticos del crimen". Inmigración, delito y criminología positivista en la Argentina (1887-1914), Delito y Sociedad. Revista de Ciencias Sociales, vol. 2, Núm. 32, Buenos Aires, 2011, pp. 8-30.

Tarragó, Griselda, "Santa Fe en el período tardo-colonial: producción ganadera, estancias y regiones", en *Anuario de la Escuela de Historia*, Núm. 17, Rosario, UNR, 1996, pp. 217-238.

Ternavasio, Marcela, *Municipio y política*, tesis de maestría, FLACSO Buenos Aires, 1991, disponible en https://goo.gl/3PgWHq.

Thompson, Edward, *Costumbres en común*, Crítica, Barcelona, 1991.

Tica, Patricia Ana, *Historia social santafesina en tiempos de la Confederación*, UNR, Rosario, 2001.

Vidal, Gardenia, "Asociacionismo, catolicismo y género. Córdoba, finales del siglo XIX, primeras décadas del siglo XX", *Prohistoria online*, vol. 20, Rosario, dic. 2013.

Tonkonoff, Sergio, "El retorno del Mal. Identidades negativas y reconstrucción de la sociedad", en Mónica Gómez y Raúl Alcalá (comps.), Construcción de Identidades, Instituto de Investigaciones Filosóficas, UNAM, México, 2007.
Melina Yangilevich, "Violencia, convites y bebidas en la campaña bonaerense, 2da mitad del Siglo XIX", *Revista ANDES*, Núm. 18, Antropología e Historia Centro de Estudios Promocionales de Investigaciones en Historia y Antropología "Dr. Guillermo Madrazo" – CEPIHA Facultad de Humanidades. Universidad Nacional de Salta, 2007.
Yangilevich, Melina, *Estado y criminalidad en la frontera sur de Buenos Aires (1850, 1880)*, Prohistoria, Rosario, 2012.
Yoris *et al.*, "Puente carretero Santa Fe-Santo Tome: análisis del estado luego de 71 años de servicio", Centro de Investigación y Desarrollo para la Construcción y la Vivienda (CECOVI), Facultad Regional Santa Fe 2010.
Zeballos, Estanislao, *Descripción amena de la república Argentina*, Buenos Aires, 1887, pp. 130 y 131.

Fuentes primarias

-Archivo General de la Provincia de Santa Fe:
Archivo del Ministerio de Gobierno, Sección Gobierno, tomos correspondientes a los años 1854-1890.
Selección de diarios y periódicos del siglo XIX (microfilmados, rollos 500 a 507).
Fondo Floriano Zapata (folletos, diarios, publicaciones, sueltos), microfilmados, AGPSF.
Registro Oficial de la Provincia de Santa Fe, tomos correspondientes a los años 1850-1890.
Fondo Manuel María de Iriondo, Correspondencia política, 1881-1883.

Mapoteca. Consulta de Planos de la Ciudad de Santa Fe, de los años 1853, 1884, 1887.
Beck Bernard, Lina, *Cinco años en la Confederación Argentina (1857-1862).*
Mantegazza, Pablo, *Viajes por el Río de la Plata y el interior de la Confederación Argentina*, Editorial Coni, Buenos Aires, 1916.
Zeballos, Estanislao, *Descripción amena de la república Argentina*, Buenos Aires, 1887.
Carrasco, Gabriel, *Cartas de Viaje. Del Atlántico al Pacífico y Un argentino en Europa*, Peuser, Buenos Aires, 1890.
-Archivo de la Sociedad de Beneficencia de la Capital de la Provincia de Santa Fe. Actas Bianuales de las presidentas a la Asamblea de Socias. Años 1870- 1886.
-Biblioteca del Museo Etnográfico y Colonial Juan de Garay, Provincial de Santa Fe. Fondo Floriano Zapata, versión impresa, caja con documentos manuscritos e impresos sueltos.
-Archivo Histórico del Concejo Deliberante de la Ciudad de Santa Fe. Actas de las sesiones del Consejo Deliberante y Concejo Ejecutor, años 1872 a 1880.
-Archivo de la Arquidiócesis de Santa Fe de la Vera Cruz.
-Museo y Biblioteca Policial "Alguacil Mayor Bernabé de Luján", Ciudad de Santa Fe.
-Jefatura de Policía, U.R. 1, secciones varias; Policía de la Provincia de Santa Fe, documentos alojados en Comisaría 4ta.

Este libro se terminó de imprimir en julio de 2018 en Imprenta Dorrego (Dorrego 1102, CABA).

www.ingramcontent.com/pod-product-compliance
Lightning Source LLC
Chambersburg PA
CBHW021138230426
43667CB00005B/164